# COLLECTION

COMPLÈTE

# DES MÉMOIRES

RELATIFS

# A L'HISTOIRE DE FRANCE.

*Fontenay-Mareuil, tome 2.*

DE L'IMPRIMERIE DE DECOURCHANT,

successeur de Lebel, rue d'Erfurth, n. 1, à Paris.

# COLLECTION

## COMPLÈTE

# DES MÉMOIRES

### RELATIFS

## A L'HISTOIRE DE FRANCE,

DEPUIS LE RÈGNE DE PHILIPPE-AUGUSTE, JUSQU'AU COMMENCEMENT DU DIX-SEPTIÈME SIÈCLE ;

AVEC DES NOTICES SUR CHAQUE AUTEUR,
ET DES OBSERVATIONS SUR CHAQUE OUVRAGE,

### Par M. PETITOT.

### TOME LI.

### PARIS,

FOUCAULT, LIBRAIRE, RUE DE SORBONNE, N° 9.

### 1826.

# MÉMOIRES

DE

# FONTENAY-MAREUIL.

## SECONDE PARTIE.

### NÉGOCIATION DU MARIAGE DE MONSIEUR AVEC MADEMOISELLE DE MONTPENSIER.

Le roy Henry-le-Grand voyant M. de Montpensier prest de mourir, et qu'il n'avoit qu'une fille de madame sa femme, héritiere de la maison de Joyeuse, il jugea que ce seroit un party fort sortable pour M. le duc d'Orléans son second fils, les grands biens s'y rencontrant avec la grande qualité : mais afin de luy en faire tirer tout l'avantage qu'il se pourroit, il voulust, quoyqu'ils ne fussent pas en âge de se marier, que le contract de mariage se fist du vivant de M. de Montpensier, lequel, en consideration de l'honneur que sa fille et luy recevroient d'une sy haute alliance, stipula qu'en cas que mademoiselle de Montpensier survescust M. d'Orléans, et qu'elle en eust des enfants, qu'elle ne pourroit disposer que de la moitié de ses biens, l'autre moitié demeurant propre à ses enfants; et que sy elle mouroit la premiere et sans enfants, il y en auroit le tiers pour M. d'Orléans, sans que ses héritiers y peussent rien prétendre. Peu de temps après ce contract, qui fust du 14 janvier 1608, M. de Montpensier mourust; le Roy en 1610; et M. d'Orléans sur la fin de 1611 (1).

Or, encore que les biens de mademoiselle de Montpensier fussent aucunement diminués par le mariage de madame sa mere avec M. de Guise, la reine Marie de Médicis, alors régente, et tous ceux du conseil, crurent néanmoins qu'il y en auroit encore assez, et que M. le duc d'Anjou s'en devroit contenter. C'est pourquoy elle déclara que les choses commencées avec M. d'Orléans se continueroient avec luy, et qu'il entreroit en sa place. A quoy ceux qui, craignant la trop grande eslevation de messieurs de Guise, ne les vouloient point voir dans l'alliance d'un prince qui pourroit estre roy, ni M. le comte mesme, qui, outre cela, la prétendoit pour M. d'Anguien son fils, ne s'opposerent pas, croyant qu'il seroit assés à temps quand on les verroit en âge de se marier.

[1625] Les choses demeurerent en cest estat jusques à l'année 1625, où la Reine mere voyant Monsieur avoir dix-sept ans, et désesperant que la Reine peust jamais avoir des enfants, elle voulust, pour ne laisser pas aller la couronne hors de sa maison, achever le mariage de mademoiselle de Montpensier. Mais on vist à l'heure mesme s'eslever contre cela diverses personnes, toutes fort considérables, et qui avoient chacune en leur particulier grand interest de l'empescher : la Reine, craignant que sy il y avoit une madame d'Anjou qui eust des enfants, elle n'en ayant point, elle

---

(1) *Sur la fin de* 1611 : Le duc d'Orléans, né en 1607, ne fut pas nommé. Il mourut le 17 novembre 1611. (*Voyez* le père Anselme, t. 1, p. 146.)

fust mesprisée, ou peut-estre renvoyée comme stérile, ainsy qu'il y en avoit des exemples; madame la princesse (car M. le prince ne venoit point en ce temps là à la cour), parceque cela ruineroit toutes ses espérances; M. le comte, parcequ'il la vouloit pour luy; tous les ennemis de la maison de Guise, entre lesquels le grand prieur de Vandosme se faisoit le plus remarquer, de peur qu'ils n'en tirassent trop d'avantage; et enfin le colonel d'Ornane, qui le pouvoit mieux que tout autre, estant gouverneur de Monsieur, parceque se trouvant maistre absolu de son esprit, il craignoit tout mariage, mais en particulier celuy de mademoiselle de Montpensier, qui, estant une fille toute faite, seroit conseillée par madame de Guise, et pourroit gagner Monsieur et le deposseder.

Toutes ces personnes, divisées entre elles pour toute autre chose, s'accordoient fort bien en celle-là, faisant chacune de leur costé tout ce qu'elles pouvoient; et comme la jalousie du Roy estoit le plus seur moyen pour l'empescher, aussy essayoient-elles de luy en donner, luy faisant continuellement représenter les grands désavantages que ce luy seroit sy, n'ayant point d'enfants, M. d'Anjou en avoit.

Or bien que la Reine mere, le souhaitant passionnement, ne se rebutast pas pour cela, tout despendant néanmoins du cardinal de Richelieu qui la gouvernoit et le Roy aussy, il s'y portoit du commencement avec tant de froideur, soit qu'il craignist que le Roy en prist ombrage, ou bien que n'aimant pas M. de Guise, ainsy qu'il s'est veu despuis, il ne voulust pas son aggrandissement, que madame de Guise ne sçavoit qu'en penser.

Mais enfin la Reine mere l'en pressa sy fort, que voyant aussy que tout ce qu'on faisoit auprès du Roy, pour venir peut-estre de personnes peu agréables (car il est certain qu'il n'estoit gueres satisfait de la Reine, ny de tous les autres qui s'en mesloient), luy en donnoit plustost envie que de l'en desgouter, le cardinal luy en parla un jour tout ouvertement, et luy représenta tout le bien et le mal qui en pourroient arriver, afin d'en savoir precisement sa volonté. A quoy le Roy, qui estoit bon et qui vouloit contenter la Reine sa mere, ayant respondu qu'il seroit fort aise qu'il se fist, et qu'il y pouvoit travailler hardiment, il ne pensa plus qu'aux moyens de le faire reussir; et, mesprisant toutes les autres oppositions comme frivoles, et n'y pouvant rien, il s'arresta seulement à celle du colonel d'Ornane, qui tenoit la volonté de Monsieur entre ses mains.

Il voulut donc sçavoir son intention; mais il l'en trouva fort eslongné, tant pour les raisons que j'ay desja dites, que parceque le Roy luy avoit tesmoigné l'année précédente à Saint-Germain, sur quelques assemblées qui se faisoient les soirs chez madame la princesse de Conty, où Monsieur et mademoiselle de Montpensier se trouvoient, qu'il ne l'avoit pas agréable, et qu'il luy feroit plaisir de les rompre; et que la Reine, mesdames de Chevreuse et de La Valette d'un costé, et madame la princesse de l'autre, avoient pris tant de soin de luy faire bonne chere et de le flatter, qu'elles l'avoient tout-à-fait gagné.

Je vis, un jour que le colonel d'Ornane gardoit le lict pour un petit ressentiment de colique qu'il avoit eu, toutes ces dames, excepté la Reine, autour de luy, et luy parler de telle sorte que, s'il n'eust esté vieux et le plus laid homme du monde, il eust semblé qu'elles avoient de la bonne volonté pour luy, et pensoient à le séduire : ce qui charmoit tellement ce bon homme, qu'il ne leur pouvoit rien refuser.

Le cardinal de Richelieu, qui estoit bien informé de toutes ces intrigues, croyant impossible de les rompre sans perdre le colonel d'Ornane, ou sans faire quelque chose pour luy de si considérable qu'il en peust estre gagné, estima ceste voye devoir estre tentée la première, comme la plus honneste et la plus seure; et qu'il n'en falloit venir à l'autre qu'à l'extremité. C'est pourquoy il conseilla au Roy de le faire mareschal de France; dont il presta le serment au commencement de l'année 1626, avec tant de démonstrations de joye et de ressentiment, qu'on ne se seroit jamais imaginé qu'il eust peu après cela manquer à tout ce qu'on desireroit de luy.

Mais soit que sa femme (1), qu'il aimoit extrémement et qui y estoit fort contraire, croyant que Monsieur ne la considereroit plus, s'y opposast continuellement, ou bien qu'aveuglé de sa bonne fortune, il pensast n'avoir rien à craindre, et pouvoir faire tout ce qui luy plairoit; tant y a qu'il ne se souvint pas longtemps de la grace qu'il avoit receue, et que, quoy qu'on luy peust dire, on n'en peust rien obtenir. De sorte qu'on eust dès lors envie de le faire arrester; mais comme cela pouvoit avoir des suites dangereuses à cause de Monsieur,

---

(1) *Sa femme*: Marie de Raymond, comtesse de Montlaur, veuve de Philippe d'Agoult. Elle se faisoit appeler *marquise de Montlaur*, avant que le colonel d'Ornano, son mari, fût maréchal de France. Arnauld d'Andilly dit qu'elle avoit de l'esprit, du courage, et plus d'ambition qu'il n'en avoit jamais vu à aucune femme. (Mémoires d'Arnauld d'Andilly, t. 34, p. 8, deuxième série de cette Collection.

qu'on jugeoit bien qui en seroit fort touché, on estima plus à propos de differer un peu, pour voir s'il ne changeroit point; ou du moins pour y estre sy bien préparé qu'on en peust sortir avec honneur. Il ne s'en parla donc plus pendant tout le reste de l'hiver.

Au commencement du printemps, comme on estoit à Fontainebeleau, la Reine mere ayant fait remettre l'affaire sur le tapy, le cardinal de Richelieu fist encore tenter le colonel d'Ornane par de nouvelles offres, le marquis de Fontenay ayant eu ordre, parcequ'il estoit fort de ses amis, de l'assurer que s'il vouloit porter Monsieur à faire le mariage, on laisseroit en sa disposition toutes les charges de la maison de Madame : ce qui n'estoit pas peu de chose; car, par le moyen des principales, il pouvoit mettre toute sa famille, qui en avoit besoin, à couvert; et faire des petites une grande somme d'argent pour luy.

Mais ayant alors bien d'autres pensées, et plus eslevées, il ne luy respondit autre chose, sinon que le mariage estant une de celles qui devoit estre la plus libre, et où il falloit le plus chercher à se contenter, il en laisseroit faire Monsieur, et ne s'en mesleroit aucunement. Ce qui, ostant toute esperance de le pouvoir gagner, força enfin de recourir aux moyens qu'on avoit voulu éviter.

Et ce qui hasta encore ceste résolution fust que, comme il n'avoit plus d'autres conseils que sa vanité et ses dames, qui en prétendoient faire un bouclier contre le cardinal de Richelieu, il fist que Monsieur, qui avoit lors dix-huit ans acomplis, demanda d'entrer dans le conseil du Roy, présupposant qu'on n'oseroit pas le luy refuser, et que quand il y seroit il ne se passeroit guere de temps qu'il n'y fust aussy appelé, et que, tenant la mesme place auprès de luy que le cardinal faisoit auprès du Roy, il pourroit indubitablement partager l'autorité, et se rendre le second homme de France, s'il ne pouvoit pas estre le premier; les bons succès qu'il avoit eus jusque là luy donnant une telle présomption, qu'il croyoit rien ne luy estre impossible.

Mais il vist bientost le contraire, et que tout ce qu'il avoit ne venoit que de la bonté du Roy, qui l'avoit voulu ménager plustost que de le perdre, comme il le pouvoit faire dès le commencement, et à quoy il ne se porta mesme en ce temps là que par force; car ayant refusé à Monsieur ceste entrée du conseil comme une chose qui ne luy estoit point deue, il falloit bien oster d'auprès de luy celuy qui luy en avoit donné la pensée, de peur qu'il ne le portast à quelque chose de pis.

On creust en ce temps là que le grand prieur de Vendosme, désespérant de pouvoir empescher le mariage, ny de venir à bout de beaucoup d'autres desseins qu'il avoit (car il estoit grand homme de machines), tant que le cardinal de Richelieu seroit auprès du Roy, fist dessein de le tuer dans la forest de Fontainebeleau, comme il viendroit de Fleury où il logeoit, pour se trouver au conseil; et qu'en ayant pris la résolution avec Monsieur et quelques autres de sa cabale, il alla pour l'exécuter : mais que M. de Chalais qui en estoit, en faisant aussytost donner l'avis au cardinal de Richelieu par le commandeur de Valençay, celuy qui a depuis esté cardinal, le Roy et la Reine mere lui envoyerent une telle escorte qu'il ne l'osa entreprendre. Ce qui l'eust fait arrester avec le mareschal d'Ornane, sans qu'on voulust aussy prendre M. de

Vandosme, de qui on n'estoit pas plus satisfait que de luy.

Le jour donc que le mareschal d'Ornane devoit estre arresté ayant esté pris, le Roy, pour se fortifier de gens sans qu'on en peust rien soupçonner, fist venir tout le régiment des Gardes à Fontainebeleau, pour lui faire faire l'exercice, ainsi qu'il luy estoit assés ordinaire; et il le mist dans la cour du Cheval blanc, afin que les Reines et toute la cour le peussent voir par les fenestres de la grande galerie. Mais quand il fust l'heure de les renvoyer, il fist que M. de Coustelnau, sergent major, en qui il se fioit fort, luy demanda tout haut permission que les deux compagnies qui devoient le lendemain relever la garde peussent demeurer, parcequ'il leur seroit fort incommode de s'en aller pour sy tost revenir.

Le mareschal de Bassompierre et le marquis de Fontenay ayant résolu d'aller ensemble à Paris pendant qu'on feroit cet exercice, le Roy, qui eust bien voulu avoir auprès de luy tous ceux dont il se croyoit asseuré, leur dist plusieurs fois qu'ils devoient demeurer, et que les gardes feroient ce jour là des choses qu'ils n'avoient point encore veues. Mais M. de Bassompierre, qui ne pensoit à rien, ayant respondu par raillerie qu'il seroit trop tard quand ils auroient achevé, et qu'il y avoit des dames qui les attendoient, ausquelles ils ne pouvoient pas manquer, il n'osa les en trop presser, de peur de donner quelque soupçon de ce qu'il vouloit faire; et il les laissa aller. Mais ils n'y furent pas longtemps; car ayant eu nouvelle dès le lendemain de grand matin de ce qui s'estoit fait, ils partirent à l'heure mesme pour se rendre auprès du Roy, comme firent aussy tous ceux qui n'avoient point d'attachement particulier avec Monsieur.

Quant à la prison du mareschal d'Ornane, elle se fist fort aisement ; car l'exercice ne s'étant point achevé qu'il ne fust presque nuit, le Roy, au sortir de là, alla souper ; et ayant mandé au mareschal d'Ornane de le venir trouver, il fust arresté par M. Du Hallier, capitaine des gardes, comme il vouloit passer de la chambre du Roy dans son cabinet : dont Monsieur, qui en fust à l'heure mesme averty, tesmoigna tant de douleur, qu'on ne pouvoit le consoler ; allant aussytost chez le Roy et chez la Reine mere pour s'en plaindre et le demander, protestant qu'il estoit innocent, et qu'on ne pouvoit le retenir plus long-temps sans injustice. Mais, prévoyant bien cela, ils s'estoient desja retirés ; et il ne les peust voir.

Cependant, comme Monsieur s'estoit tousjours laissé conduire sans se mesler d'aucunes affaires ny en prendre connoissance, il se trouva bien empesché quand il fust obligé d'y penser, ne tirant nul secours de tous ceux de sa maison, qui seuls l'osoient approcher, n'en estant guere mieux instruits que luy, et d'avis sy differents qu'il ne sçavoit auquel se tenir.

Toute la nuit s'estant passée de la sorte, comme il sortoit le matin de sa chambre, le premier homme qu'il rencontra fust le chancelier d'Aligre, qui alloit au conseil ; duquel s'estant approché, et luy ayant tout haut fait ses plaintes, et fort exagéré les mauvais traitements qu'il recevoit, il luy demanda s'il avoit esté de cest advis : dont M. le chancelier se trouva sy surpris et estonné, qu'il luy dist que non, et qu'on ne luy en avoit point parlé. Ce qui pouvoit bien estre veritable, mais qu'il ne devoit jamais avouer pour son honneur ny pour son profit ; car le Roy eust sy desagréable ceste foiblesse, qu'il ne voulust plus se servir de luy ; et luy ostant les sceaux, l'envoya à sa maison, d'où il n'est jamais revenu.

Un moment après que Monsieur eust parlé à M. le chancelier, le cardinal de Richelieu estant aussy venu, il alla luy faire les mesmes harangues, et le presser de luy dire s'il l'avoit conseillé, M. le chancelier l'ayant asseuré qu'il n'en avoit rien sceu. Mais M. le cardinal, qui n'estoit pas sy aisé à espouvanter, luy respondit qu'ouy ; et que le Roy luy ayant fait l'honneur de le faire de son conseil, il luy faisoit aussy celuy de n'entreprendre rien de ceste conséquence sans le luy dire : dont Monsieur, qui ne s'attendoit pas à ceste répartie, demeura tout estonné, et s'en alla.

La prison du mareschal fut suivie de celles de ses deux freres, M. de Mazargues (1), premier escuier de Monsieur, et M. d'Ornane (2) ; et de celle de M. de Chaudebonne, que luy et la maréchale aimoient extremement. Le Saint-Esprit, dont il estoit gouverneur, fust donné à M. de Gordes, capitaine des gardes ; et le signor Antonio Marie, mestre de camp des Corses, en fust tiré, et eust pour récompence la tour qui est au bout du pont d'Avignon, que le mareschal d'Ornane avoit aussy.

Le Roy ayant ensuite fait parler à tous ceux qui approchoient Monsieur, les uns avoient esté gagnés, et

---

(1) *M. de Mazargues* : Henri-François-Alphonse d'Ornano, seigneur de Mazargues. — (2) *M. d'Ornane* : Pierre d'Ornano, d'abord abbe de Sainte-Croix de Bordeaux, puis mestre de camp du régiment du duc d'Orléans.

les autres tellement intimidés, que tout y estoit en grande confusion, mais qui fust beaucoup augmentée quand la maréchale d'Ornane, qu'on envoya à sa maison, eust, avant que de partir, fait chasser par Monsieur M. d'Andilly, un des principaux confidens du maréchal et très homme d'honneur (1), sous ombre qu'il estoit trop amy du pere Joseph, dont le cardinal de Richelieu se servoit quasy dans toutes ses affaires, pour s'y pouvoir fier; et qu'elle eust fait tomber toute la confidence sur messieurs de Puy-Laurens et de Bois d'Annemets (2), qui avoient esté tous deux nourris auprès de Monsieur, mais d'âge plus propre pour entrer dans ses plaisirs que dans la conduite de ses affaires.

Le cardinal de Richelieu voyant les choses en cest estat, et ne craignant plus guere de ce costé là, tourna toutes ses pensées sur le grand prieur de Vandosme, seul capable d'y apporter du changement et de luy donner de la peine. Mais comme il n'y a personne qui n'ait son foible, par où il est aisé de le prendre quand on le peust descouvrir, il ne fust pas sy difficile de l'en empescher qu'on s'estoit imaginé; car M. le cardinal luy ayant fait dire que sy M. de Vandosme et luy vouloient servir le Roy et estre de ses amis, il luy feroit donner l'amirauté, dont M. de Montmorency, content d'avoir l'année précédente gagné une bataille

---

(1) *Et très homme d'honneur :* Voyez le détail de cette intrigue dans les Mémoires d'Arnauld d'Andilly, t. 34, p. 29 et suivantes, deuxième série de cette Collection. — (2) *De Bois d'Annemets :* C'étoit un gentilhomme de basse Normandie, qui étant dans la maison du duc d'Orléans, y obtint pendant quelque temps une assez grande faveur. On a de lui des Mémoires, publiés sous le titre de *Mémoires d'un favori de S. A. R. M. le duc d'Orléans;* Leyde, Jean Sambix, 1667. Ils seront placés dans la seconde série de cette Collection, à la suite des Mémoires de Montrésor.

contre les Rochellois, et pris ou coulé à fond la pluspart de leurs vaisseaux, vouloit se deffaire, pour n'estre pas obligé de retourner tous les jours sur la mer, il desira sy fort de l'avoir, qu'il donna, tout fin qu'il estoit, dans le piege, et s'y laissa attraper, ayant promis plus qu'on ne vouloit. Mais comme l'amitié de M. de Vandosme estoit une des principales conditions que le cardinal de Richelieu demandoit, il partist aussytost qu'il vist le marché de l'amirauté fait, pour le disposer à en venir luy-mesme donner les asseurances; lequel se laissant persuader par la bonne opinion qu'il avoit de l'esprit de son frere, et qu'il n'auroit pas mal pris ses mesures, n'en fist nulle difficulté. Il vint donc trouver le Roy à Blois, jusques où on s'estoit avancé, pour luy faire voir que s'il ne venoit point on l'iroit querir; et il n'y fust pas plustost arrivé, que M. Du Hallier, bien que leur parent, mais le Roy se fiant tout-à-fait en luy, eust commandement de les arrester tous deux, ainsi qu'il fist, les prenant le matin dans leur chambre du chasteau, où on les avoit logés à l'ordinaire. Dont le grand prieur, quand il se vist ainsy abusé et avoir servy d'instrument pour tromper son frere, fust sy touché, qu'il en mourust enfin de regret dans le bois de Vincennes, où on les mena.

Je sçay bien que quelques uns, mal affectionnés au cardinal de Richelieu, ont dit qu'il avoit esté empoisonné; mais M. le comte, qui l'aimoit extremement, ayant envoyé auprès de luy son medecin et son chirurgien, qui y demeurerent tant que sa maladie dura, et assisterent mesme à l'ouverture de son corps, ne s'en estant jamais plaint, il est aisé à voir que c'est une pure calomnie. M. de Vandosme, d'un esprit plus moderé, et qui ne prenoit pas les matieres sy à cœur, ayant eu patience, en sortist quelque temps après.

Un peu devant qu'on partist de Fontainebeleau, M. de Chalais, maistre de la garde-robe du Roy, qui despuis la prison du mareschal d'Ornane s'estoit fort approché de Monsieur, et par le moyen de madame de Chevreuse y avoit acquis grand crédit, se persuadant, comme il estoit vray, qu'il en auroit assés pour le porter à tout ce qu'il voudroit, et qu'il s'en devoit servir pour faire sa fortune, pria le commandeur de Valançay, qui estoit en ce temps là fort bien avec le cardinal de Richelieu, de luy dire que si on vouloit luy donner quelque chose de considérable, il feroit faire le mariage, et toutes les autres choses qu'on voudroit. De quoy M. le cardinal, qui, luy estant desja obligé de l'avis qu'il luy avoit fait donner, ne cherchoit qu'à s'en revancher, ayant esté très-aise, il le fist assurer de la charge de mestre de camp de la cavalerie legere aussytost que Monsieur seroit marié, dont il se contenta.

Mais afin que leur intelligence fust plus secrete, ils prirent le mesme commandeur de Valançay pour faire les allées et venues, et en estre le mediateur. En quoy M. de Chalais se conduisit du commencement sy bien, Monsieur se monstrant de jour en jour plus disposé de bien vivre avec le Roy et de le contenter, qu'on ne doutoit point qu'il ne fist tout ce qu'on desireroit.

De sorte que le Roy et la Reine mere le voyant en ceste bonne disposition, jugerent necessaire, dès qu'ils furent à Blois, d'avoir mademoiselle de Montpensier auprès d'eux, de peur qu'il ne changeast pendant qu'on la feroit venir de Paris, où elle estoit demeurée; madame de Guise n'ayant peu suivre, à cause de la fievre tierce qui luy prist comme la cour partoit de Fontainebeleau, et qui l'avoit fait demeurer à Paris.

Cest accident pouvoit renverser toutes les prétentions et les esperances qu'on avoit, donnant beau jeu à M. le comte de faire ses affaires, s'il eust sceu s'en prévaloir; car ayant esté laissé à Paris pour y commander pendant l'absence du Roy, il est très certain que s'il eust esté un matin à l'hostel de Guise avec tout ce qui le suivoit ordinairement, tant gentilshommes que gardes; et qu'entrant dans la chambre de mademoiselle de Montpensier il fust demeuré quelque temps tout seul avec elle, madame de Guise n'estant pas en estat de l'empescher, personne après cela n'auroit plus osé la proposer pour Monsieur, et elle eust esté bien heureuse de trouver M. le comte, et de le prendre. Mais Dieu ne les avoit pas faits l'un pour l'autre, en ayant desja perdu une meilleure occasion, puisque c'eust esté d'accord de partie; car madame de Guise voyant Monsieur ne montrer nulle envye de se marier, et n'y avoir nulle apparence qu'elle luy deust venir, pour les grands obstacles qu'on y apportoit, elle en estoit sy désesperée que sy elle eust trouvé un moyen d'en sortir honnestement, comme eust esté celuy de M. le comte, il est très asseuré qu'elle l'auroit pris, et que mademoiselle de Montpensier s'y fust portée, ne s'attendant plus à autre chose, et le pis aler n'estant pas mauvais.

Quelque personne qui le sçavoit bien en fist avertir M. le comte, madame de Guise y consentant; mais croyant, à ce qu'il a dit depuis pour s'en excuser, qu'on le vouloit tromper, et se servir de luy pour en faire venir l'envie à Monsieur, et le réveiller par la jalousie, il n'en tesmoigna jamais rien, traitant tousjours madame de Guise, et mademoiselle de Montpensier mesme, avec autant d'indifference que s'il n'y eust point pretendu. Ce qui donna une telle aversion à mademoiselle de Montpensier, se croyant mesprisée, que, dans toutes les incertitudes ou mesme desespoirs où elle fust despuis de ce que feroit Monsieur, on la vist tousjours pencher du costé de la religion plustost que de celuy de M. le comte : tant il est vray que pour gagner les femmes, il leur faut montrer de la passion en quelque sorte que ce soit, excusant facilement les fautes qu'elle fait faire, et jamais celles où elles n'en voient point.

Il y en a eu qui se sont persuadés que madame la comtesse y contribua beaucoup, craignant de perdre, s'il se marioit, l'autorité qu'elle avoit sur luy, et la consideration où cela la mettoit dans la cour.

Le Roy ayant resolu, ainsy que j'ay desja dit, d'y faire venir mademoiselle de Montpensier, parcequ'on craignoit que M. de Bellegarde, par qui on avoit au commencement prétendu la faire accompagner, ne fust party de Paris pour se rendre auprès du Roy, le marquis de Fontenay y fust envoyé, avec ordre, s'il n'y estoit plus, d'assembler tout ce qu'il y trouveroit d'officiers, tant du régiment de Piémont parcequ'il en estoit mestre de camp, que de l'infanterie ou autres de sa connoissance et dont il pourroit respondre, afin de la mener seurement. Car, bien que M. le comte ne tesmoignast aucunes pensées pour elle, on appréhendoit néanmoins que quand il la verroit partir, se pouvant imaginer que ce seroit pour la marier, il ne changeast, et, entreprenant quelque chose contre elle, ruinast tout ce qu'on avoit eu tant de peine à establir. C'est pourquoy on jugea aussy qu'il le falloit faire fort secretement.

Et d'autant que tout le monde sçavoit la part que le marquis de Fontenay avoit eu dans tout ce qui s'estoit traité pour cela, et qu'on pourroit aisement prendre soupçon de son voyage sy l'on n'en voyoit aucun subject apparent, on prist celuy de la mort de l'abbesse de Saint-Pierre de Reims, et qu'il alloit de la part du Roy pour consoler madame de Guise sa mere : ce qui réussist comme on avoit desiré; car, bien qu'on n'eust accoutumé de faire faire de semblables offices que par des ordinaires du Roy, on se persuada néanmoins fort aisement qu'il n'y avoit que cela qui le menoit, tant parceque l'humeur de madame la princesse de Conty et sa vanité estant fort connues, on ne douta nullement qu'elle n'eust cherché à faire faire quelque chose d'extraordinaire pour sa mere, ny qu'on ne luy eust accordé, estant alors fort bien à la cour, que parceque aussy madame la princesse et le cardinal de La Valette ayant extraordinairement pressé le marquis de Fontenay de leur en dire la vérité, il les asseura tellement qu'il n'y avoit autre chose, que s'y estant fiés, tout le reste du monde, qui le sçavoit fort bien avec eux, s'y fia aussy : ce que ny l'un ny l'autre ne luy ont jamais bien pardonné, mais le cardinal de La Valette particulierement; car encore qu'ayant esté gagné par madame la princesse, il ne fust pas moins qu'elle contraire au mariage, se pensant néanmoins obligé par honneur de montrer qu'il le desiroit parcequ'il estoit cousin germain de madame de Guise, il en faisoit tous les semblants, et s'offençoit extremement quand on tesmoignoit ne le croire pas. Mais le marquis de Fontenay, qui en sçavoit la verité, et le tort que cela luy eust faict sy, estant descouvert par ce qu'il en eust dist, on y eust mis quelque empeschement, auroit encore hasardé toute autre chose que leur amitié, plustost que de l'avouer.

Estant donc party de Blois le 27 juin, et prenant la poste pour faire diligence, il luy fust néanmoins impossible, n'ayant quasy point trouvé de chevaux, à cause que M. d'Effiat, nouvellement fait surintendant des finances, allant ce jour là à la cour, ceux qui l'accompagnoient les avoient tous emmenés. De sorte qu'il lui fallust demeurer à Châtre (1), pour laisser reposer ceux qu'il avoit; pendant quoy un secretaire de mademoiselle de Montpensier, bien qu'il n'eust pris que le relais, estant arrivé, et n'ayant apporté nulles nouvelles, parcequ'on remettoit tout sur luy, qui devoit vraysemblablement y estre le premier, avoit mis madame de Guise en d'estranges inquietudes, ne sçachant que penser. Enfin, estant arrivé sur les huit heures du matin, aussytost qu'il eust envoyé par tous les lieux où il croyoit trouver les gens dont il pourroit avoir besoin, il fust chez elle, et luy dist, et à mademoiselle de Montpensier, la commission qu'il avoit; car ses lettres estoient toutes en créances. Sur quoy elles se resolurent de partir dès le lendemain.

Au sortir de là, il alla chez M. de Bellegarde, qui estoit encore à Paris, et qu'il avoit envoyé prier de l'attendre; auquel ayant dit les ordres du Roy et la ré-

---

(1) *Châtre* : aujourd'hui Arpajon.

solution de madame de Guise, il l'assura qu'il seroit aussy tout prest pour ce temps là, et qu'il pourroit mener avec luy trente hommes bien montés et bien armés; de sorte qu'ayant trouvé à son logis, quand il y fust retourné, dix officiers du régiment de Piémont en qui il se fioit fort, il pensa que cela suffiroit; et craignant de faire trop de bruit s'il en vouloit avoir davantage, en demeura là.

Voyant toutes choses si bien disposées, il alla chez madame de Guise s'acquitter de la commission qu'il avoit pour elle, et ensuite rendre ses devoirs à M. le comte et à madame la comtesse; où on ne fist que le railler, M. le comte luy donnant mille attaques sur son voyage, et exagérant fort les obligations qu'il avoit à madame la princesse de Conty. Mais les rieurs ne furent pas longtemps de son costé : car madame de Guise s'estant rendue le lendemain sur les six heures du matin aux peres de l'Oratoire du faubourg Saint-Jacques, où estoit le rendez-vous, dans un carosse à deux chevaux, avec mademoiselle de Montpensier et madame d'Elbœuf; leurs gens, M. de Bellegarde, le marquis de Fontenay, et tous ceux qu'ils menoient avec eux, qui faisoient plus de cinquante chevaux, y estant aussy allés séparement et sans estre plus de deux ensemble, afin qu'on ne les peust pas remarquer, s'y rencontrerent sy justement, que n'ayant quasy point attendu, on prist le chemin d'Estampes où on vouloit coucher ce jour là, pour s'eslongner de Paris le plus qu'il se pourroit, et estre dans une ville, où on croyoit plus de seureté que dans un village. De sorte que, marchant aussy assés viste, on fust bien loin devant que M. le comte, qui n'avoit point d'espions auprès de madame de Guise,

en fust averty. Sur les dix ou onze heures, on luy vint
dire ce qui estoit arrivé; et s'il en eust autant de desplaisir qu'il devoit, comme il n'en faut point douter,
il fust au moins assés couvert pour n'en rien tesmoigner, ayant passé tout le reste du jour à son ordinaire.

Quant au voyage des dames, il se fist fort heureusement, et mesme avec de très bons augures, n'ayant
trouvé que des dances et des rejouissances partout où
on passa, pour les mariages qui s'y faisoient.

Mais à Nantes, où le Roy estoit allé, les choses
avoient bien changé de face; car madame de Chevreuse ayant pris quelque soupçon, depuis la prise de
messieurs de Vandosme, de l'intelligence de M. de
Chalais avec le cardinal de Richelieu, elle luy en fist
tant de reproches et le pressa sy fort, que rien n'estant quasy impossible à une femme aussy belle et avec
autant d'esprit que celle là, il n'y peust résister, et il
aima mieux manquer au cardinal de Richelieu et à
luy-mesme qu'à elle; de sorte qu'ayant aussytost fait
changer Monsieur, il le rendist plus révolté que jamais
contre le mariage, ne songeant qu'à sortir de la cour
et aller à La Rochelle, pour de là faire son traité et
avoir un apanage tel qu'on l'avoit autrefois donné à
M. d'Alançon pour le retirer d'avec les huguenots, ne
se parlant plus dans tous leurs conseils que de cest
exemple, et qu'il n'en falloit pas moins faire.

Monsieur escrivist au mesme temps à M. de La Valette et à M. d'Espernon, pour les prier de le recevoir
à Metz, s'il y vouloit aller; mais M. de La Valette
s'en remist sur M. d'Espernon, et luy envoya sa lettre
au Roy.

Or M. de Chalais pensoit faire son fait sy secretement, qu'on ne s'en pourroit pas prendre à luy, et qu'il en seroit quitte pour s'en descharger sur Monsieur et sur les autres qui l'approchoient, et qui avoient, ce disoit-il, plus de crédit que luy. Mais il avoit affaire à un homme trop esclairé pour estre sy aisement abusé, estant très certain que dès la premiere fois qu'il luy parla despuis son changement, il s'en douta; et que l'ayant fait espier, on vist qu'estant logé tout proche de l'apartement de Monsieur dans le château de Blois, il y alloit tous les soirs, après que tout le monde en estoit retiré, et y demeuroit fort long-temps.

Ce qui eust dès lors obligé M. le cardinal à le faire déclarer, sans qu'il voulust essayer de le regagner, afin que les choses se passassent plus doucement; et il y fist en effet tout ce qu'il peust tant qu'on demeura à Blois et encore à Nantes, jusques à ce que mademoiselle de Montpensier fust arrivée, et qu'ayant esté averty qu'il se traitoit de choses plus importantes que le mariage, il eust peur que, par trop attendre, Monsieur ne luy eschapast; et il pressa de telle sorte M. de Chalais de tenir sa promesse, qu'il le contraignist de dire qu'il ne le pouvoit pas, et de redemander sa parole, comme aussy il rendist celle qu'on luy avoit donnée.

Cela estant tout ce que M. le cardinal cherchoit pour se desgager et estre libre de faire ce qui luy plairoit, il mist aussytost sy bon ordre partout, qu'il luy eust esté impossible de s'en aller et à Monsieur aussy, quand ils l'auroient voulu, sans estre arrestés; et sur le soir le Roy commanda au comte de Tresme, capitaine des gardes, d'aller le lendemain de grand matin, et devant que de faire ouvrir les portes du château, à la chambre de M. de Chalais, et de laisser auprès de luy un exempt et des gardes pour le garder, et empescher qu'on ne luy parlast.

Tronçon, Marsillac et Sauveterre, qui avoient souvent parlé au Roy contre le mariage, furent au mesme temps chassés de la cour, et perdirent leurs charges. Quelques uns se sont imaginés, pour les deux premiers, que le souvenir de ce qu'ils avoient esté du conseil de M. de Luynes, quand il fist tuer le mareschal d'Ancre, n'y avoit pas nuy, et qu'on fust bien aise d'en trouver ce prétexte pour les esloingner.

Quand Monsieur sceust la prise de M. de Chalais, il en tesmoigna tant de desplaisir, que plusieurs personnes voyant cela, luy conseillerent de sortir de la cour, et que c'estoit le seul moyen de le sauver; sans quoy asseurément on le feroit mourir à sa veue. Mais outre que, comme j'ay desja dit, on y avoit mis bon ordre, messieurs de Puy-Laurans et Le Cogneux, son chancelier, qui commença en ceste occasion à se mesler de ses affaires, n'estant pas autheurs de cest avis et l'improuvant, trouverent bien moyen de l'empescher; et s'estant ensuite entremis du mariage, l'on en traita avec un bien meilleur succès que par le passé; Monsieur se portant enfin à le faire, et de sy bonne grace que le Roy, en faveur de cela, luy donna un apanage plus grand que celuy de M. d'Alançon, et entre autres choses le duché d'Orléans au lieu de celuy d'Anjou, et le comté de Blois avec le château et celuy de Chambord, qui sont des plus beaux de France; de sorte qu'il s'appella despuis le duc d'Orléans.

Par le contract de mariage, tous les avantages faits à feu M. d'Orléans par M. de Montpensier, sur les biens de mademoiselle de Montpensier, furent renouvelés et confirmés autant qu'il se peust.

Les choses ayant ainsy esté arrestées, les fiançailles se firent au chasteau de Nantes dans le cabinet du Roy, en sa présence et des deux Reines; madame la princesse, madame la princesse de Conty, mesdames de Guise, de Chevreuse, d'Elbœuf, de La Valette, et tous les principaux de la cour y estant aussy. Le cardinal de Richelieu en fist la ceremonie, le curé de la paroisse present. Mais pour le mariage, ce fust le curé mesme qui le fist, afin d'y observer toutes les formalités, et qu'il n'y eust point d'ouverture à s'en desdire.

M. de Bellegarde avoit eu la charge de surintendant de la maison de Monsieur, dès qu'il fust arrivé à Nantes; et madame de Bellegarde fust alors faite dame d'honneur, et madame la comtesse de Fiesque dame d'atour. Messieurs de Rouville, de Puy-Laurans le pere, et de Chattes (1), parent de madame de Guise, chevalier d'honneur, premier escuier et premier maistre d'hostel.

Cependant l'on avoit fait venir des commissaires du parlement de Bretagne pour travailler au procès de M. de Chalais, qu'on sortist, à cause de cela, du chasteau de Nantes. Il fust dès le commencement confronté avec le comte de Louvigny, second fils de M. de Grammont, qui avoit eu connoissance de tout ce qu'on vouloit faire faire à Monsieur; et, mal satisfait de ce que tous ceux de ceste cabale s'estoient déclarés contre luy en une querelle qu'il eust contre M. de Candale, en avoit, ce disoit-on, donné le premier avis.

Il eust esté bien nécessaire de le confronter aussy

(1) *De Chattes :* Il étoit de la maison de Clermont.

avec le commandeur de Valançay; mais le commandeur ne le voulust jamais, quoy qu'on luy peust dire : ce qui fascha tellement le cardinal de Richelieu qu'il ne l'aima jamais despuis, nonobstant tous les services qu'il rendist à La Rochelle, et fust mesme cause que le mariage arresté entre M. de La Meilleraye et la fille de M. de Valançay, son frere aisné, se rompist.

M. de Chalais demanda plusieurs fois à parler à messieurs de Bellegarde et d'Effiat, qui estoient fort de ses amis, et avoient crédit auprès du cardinal de Richelieu, et il les vist enfin une fois : mais cela ne luy servist de rien ; car quand il n'auroit fait que conseiller à Monsieur de sortir de la cour pour aller à La Rochelle, personne ne l'auroit peu sauver. Mais on disoit (et beaucoup de gens le croyoient) qu'il avoit esté plus avant : dont le Roy fust d'autant plus piqué qu'il estoit un des principaux officiers de sa maison, et avoit esté pendant sa jeunesse de ses enfans d'honneur. Quoy qu'il en soit, il fust condamné, et mourust.

Il estoit jeune, bien fait, fort adroit à toute sorte d'exercices, mais surtout d'agréable compagnie : ce quy le rendoit bien venu parmy toutes les femmes, qui le perdirent enfin. Il n'y eust quasy personne qui n'en eust pitié ; mais ce qui toucha encore merveilleusement, ce fust madame de Chalais sa mere, laquelle estant venue à Nantes sur les nouvelles de sa prison, vist ce fils qui luy estoit sy cher, et pour l'avancement duquel elle n'avoit rien espargné (car en luy achettant la charge de maistre de la garderobe, elle avoit engagé la meilleure partie de son bien, et il ne luy en restoit quasy pas pour vivre); elle le vist, dis-je, criminel, et mourir sur un eschafaut.

Encore que le Roy n'eust pas subject d'estre content de madame de Chevreuse, elle fust néanmoins, comme femme, traitée fort doucement, ayant esté seulement envoyée chez elle, et n'estant mesme sortie d'auprès de la Reine que quand on partist pour retourner à Paris; dont aussy ne s'estant pas autrement corrigée, elle s'en alla bientost après en Lorraine, où elle commença à entrer dans toutes les intrigues où on l'a veue despuis.

Toutes choses s'estant ainsy passées, et sy fort au contentement du Roy et de la Reine mere, Dieu voulust encore, pour rendre leur joye plus complette, qu'avant qu'on partist de Nantes il parust des signes manifestes que Madame estoit grosse (1).

(1) *Madame estoit grosse :* Elle mourut le 4 juin 1627, en donnant le jour à mademoiselle de Montpensier, si connue sous le titre de *la grande Mademoiselle.*

# RELATION

## ou journal

# DU SIEGE DE LA ROCHELLE;

SECOURS DE CASAL PAR LE ROY EN PERSONNE;

ET RETOUR EN LANGUEDOC, JUSQU'A LA REDDITION DE MONTAUBAN.

---

IL arrive sy rarement que les grandes actions soyent escrites par ceux qui les ont faites, ou qui en sçavent tous les motifs et les principales circonstances, que les relations en sont ordinairement fort defectueuses; c'est ce qui avoit donné envie au cardinal de Richelieu, pendant le siege de La Rochelle, de faire escrire bien particulierement tout ce qui s'y seroit passé, pour laisser à la postérité la connoissance entiere d'une entreprise sy glorieuse, et estimée jusque là impossible. En quoy il auroit bien eu autant de raison que les Espagnols pour le siége de Bréda (1), qui n'est qu'une place de terre, et où ils n'avoient besoin que d'une armée, et de s'y bien retrancher, les Hollandois la deffendant avec leurs seules forces, et sans autre assistance que de quelque argent que le Roy leur donnoit tous les ans; tandis qu'à La Rochelle, outre l'armée qui estoit devant, et celle qu'on tenoit en Guienne et en Lan-

---

(1) *Le siege de Bréda*: Cette ville capitula le 22 juin 1625. (*Voyez* le Mercure françois, t. 11, p. 825.)

guedoc pour empescher qu'il n'y vinst du secours de ces costés là, il en fallust encore une de mer pour s'opposer à toutes celles que le roy de la Grand'Bretagne, que les Rochellois appelloient *le roy de la mer*, y envoya diverses fois, et faire mesme une digue pour fermer le port : ce qui estoit alors sans exemple.

Mais les grandes affaires qu'il eust despuis sur les bras, tant pour se conserver dans les bonnes graces du Roy, ayant perdu pendant le siége celles de la Reine mere, que pour sauver Casal assiégé par les Espagnols, et finir la guerre civile qui duroit encore en Guienne et en Languedoc, luy en ayant osté le souvenir, ce qui eust esté alors bien aisé est maintenant fort difficile, la mémoire en estant presque perdue. Néanmoins, comme j'y ay esté despuis le commencement jusques à la fin, et que j'ay veu toutes les choses qui s'y sont faites, je vous diray, puisque vous le voulés, toutes celles que je n'auray pas oubliées.

Mais je ne crois pas devoir commencer sans avoir premierement destruit une opinion que plusieurs gens ont eue, que ceste entreprise s'estoit faite par hasard; la descente des Anglois dans l'isle de Ré ayant obligé le Roy d'envoyer toutes ses forces autour de La Rochelle, et d'y aller enfin luy mesme, et leur retraite dans le commencement de l'hiver luy faisant croire qu'il l'auroit prise devant qu'ils y peussent revenir. Car il est très certain qu'elle avoit esté préméditée longtemps auparavant par le cardinal de Richelieu; et sy j'ose dire une chose bien particuliere, mais qui est fort véritable, devant mesme qu'il fust dans les affaires; car se sentant aussy propre pour les gouverner que l'expérience l'a montré, encore que dans sa jeunesse il en parust fort esloingné, ne partant presque point de son evesché, il ne laissoit pas néanmoins d'y prétendre, et de penser quelquefois à ce qu'il devroit faire, s'il y estoit appellé (¹).

Et parceque les grandes ames ne se remplissent ordinairement que de grandes choses, et que la sienne estoit des plus eslevées, il ne se proposoit pas seulement de plâtrer, plustost que de remédier entierement à tout ce qui en auroit besoin, comme d'autres avoient fait, mais de ne travailler pas moins pour l'avenir que pour le present, et, poussant les affaires jusques au bout, rendre enfin le Roy aussy consideré dans le monde que les plus grands de ses prédécesseurs eussent esté.

Ce que ne pouvant pas faire sans avoir premierement ruiné le parti des huguenots et pris La Rochelle, qui en estoit le plus fort rempart, et la porte par où ils pouvoient à toute heure recevoir des secours estrangers, il y pensoit aussy plus qu'à tout le reste; et s'en imaginant les moyens, s'en entretenoit avec le pere Joseph, capucin, qui, ayant un génie fort rapportant au sien, ne le prenoit pas, ainsy que d'autres eussent peu faire, pour des imaginations chimériques et sans fondement, mais pour des choses bien serieuses et qui réussiroient un jour, ne croyant pas possible que les grands talens qu'il avoit deussent tousjours demeurer inutiles.

Despuis cela il se passa beaucoup de choses qui sembloient luy en devoir oster toute espérance; car,

---

(¹) *S'il y estoit appellé :* Le cardinal de Richelieu le dit lui-même dans un de ses ouvrages. (*Voyez* la note sur les *Mémoires de Richelieu*, t. 23, p. 316, deuxième série de cette Collection.)

bien qu'il eust esté fait secrétaire d'Estat à la place de M. de Villeroy en l'année 1616, n'y estant guere demeuré à cause de la mort du mareschal d'Ancre arrivée peu de temps après, l'attachement qu'il avoit à la Reine mere, et la guerre qu'elle fist, donnerent tant de matiere à ses ennemis pour parler contre luy, qu'ils le mirent fort mal dans l'esprit du Roy.

[1624] Ce qui dura jusques à ce que la Reine mere estant revenue à la cour, les diverses occasions que le Roy eust de le voir et de luy parler luy ayant peu à peu fait perdre les mauvaises impressions qu'il en avoit, il le fist à la fin entrer dans son conseil au commencement du mois de may de l'année 1624, le marquis de La Viéville, lors surintendant des finances et fort favorisé du Roy, y consentant; ou parceque le chancelier de Sillery ayant esté un peu auparavant disgracié, il luy falloit quelqu'un pour luy ayder à porter le faix du gouvernement, ou peut-estre pensant faire comme le connestable de Luynes, qui prist le cardinal de Retz pour servir à autoriser tout ce qu'il feroit. Quoy qu'il en soit, il en arriva tout autrement qu'il n'avoit imaginé; car les grandes differences que le Roy y trouva, et non les mauvais offices, ainsy que quelques-uns ont voulu dire, osterent aussytost tout crédit au marquis de La Viéville, et le donnerent au cardinal de Richelieu, lequel ne pensa, dès qu'il se vist en pouvoir, qu'à se rendre signalé par les grands avantages que le Roy et le royaume en tireroient, disposant toutes choses pour cela, et selon le plan qu'autrefois il en avoit fait.

[1625] C'est ce que tesmoigna bien sa responce au cardinal Spada, nonce en France, lorsque, se plaignant de la protection qu'on donnoit aux Grisons contre ceux de la Valteline, qui estoient catholiques, et de la paix qui se traittoit avec les huguenots, il luy dit : « On me « condamne maintenant à Rome comme un hérétique, « et bientost on m'y canonisera comme un saint; » ce qui ne se pouvoit entendre que de la prise de La Rochelle et de la ruine du party des huguenots, qu'il projettoit.

[1626] Or estant besoin, pour l'execution de tels desseins, de s'y bien préparer au dedans et de n'y estre point troublé par le dehors, il voulust s'asseurer des Anglois par le mariage de Madame avec le roy de la Grand'Bretagne, des Espagnols par le traité de Monçon (1), que le Roy ratifia quoyque fait sans ses ordres, et que l'interest des alliés n'y eust pas esté assés considéré; et ce qui paroistra peut-estre estrange, il fist mesme la paix avec les huguenots (2), nonobstant que M. de Montmorency, lors amiral de France, eust desfait l'armée navale des Rochellois à la veue de La Rochelle, pris ou coulé à fond plusieurs de leurs vaisseaux, et qu'on eust aussy emporté l'isle de Ré, où ils s'estoient fortifiés (3). Mais c'estoit parceque ceste bataille s'estant principalement gagnée par le moyen de douze grands vaisseaux prestés au Roy par les Hollandois, leurs ministres en avoient fait tant de bruit, que n'y ayant plus rien à espérer de ce costé là, il vouloit du temps pour en faire faire, ne croyant pas que la guerre peust réussir sans cela. Et d'autant que Brouage

---

(1) *Par le traité de Monçon* : Ce traité, du 5 mars 1626, est relatif aux affaires de la Valteline. (*Voyez* le Mercure françois, à la suite du tome 12.) — (2) *La paix avec les huguenots* : Elle fut conclue le 5 février 1626. — (3) *Où ils s'estoient fortifiés* : Ces combats eurent lieu le 16 septembre 1625; et l'île de Ré capitula le 18 du même mois.(*Voyez* le Mercure françois, t. 11, p. 880 et suivantes.)

estoit le lieu d'où l'on pouvoit tirer le plus de secours pour le siege de La Rochelle, et qu'on n'auroit jamais les Rochellois comme il faudroit, tant qu'il seroit entre les mains d'un autre que de luy, qui, n'ayant pour but que le service du Roy et la gloire d'une sy haute entreprise, ne chercheroit qu'à la faire réussir, où les autres craindroient de perdre la principale consideration de leur gouvernement, ainsy qu'il n'y en avoit que trop d'exemples, il en fist donner une charge de mareschal de France, la lieutenance de roy de Guienne, et beaucoup d'argent, à M. de Saint-Luc, et en prist le commandement sous la Reine mere, qui en fust gouvernante.

Je sçay bien que ses ennemis, expliquant la chose autrement, ont dit qu'il ne l'avoit pas tant fait pour La Rochelle que pour Brouage mesme; et que pour se rendre maistre de ceste importante place, et y faire consentir le Roy, il luy avoit fallu ce prétexte, ainsy que desjà sous un autre il avoit eu le Havre. Mais sy cela estoit receu, il seroit aisé d'avilir les plus belles actions et d'en oster tout le mérite, n'y en ayant guere, sy on les espluchoit bien, où on ne peust remarquer des fins plus basses que celles pour lesquelles elles auroient néanmoins esté faites. C'est pourquoy je crois assurement que tous ceux qui sçauront sa conduite dans le gouvernement de l'Estat, et les grandes choses qu'il y a faites despuis y avoir esté appelé, ausquelles ceux qui avoient précédé n'eussent seulement osé penser, ne luy imputeront jamais, s'ils en jugent sans passion, d'avoir plus songé à ses interests particuliers qu'à son devoir.

[1627] Mais la pluspart de ses prévoyances ne se

trouverent pas aussy nécessaires qu'on s'estoit imaginé, Dieu ayant voulu, pour la plus grande gloire du Roy, qu'il emportast La Rochelle avec les seuls petits vaisseaux qu'il avoit, les grands qu'il fist faire n'ayant peu venir assés à temps, et malgré les Espagnols et les Anglois; ceux-là ayant essayé de l'empescher par une diversion, et ceux-cy tout ouvertement. Car le roy Jacques estant mort sur ce temps là, le Roy son fils, qui n'estoit pas sy religieux que luy à conserver les anciennes alliances, et ne favoriser pas les rebellions, dont il a esté despuis bien puny, se résolust (pour complaire au duc de Bouquinguan, qui le gouvernoit plus absolument qu'il n'avoit fait son pere, et ne cherchoit qu'à se venger de ce qu'ayant esté à Paris aux nopces de la reine de la Grand'Bretagne, où il luy estoit entré mille folies dans l'esprit [1], on ne vouloit pas qu'il y retournast) de rompre avec la France et de se joindre aux huguenots, que M. de Soubise assuroit n'attendre que cela pour prendre les armes, nonobstant son mariage sy fraîchement contracté, et la guerre qu'il avoit peu auparavant déclarée aux Espagnols.

Le cardinal de Richelieu n'ayant peu destourner cest orage, ny par le voyage que M. de Blainville, premier gentilhomme de la chambre du Roy, fit en Angleterre, ny par celuy du mareschal de Bassompierre, qui y alla après que les officiers françois, qui, par un article exprès du contract de mariage, devoient tousjours demeurer auprès de la Reine, eurent esté chassés; pour

---

[1] *Mille folies dans l'esprit*: Le duc de Buckingham avoit eu la témérité de faire une déclaration à la Reine. (*Voyez* les Mémoires de madame de Motteville, t. 36, page 342, deuxième série de cette Collection.)

n'en recevoir pas le coup sans s'y estre bien préparé, et jetter plustost, s'il pouvoit, la guerre chez les Anglois que de l'attendre dans la France, envoya partout où on faisoit des vaisseaux pour les haster, et fist un traité avec les Espagnols par l'entremise du cardinal Spada, par lequel les deux Roys devoient en mesme temps attaquer l'Angleterre. Les endroits où leurs gens descendroient furent marqués, le nombre qu'ils y en envoyeroient arresté; et au cas qu'ils fussent attaqués chez eux, les secours qu'ils se devroient mutuellement donner, tant par mer que par terre.

Mais le comte d'Olivarès, qui gouvernoit alors les affaires d'Espagne, ayant plus fait ce traité pour empescher qu'on ne s'accordast avec les Anglois que pour envye qu'il eust de l'executer, en fist aussytost avertir le duc de Bouquinguan, afin qu'il y prist garde, et ne donnast pas le temps d'aller à luy. De sorte que M. de Soubise et quelques réfugiés de La Rochelle luy faisant aussy les choses plus faciles qu'il ne les trouva, il mist en mer la plus grande armée que les Anglois y eussent jamais eue; et montant dessus avec huit mille hommes de pied et cinq ou six cents chevaux, tira droit à la rade de Ré.

Sy l'avis des François qui estoient avec luy eust esté suivy, il auroit commencé par le fort Louis, comme le pouvant alors aisement emporter, n'y ayant dedans que fort peu de gens; joint, ce disoient-ils, que de mettre La Rochelle en liberté et hors d'apprehension d'estre assiegée seroit une action d'un si grand esclat, et sy agréable à ceux des autres provinces, qu'elle leur persuaderoit mieux que toute autre chose de prendre les armes et de s'unir avec eux, n'estant pas à craindre qu'on faillist après cela l'isle de Ré, parceque ceste quantité de noblesse qui y estoit, et qui faisoit tant de bruit, s'y ennuieroit bientost et en voudroit sortir, et que l'armée de mer qui demeureroit à l'entour empescheroit qu'il n'y allast ny hommes ny vivres.

Mais le duc de Bouquinguan, qui avoit d'autres égards, et particulierement celuy de son propre interest, voulust devant toutes choses assiéger la citadelle de Ré, pour s'en faire en cas de besoin une retraite assurée, et se rendant maistre, par le moyen des vaisseaux qu'il y tiendroit, de tout le commerce despuis la riviere de Bordeaux jusques à celle de Nantes, avoir de quoy fournir aux frais de la guerre tant qu'elle dureroit, sans estre à charge à l'Angleterre, ny en despendre qu'autant qu'il voudroit; croyant au reste plus à propos de n'assiéger pas le fort Louis que de le faire, et de laisser venir le Roy à La Rochelle et mesme l'assiéger, que de l'en empescher, afin que, ne se pouvant pas tousjours defendre toute seule, elle fust enfin contrainte de prendre un maistre, ne doutant point que ce ne fust le roy de la Grand'Bretagne plustost que le Roy, à cause de la religion, et que ceux des autres provinces ne suivissent son exemple; par où ils deviendroient aussy puissants en France que leurs prédécesseurs y avoient esté.

M. de Toiras estoit alors gouverneur de la citadelle de Ré; car le fort Louis et le régiment de Champagne luy ayant esté procurés par le cardinal de Richelieu après la mort de M. Arnauld, plus, ce semble, pour l'oster d'auprès du Roy, qui avoit une très grande inclination pour luy, que pour bien qu'il luy voulust, il essaya de regagner par ses services ce qu'il pourroit perdre par son eslongnement; comme il fist en effet, ayant eu le plus de part en la prise de l'isle de Ré, le régiment de Champagne estant luy seul plus fort que tout ce que messieurs de La Rochefoucault et de Saint-Luc y avoient mené, et tous les batteaux dans lesquels on passa, aussy bien que les armes et les munitions de guerre et de bouche qu'on eust, ayant esté trouvés sur son crédit. De sorte que le Roy luy en donna le gouvernement, avec celuy de la citadelle qu'il fist faire au bourg Saint-Martin, où est le port, et d'un autre fort assés proche de là, qu'on nomma le fort de La Prée; à quoy il fist travailler avec tant de diligence, que celuy-cy, comme le plus petit, estoit tout achevé quand les Anglois y arriverent, et la citadelle à la contrescarpe près, et la demy-lune de devant la porte, qui n'estoit que de pierre, et qu'on n'eust pas le loisir de remplir.

M. de Toiras sçachant que les Anglois devoient venir, et jugeant de ce qu'ils feroient par ce qu'ils devoient raisonnablement faire, puisque c'estoit en faveur des Rochellois, et, comme ils disoient, pour les secourir, creust asseurement qu'ils iroient au fort Louis plustost qu'à l'isle de Ré; à quoy il trouvoit bien son compte, parceque le gouvernement de Ré estant principalement considérable par l'opposition de La Rochelle, elle se pourroit bien mieux maintenir, le fort Louis n'y estant plus, que s'il subsistoit.

Mais afin que la facilité leur en augmentast encore l'envie, il garda dans l'isle de Ré tout ce qu'il avoit de meilleur, assavoir la plus grande partie du régiment de Champagne, et toute la noblesse qu'il avoit assemblée; et fortifia tellement le fief d'Ars, par où on estoit descendu quand on la prist, ne croyant pas qu'on y peust aborder commodément par autre part, qu'il eust esté difficile de l'y forcer; laissant en mesme temps le fort Louis mal pourveu de toutes choses, hormis d'un bon chef pour y commander, M. de Comminge, qui avoit lors une compagnie dans le régiment de Champagne, auquel il en donna la commission, en estant très caapble.

Cependant toutes les troupes que le Roy avoit fait assembler ayant pris le chemin de La Rochelle sous le commandement de M. d'Angoulesme, il partist quelques jours après pour les suivre, et se mettre en lieu d'où il en peust avoir souvent des nouvelles, et remédier à tout ce qui en auroit besoin. Mais estant allé le premier jour coucher à Villeroy, il y tomba malade d'une fievre double-tierce fort grande, et qui donnoit d'autant plus d'appréhension qu'elle arrivoit bien mal à propos, les Anglois estant prests d'entrer en France, les huguenots de prendre les armes, et la cour fort divisée, M. le duc d'Orléans estant très mal satisfait de la Reine sa mere et du cardinal de Richelieu.

Quelques jours après, estant venu avis que les Anglois devoient bientost partir, le Roy voulust, tout malade qu'il estoit, voir l'évesque de Nismes, frere de M. de Toiras, pour sçavoir au vray l'estat de la place. Mais, soit que le voyant en cest estat il ne luy voulust pas dire ce qui en estoit, de peur de le trop fascher, ou bien que, ne croyant point qu'on y deust aller, il fust bien aise de faire le brave pour son frere; tant y a qu'il luy dist qu'il y avoit sy bonne provision de toutes choses, qu'on n'appréhendoit rien, sinon qu'ils n'y allassent pas, parcequ'ils n'en recevroient que de la honte.

3.

Ensuite on sceust leur partement, et puis leur arrivée à la rade de Ré, où ils descendirent le vingt-deuxieme juillet 1627, en un lieu appelé Saint-Blanceau, que les Rochellois avoient mieux reconnu que M. de Toiras, y ayant une langue de terre qui s'avance assés avant dans la mer, et où l'eau est partout sy profonde que les vaisseaux se peuvent mettre tout contre, et estre à flot en quelque temps que ce soit; de sorte que c'est le lieu le plus commode de toute l'isle pour faire une descente. Ils se rangerent à l'entour afin que personne n'osast se tenir dessus, de crainte du canon et de la mousqueterie, et que la place leur demeurast libre.

M. de Toiras en ayant esté averty, y courust aussytost avec tout ce qu'il avoit, et se mist à l'entrée de ceste langue, où il estoit veritablement à couvert, mais aussy sans pouvoir offenser les ennemis, et les empescher de descendre. C'est pourquoy voyant qu'à la longue, et lorsque tout auroit mis pied à terre, il n'y seroit pas en seureté, et auroit peut-estre de la peine à se retirer, il les alla attaquer quand il y en eust quinze ou seize cents de descendus, et leur fist une si rude charge, que, ne la pouvant soutenir, ils furent presque tous tués ou renversés dans la mer, la coste en estant encore toute pleine quand l'armée du Roy arriva.

Mais ayant aussy essuyé, devant que d'estre à eux, toutes leurs descharges, il y perdist plusieurs des siens, et entre autres Boissonniere, La Contamine et Réalz, capitaines du régiment de Champagne, et des plus estimés; et des volontaires, son frere de Restincler (¹),

---

(¹) *Son frere de Restincler.* Il est aussi appelé de Restincler dans le Mercure françois, t. 13, p. 841; son véritable nom étoit Rolin d

M. de Chantal (¹), et autres; de sorte que se trouvant après cela fort affoibly, il prist le party de se retirer dans la citadelle devant qu'on l'en peust empescher.

Or, entre les morts, du costé des Anglois il y eust un gentilhomme françois, nommé Saint-Blancart, lequel avoit esté gouverneur de Pequais, mais qui, voyant le mauvais estat de ceux de sa religion en Languedoc, par la reduction de Montpellier, avoit vendu son gouvernement et tout son patrimoine, pour n'avoir, ce disoit-il, rien à perdre en France, et, y faisant la guerre toutes les fois qu'il pourroit, y vivre aux despens du Roy (²). Celuy-là ayant esté tué, l'armée, dont il estoit comme l'ame, demeura presque aussi morte que luy; le duc de Bouquinguan, qui n'avoit jamais veu de guerre, n'ayant plus personne sur qui se reposer que des Anglois, qui n'y ayant esté que sous les princes d'Orange, où ils ne faisoient qu'obeïr, se trouvoient bien

---

Saint-Bonnet, seigneur de Restinclières. Il étoit capitaine au régiment des Gardes françaises. (*Voyez* l'Hist. généalog. du père Anselme t. 7, p. 490.)

(¹) *M. de Chantal* : Celse-Bénigne de Rabutin, baron de Chantal, fut condamné par contumace à la peine capitale par arrêt du parlement de Paris, pour avoir servi de second, dans un duel, au comte de Boutteville, le jour de Pâques 1624. (*Voyez* le Mercure françois, t. 10, p. 386.) Chantal se réfugia en Bourgogne, chez le comte de Toulongeon, son beau-frère. Après l'exécution de Boutteville, qui eut lieu le 22 juin 1627, ne se croyant plus en sûreté dans sa province, il vint servir comme volontaire auprès du marquis de Toiras, et il trouva dans les combats une mort glorieuse. Il laissoit pour seule héritière Marie de Rabutin-Chantal, âgée seulement de cinq mois, qui devoit un jour donner au nom de Sévigné une si grande illustration. — (²) *Y vivre aux despens du Roy*. Les Mémoires des réformés donnent de grands éloges à ce gentilhomme, mort en combattant avec les Anglais contre son Roi. (*Voyez* les Mémoires du duc de Rohan, t. 18, p. 307, deuxième série de cette Collection.)

empeschés d'avoir à commander; et n'estant pas aussy accoutumés au coup qu'ils venoient de recevoir, ne sceurent luy faire prendre d'autre party, pour s'en garantir, que d'en user comme ils avoient veu faire en Hollande, marchant tousjours en bataille, logeant de bonne heure pour avoir loisir de se retrancher, et faisant enfin comme s'ils eussent esté près d'une armée qui n'eust cherché qu'à les combattre, et non pas d'une simple garnison qui s'estoit trouvée bien heureuse de se pouvoir retirer en seureté. De sorte qu'ayant employé le reste de la journée et toute la nuit à descendre, ils demeurerent cinq jours à faire un chemin pour lequel il ne falloit tout au plus qu'une après-disnée.

Ce fut assurément ce qui sauva la place, donnant loisir à M. de Toiras d'accommoder beaucoup de choses qui en avoient besoin; et à ceux de Saint-Martin et de l'isle mesme, qui croyoient que les Anglois saccageroient tout, d'y porter ce qu'ils avoient de meilleur, et entre autres beaucoup de vivres. Il est vray que ces mesmes gens ayant sceu qu'ils ne prenoient rien sans payer, en retirerent despuis quelque partie qui y eust esté bien nécessaire : ce qui fust une très grande faute à M. de Toiras, aussy bien que d'avoir laissé les cabarets ouverts, et sans rien regler plus de quinze jours après le siége formé; mais certainement les seules qu'il fist, s'estant porté en tout le reste, et parmi une infinité de difficultés qu'il rencontra, avec tout le cœur et l'esprit qui se pouvoit.

Aussytost que le duc de Bouquinguan fust à Saint-Martin, il fist publier un manifeste dans lequel il prenoit pour pretexte de son invasion les contraventions au dernier traité fait avec les huguenots, dont il disoit le roy de la Grand'Bretagne estre demeuré garant. Et ayant ensuite fait reconnoistre la place par ceux qui commandoient sous luy, ils commencerent une circonvallation, et y emploierent quelques journées; puis, incertains de ce qu'ils devoient faire, comme des gens tout-à-fait ignorants, ils la quitterent pour ouvrir les tranchées, s'attachant principalement à ceste demy-lune de pierre dont j'ai desja parlé, et à se rendre maistres d'un puits proche de la contrescarpe que les assiegés gardoient soigneusement, pour espargner ceux de la citadelle. Mais ils attaquerent l'un et l'autre sy foiblement, qu'ils ne prirent le puits que longtemps après, et ne peurent jamais monter sur la demy-lune, estant encore au pied quand le secours arriva.

Pendant cela M. d'Angoulesme estoit venu à Marans, rendés-vous général de l'armée, où ayant trouvé toutes les troupes fort lestes et bien complettes, il en partist le quatorzieme d'aoust, et arriva le lendemain, jour de la Nostre-Dame, à la veue de La Rochelle, où toute l'armée ayant esté mise en bataille, il s'avança avec M. de Marillac, mareschal de camp, le marquis de Fontenay, mestre de camp du régiment de Piémont, le marquis de Fourilles, qui commandoit le régiment des Gardes, et quelques autres, pour reconnoistre la ville et loger l'armée.

Le quartier du Roy, où logea M. d'Angoulesme avec les Gardes, fust à Etré; celuy des régiments de Piémont et de Rambure à Angoulin; Navarre à Laleu; Chappes, Estissac, Vaubécourt, Beaumont et tout le reste de l'infanterie, aussy bien que de la cavalerie, aux autres villages des environs : de sorte que la ville fust entierement bloquée par la terre. Mais afin qu'elle le peust estre aussy par la mer, fermant le port, comme un ingenieur italien nommé Pompée-Targon promettoit de faire en peu de temps, il fust résolu qu'on feroit un fort sur le canal quasy vis-à-vis du fort Louis, d'où il devoit commencer son ouvrage; et pour en rendre le chemin asseuré, et donner une retraite aux travailleurs en cas que les ennemis sortissent sur eux, le marquis de Fontenay eust ordre de fortifier une maison appelée Bonne-Graine, qui n'en estoit guere eslongnée. Ce qu'ayant fait fort diligemment, le régiment des Gardes commença à travailler au fort, auquel on donna despuis le nom d'Orléans; mais qui pour avoir esté dessiné trop grand, et estre devenu inutile à cause de celui qui se fist à la teste de la digue, ne fust point achevé. Le régiment des Gardes toutefois y entra tousjours en garde jusques à la reddition de la ville.

Les Rochellois ne parurent nullement estonnés de voir une telle armée sy près d'eux. La declaration des Anglois en leur faveur, et le bon estat où ils se trouvoient, leur avoit si fort enflé le cœur et donné tant de présomption, qu'ils se persuadoient que tout tourneroit à leur avantage. Et en effet, sy les Anglois eussent pris comme ils s'y attendoient la citadelle de Ré, croisé les mers pour empescher le commerce, et fait des descentes en Bretagne et en Normandie pendant que M. de Rohan eust fait la guerre en Guienne et en Languedoc, il n'est guere apparent que le Roy, attaqué de tant de costés, eust peu les assieger, leur ville estant très forte.

Elle n'est commandée de nulle part, la colline sur quoy on avoit fait le fort Louis estant trop eslongnée pour l'incommoder. Une grande partie, à commencer du costé de la pointe de Coureille, est couverte d'un marais qui ne se passe que sur une chaussée, vers la fin de laquelle, en un lieu appelé Tadon, qui est un peu relevé, ils avoient fait un fort. Ce qui reste despuis le marais jusqu'à la mer estoit enfermé de bastions à la moderne, les plus grands et les plus beaux qu'on s'estoit peu imaginer, derriere lesquels, parceque cela avoit fort agrandy la ville, et que tout n'estoit pas encore bâty, on se seroit peu retrancher tant qu'on auroit voulu.

Les deux costés, tant du marais que des fortifications, aboutissent à deux grosses tours qui sont sur la mer, et entre lesquelles il n'y a qu'autant d'espace qu'il en faut aux vaisseaux pour y passer facilement et entrer dans le port, qui se ferme quand on veut par une chaisne qu'on tend d'une tour à l'autre. Ce port est enfermé dans la ville, et assés grand pour contenir plusieurs vaisseaux. Un petit ruisseau qui vient des marais passe dedans, et le tient net; et des vaisseaux de trois à quatre cents tonneaux y peuvent commodement entrer quand la mer est haute. Mais despuis les tours jusques aux pointes de Coureille et de Chef-de-Baye, où il y a bien une lieue, la terre se va eslargissant, et forme un autre port de bien plus grande estendue, ayant desja à l'endroit où se fist la digue, qui n'est qu'à une bonne portée de canon de la ville, plus d'un quart de lieue de large; et à l'entrée de la mer, près d'une lieue.

Or ce grand port est asseuré contre toutes sortes de vents, excepté celuy de ......... (1), lequel, trouvant la mer pressée par la pointe des isles de Ré et d'Oleron,

---

(1) *Celuy de* ...... Ce mot est resté en blanc sur le manuscrit.

la pousse quelquefois dedans avec tant de violence que plusieurs vaisseaux s'y estant perdus, personne n'osoit y demeurer; et tous ceux qui en avoient de trop grands pour entrer dans le petit port se tenoient à la rade de Ré, où on trouve tousjours de quelque costé de l'abry. Ce qui rendoit les Rochellois tellement persuadés qu'on ne leur pourroit jamais oster le secours, qu'ils négligerent de se fournir de vivres pendant qu'ils en avoient le moyen, et de presser mesme le duc de Bouquinguan de leur rendre ceux qu'ils luy avoient presté, estant en Ré; comme aussy ne se hasta-t-il pas de le faire, afin qu'ils peussent plustost avoir besoin de luy.

Quant au dedans de la ville, il n'y avoit pas en ce temps-là moins de trente à quarante mille habitans, la pluspart desquels, animés tant par l'interest de la religion et de la liberté que par l'exemple de ceux du premier siége, qu'ils avoient tousjours devant les yeux, estoient résolus de se deffendre aussy bien qu'eux, et de souffrir toutes choses plustost que de se rendre; joint qu'ils auroient peu avoir autant de soldats estrangers qu'ils eussent voulu, M. de Loudrieres y en ayant mené quelques uns, et plusieurs autres s'y estant offerts. Au reste, le trafic qui s'y faisoit à cause des libertés et franchises qu'il y avoit, et qu'elle est située entre les rivieres de Nantes et de Bordeaux, et proche de toutes les principales salines du royaume, estoit sy grand, et l'avoit rendue tellement riche et puissante, qu'elle estoit capable de soutenir long-temps la guerre quand elle auroit esté toute seule, estant certain qu'après la defaite de son armée par M. de Montmorency, elle en eust remis une autre en mer, sy la paix ne l'en eust empeschée.

Quelque temps après l'arrivée de l'armée, M. de Comminge se promenant autour du fort Louis, vist des habitans de La Rochelle qui estoient sortis de ce costé là, desquels s'estant approché ( car il n'y avoit point encore de guerre déclarée ), il essaya de leur faire comprendre qu'ils ne pouvoient pas sans crime s'unir avec les Anglois, anciens ennemis de la France, et dont ils avoient autrefois sy généreusement rejetté la domination; que s'ils se plaignoient de quelque chose, il y avoit les voyes ordinaires par lesquelles les subjects du Roy avoient accoustumé de recourir à luy, et de demander justice; et que sy quelquefois elle se différoit, ce n'estoit pas une raison suffisante pour former une rebellion, et faire entrer les estrangers dans le royaume; mais qu'il falloit avoir patience.

A quoy ayant respondu par de grandes plaintes des inexécutions de tout ce qu'on leur avoit promis en diverses occasions, et specialement au dernier traité, ils se retirerent, et furent dire au maire ce qui s'estoit passé, lequel se resolust sur cela, et pour sa descharge, de faire tenir une assemblée de ville, et de le mander audit sieur de Comminge pour sçavoir s'il s'y voudroit trouver; lequel ayant aussy rapporté à M. d'Angoulesme ce qu'il avoit fait, eust permission d'y aller, où il leur representa encore ce qui estoit de leur devoir, et ce qui leur pouvoit arriver s'ils en sortoient. Après quoy l'ayant fait retirer pour résoudre ce qu'ils luy diroient, il eust pour toute response : que sy le Roy vouloit remettre à l'heure mesme le fort Louis entre les mains des mareschaux de La Force ou de Châtillon, ou de M. de La Trimouille, et exécuter entierement le traité de Montpellier et tout ce qui leur avoit esté promis despuis, qu'ils se déclareroient contre les Anglois; sans quoy ils ne le pouvoient pas faire.

La fievre que le Roy avoit estant beaucoup diminuée, et sa guerison devenue quasy certaine, il en fist aussytost donner avis à l'armée, et aux lieux où on préparoit des secours pour les assiegés, recommandant surtout d'user de diligence, de peur qu'enfin ils n'en eussent besoin, comme ils avoient en effet; car outre le peu de vivres qui s'estoit trouvé dans les magasins, et le désordre qui s'y estoit fait au commencement, il y avoit encore ceste noblesse à qui il en falloit beaucoup plus donner qu'à de simples soldats pour leur faire prendre patience, et force bouches inutiles, une grande partie des catholiques de l'isle s'y estant retirés.

Mais quoyqu'il se fist pour cela des préparatifs de divers costés, et principalement aux Sables d'Olonne, d'où on croyoit qu'ils pourroient mieux partir, sans que les Anglois en eussent avis que de toute autre part, le cardinal de Richelieu y tenant mesme de ses gens pour les faire hâter, et fournir tout ce qui y seroit nécessaire, il sembloit que Dieu s'y opposast, et fust pour les Anglois; car au lieu du vent de ......, dont on avoit besoin, et qui avoit accoutumé de regner assés souvent en ces saisons-là, il en faisoit de tous contraires : de sorte que de quatre embarquements qui se firent avec grand soin et grande despence, il n'y en eust qu'un qui peust arriver jusques à la veue de Ré, et lequel fust defait, le vent luy ayant enfin manqué.

Ce qui obligea le Roy d'escrire au comte de Grammont d'en faire préparer à Bayonne dont il estoit gouverneur, pour voir s'il auroit meilleure main; lequel faisant promptement armer douze pinasses, qui sont des vaisseaux fort legers, des meilleurs hommes qu'il peust trouver, il les chargea de vivres, et en donna le commandement à un gentilhomme qui estoit à luy, nommé Vallin (¹), qui fust sy heureux qu'il passa par dessus une chaisne de mats et de cordages mise entre les vaisseaux, et y porta le premier secours, toutes les douze pinasses estant arrivées à bon port, et deschargées sans rien perdre, par le moyen des grands travaux que M. de Toiras fist faire sous les bastions de la citadelle qui regardoit la mer, dès qu'il vist que les ennemis ayant une batterie sur le havre, il ne s'en pourroit plus servir. Vallin eust pour récompence une compagnie dans le régiment de Navarre, qui se trouva lors vacante.

Ce secours, quoyque petit, ne laissa pas d'estre important, ayant relevé le cœur des assiegés, fort abattus par le defaut de vivres qu'ils commençoient à sentir, et servy d'exemple à d'autres pour entreprendre la mesme chose, voyant comme il avoit bien réussy, et que tout ce qu'avoient fait les Anglois s'estoit trouvé inutile.

Cependant le Roy, qui ne se voyoit pas encore en estat de marcher, pour donner plus de réputation à ses affaires et à son armée, y envoya M. le duc d'Orléans, qui arriva au commencement de septembre (²). Et d'autant que sans s'arrester à Etré, où on luy avoit préparé son logement, il alla faire le tour de la ville, et visiter toutes les gardes, qui firent force salves partout où il passa, et que cela ayant donné envie aux

---

(¹) *Nommé Vallin* : Ce capitaine est appelé Balin dans le Mercure françois, t. 14, p. 24. — (²) *Au commencement de septembre* : le 8 du mois de septembre.

Rochellois de sortir du costé de Tadon pour voir ce que c'estoit, et ensuite de tirer aussy (ce qu'ils n'avoient point encore fait), la rupture se fist ce jour-là, y ayant eu enfin une escarmouche qui dura jusques à la nuit, dans laquelle il n'y eust de tués que quelque peu de soldats, et un capitaine du régiment de Piémont, nommé Nanta, dont La Haye, lieutenant de la Mestre de camp, eust la compagnie.

Je ne veux pas oublier de dire que le duc de Bouquinguan, soit qu'il eust plus en teste le voyage de Paris que toute autre chose, ou que, prévoyant dès lors plus de difficulté à son entreprise qu'il ne s'estoit imaginé, il cherchast un moyen d'en sortir honnestement; tant y a qu'il envoya en ce mesme temps un de ses parents nommé Achebournan, sous la conduite de M. de Saint-Surin, qui se trouvant mal eust permission avec quelques autres de sortir de la citadelle, pour dire au cardinal de Richelieu que si on le vouloit laisser aller à Paris ils y accommoderoient aisément toutes ces affaires.

Mais le Roy ne le voulust point, ny voir Achebournan, quelque instance qu'il en fist; aimant mieux prendre le hasard de l'événement, quoyqu'il ne fust pas petit (la place, nonobstant la grande valeur des assiégés et l'ignorance des assiégeans, estant en grand peril, tant à cause des fortifications qui n'avoient peu estre achevées, de sorte qu'il y avoit peu de vivres et grande difficulté d'y en porter, et du danger des maladies, les mieux accommodés n'ayant pour tout couvert que quelque peu de planches qu'on avoit commencé d'y porter pour faire les huttes des soldats, et tout le reste demeurant jour et nuit exposé aux pluyes, qui furent très grandes ceste année là, et à toutes les autres injures de l'air), que parce aussy que la pluspart de ceste noblesse, en qui M. de Toiras avoit mis sa principale confiance, ne s'y estant pas engagée dans l'opinion d'y soustenir un siege, murmuroit ouvertement; et s'ils ne faisoient pas la reddition, ne demandoient sinon que les soldats le fissent, afin de sortir sans en pouvoir estre blasmés : ce qui seroit infailliblement arrivé, sans le grand soin qu'en prirent M. de Toiras et tous les officiers du régiment de Champagne, y ayant des gens ordonnés pour voir jour et nuit ce qui se passoit dans les corps de garde, rompre les assemblées, et aller mesme aux portes des huttes pour entendre ce qui s'y disoit.

Le Roy, qui n'eust point de repos qu'il ne se vist dans son armée, y estant arrivé sur la fin de septembre [1], il y eust une grande contestation entre les mareschaux de France qui l'accompagnoient et M. d'Angoulesme; ceux là ne le voulant point recevoir pour compagnon dans le commandement de l'armée, comme chose inouye que d'autres que des mareschaux eussent eu ce pouvoir en présence des roys : et luy eust volontiers prétendu la supériorité, parceque messieurs de Guise et d'Elbœuf l'avoient eue sur les mareschaux de Bois-Dauphin, de La Châtre et de Thémines; mais tout au moins, y demeurant en mesme degré, avoir la préférence, et marcher le premier.

A quoy M. de Schomberg consentit enfin, ne pouvant aussy bien estre que le second avec M. de Bassompierre. Mais celuy cy rejettant tous ces exemples

[1] *Sur la fin de septembre* : Le Roi arriva le 12 octobre devant La Rochelle. (Mercure françois, t. 14, p. 145.)

parceque le Roy n'y estoit pas, ne le voulust jamais souffrir; et fallust pour le retenir, ne demandant qu'à s'en aller, plustost que de laisser introduire ceste nouveauté au détriment de sa charge, séparer l'armée en deux, dont il y en eust une pour luy seul, avec de l'artillerie, des mareschaux de camp, et de toutes autres sortes d'officiers indépendants de messieurs d'Angoulesme et de Schomberg; le Roy et le cardinal de Richelieu l'ayant mieux aimé que de permettre qu'il s'en allast. Son quartier fust à Laleu; et il eust pour son departement depuis la mer jusques à la redoute Saint-François (¹).

Messieurs d'Angoulesme et de Schomberg eurent l'autre armée, et la commanderent alternativement, M. d'Angoulesme ayant commencé. Leur département fust despuis où finissoit celui de M. de Bassompierre jusques à la pointe de Coureille, et eurent pour mareschaux de camp messieurs de Vignole et de Marillac. Messieurs Du Hallier, et de Toiras quand il fust sorty de Ré, servirent sous M. de Bassompierre. Le Roy logea à Etré, et le cardinal de Richelieu au pont de La Pierre.

Environ ce mesme temps, le Roy eust avis que M. de Montaigu, anglois, avoit esté pris prisonnier à l'entrée de la Lorraine. Il estoit allé trouver M. de Rohan de la part du roy de la Grand'Bretagne; et ayant ensuite veu M. de Savoye, qu'on savoit mal satisfait du Roy à cause du traité de Monçon, pour le persuader à se déclarer contre luy, prétendoit retourner en Angleterre par la Franche-Comté, la Lorraine et les Pays-Bas, où il pouvoit seurement passer, nonob-

---

(¹) *Jusques à la redoute Saint-François :* Voyez le Mercure françois, t. 14, p. 739.

stant que les Anglois eussent la guerre contre les Espagnols, puisqu'il venoit de travailler à faire soulever tout le monde contre le Roy. Mais le marquis de Bourbonne, gouverneur de Chaumont en Bassigny, suivant l'ordre qu'il en avoit eu, le prist, comme j'ai desja dit, à l'entrée de la Lorraine, avec toutes ses instructions et responses. Dont M. de Lorraine s'estant fort plaint, à cause que c'avoit esté sur ses terres, on le remist quelque temps après en liberté.

Pendant cela les Anglois, qui s'estoient opiniastrés à ceste demy-lune de pierre, voyant qu'ils n'y avançoient rien, ne faisant point de travail qui ne fust aussytost rompu, et que mesme leurs troupes diminuoient chaque jour, changerent de conduite, se persuadant, veu le peu de vivres qu'ils sçavoient y avoir dans la citadelle, que pourveu qu'il n'y en entrast point d'autres, ils l'auroient bientost par famine. Et parceque les pinasses, poussées d'un vent favorable, avoient passé, nonobstant les chaisnes mises entre les vaisseaux, devant que ceux de dedans peussent estre en estat de les arrester, ils se résolurent d'y mettre une sy grande quantité de chaloupes attachées les unes aux autres, qu'il sembloit en effet que le passage fust tout à fait fermé, et qu'il seroit impossible de le forcer, quelque temps qu'il fist. Cela toutefois n'empescha pas que plusieurs personnes n'entreprissent d'y aller; mais les vents estoient tousjours sy contraires, que de tous les embarquements qui se firent alors, il n'y en eust qu'un qui peust arriver en veue, et dont il passa seulement deux barques, toutes les autres ayant esté prises, ou coulées à fond.

De sorte que les choses y furent à la fin réduites à

telle extrémité, que la plus grande partie de ceux de dedans voulant qu'on se rendist, M. de Toiras n'osoit plus y contredire. Néanmoins, comme il avoit mandé au Roy, par deux differentes personnes qui avoient entrepris de passer à nage, l'estat auquel il se trouvoit, il essayoit de temporiser jusques à ce qu'il eust eu responce ; joint que comme on approchoit de la nouvelle lune, où, la mer montant davantage qu'à l'ordinaire et estant aussi plus esmeue, on entreprenoit plus hardiment d'y aller qu'en un autre temps, il vouloit au moins attendre que ce gros d'eau fust passé. C'est pourquoy, pour les amuser, il fist sortir des Estangs, capitaine au régiment de Champagne, qui estoit connu du duc de Bouquinguan et de M. de Soubise; lequel fist plusieurs voyages, et entamant une négociation, la prolongea sy adroitement, qu'elle dura autant qu'il en fust besoin.

Cependant de ces deux hommes envoyés à nage, un estoit passé (¹), mais non pas sans grand danger; car ayant esté obligé d'aller entre deux eaux tout l'espace de mer que les Anglois occupoient (sans quoy il se seroit asseurément perdu comme l'autre), il ne fust pas sytost hors de ce peril qu'il entra dans celuy des poissons, qui l'attaquerent si rudement qu'il avoit le corps tout meurtry de leurs morsures.

Celuy-là ayant apporté une petite lettre enfermée dans du fer blanc, par où on voyoit au vray le mauvais estat de la place, le Roy fust obligé d'envoyer à l'heure mesme à tous les ports des ordres sy précis d'y aller, qu'il y en eust plusieurs qui l'entreprirent. De sorte

---

(¹) *Un estoit passé* : Il s'appeloit Lapierre ; il étoit soldat au régiment de Champagne. (*Voyez* le Mercure françois, t. 13, p. 856.)

que le septieme d'octobre, qui estoit le dernier jour de la haute marée, mais encore sur la fin, et lorsqu'on ne s'y attendoit plus, M. de Toiras, qui avoit esté jusques là sur le rempart, s'en estant allé comme desesperé, dix-huit ou vingt barques passerent sy heureusement, que, nonobstant tout ce que les Anglois avoient fait, il ne s'en perdist qu'une; elles porterent des vivres pour plus de six semaines, et un bon nombre de soldats, dont on n'avoit pas moins de besoin que de pain, ceux qui y estoient n'y pouvant plus résister, estant tous les jours de garde en quelque endroit : de quoy les assiégés furent aussy resjouis que le duc de Bouquinguan estonné, perdant alors toute esperance de prendre la place.

Mais le Roy n'en estant pas encore content, et ne voulant pas tousjours demeurer dans ces incertitudes, fist preparer autant de barques qu'il s'en peust trouver dans tous les ports voisins, pour y envoyer tout d'un coup tant de gens qu'ils le peussent chasser de force, s'il ne s'en alloit de bonne volonté.

Quand les barques furent en estat de partir, le Roy, afin qu'il ne s'y embarquast personne dont il ne fust bien asseuré, alla luy-mesme dans tous les quartiers choisir tant les officiers que les soldats, prenant entre autres M. de Canaples avec trois capitaines, et mille hommes du régiment des Gardes, de Piémont, Navarre, Chappes, Estissac, Rambures, Vaubecourt, Beaumont, le Plessis-Praslain, La Meilleraye et autres, les mestres de camp avec trois capitaines, et cinq cents hommes de chascun, tant que le nombre des six mille qu'il y destinoit fust complet. Après quoy il voulust voir la cavallerie, et prist cinq cents chevaux de ses gens d'armes, chevaux-légers et mousquetaires, et cinquante de chascune des compagnies de gens d'armes de la Reine mere et de Monsieur, et des chevaux-légers de Bussy-Lamet et autres; le tout faisant plus de huit cents chevaux. Le mareschal de Schomberg en fust général, et M. de Marillac mareschal de camp.

Or, l'ordre estoit de descendre au fort de La Prée pour en estre favorisés; car les Anglois croyant vraysemblablement que la citadelle ne pourroit guere durer, et que rien après cela ne leur seroit impossible, firent ceste faute de ne le prendre pas en arrivant, comme il leur eust esté fort aisé : ce dont on tira despuis de très grands avantages, par les avis que donna celuy qui y commandoit tant à l'armée qu'à M. de Toiras, et finalement pour le secours.

Car ceux du régiment des Gardes, de Beaumont, du Plessis-Praslain, et les gens d'armes du Roy, qui partirent du Plomb (1) quelques jours devant tous les autres, y estant arrivés sur les onze heures du soir, et par une nuit fort obscure, le duc de Bouquinguan, qui, ayant eu avis de leur embarquement, s'estoit avancé jusques à la flotte avec plus de deux mille hommes de pied et quelque cavalerie, fust à eux sy justement comme ils faisoient leur descente, que, les pouvant attaquer devant qu'ils eussent eu loisir de se reconnoistre, il les auroit indubitablement defaits, sans que la mousqueterie du fort fist un sy grand feu, que l'ayant un peu retenu, le régiment des Gardes eust loisir de se mettre en bataille, et d'attendre que les autres régiments et la cavalerie vinssent à son secours. Après quoy les Anglois voyant qu'il ne s'y pouvoit plus rien

(1) *Du Plomb :* petite ville maritime sur la côte de France, en face de l'île de Ré.

faire, se retirerent, laissant beaucoup de leurs gens sur la place.

Le duc de Bouquinguan jugeant que puisque ceux là estoient passés, les autres qu'il sçavoit qu'on y vouloit envoyer passeroient bien aussy, et qu'il seroit enfin contraint de lever le siege, se résolust de faire faire auparavant un dernier effort, donnant un assaut général, dans lequel il est certain que les Anglois monstrerent tout le courage qu'on se peust imaginer, s'y estant tellement acharnés qu'ils y seroient tous demeurés, sy, voyant l'impossibilité d'y réussir par la vigoureuse deffense des assiégés, on ne les eust fait retirer.

Cependant, afin que les troupes qui devoient sur ce mesme temps partir de Brouage et d'Oleron le fissent avec plus d'ordre et de diligence, et que rien ne leur manquast, le cardinal de Richelieu alla à l'un et à l'autre; et y ayant trouvé plus de barques et de munitions de guerre et de bouche qu'il n'en falloit pour tout ce qui y viendroit, il s'arresta enfin au chasteau d'Oleron, qu'il donna pour rendés-vous à tout ce qui s'embarqueroit de ce costé là, parcequ'il y a une assés bonne rade.

Le mareschal de Schomberg, qui n'avoit pas trouvé son compte au Plomb, y fust aussy, et s'y embarqua avec tous les autres le soir de la Toussaints; mais le vent dévint à l'heure mesme sy contraire, que les plus avancés furent forcés de relascher dans la Charente, et le reste dans le havre de Brouage, où les mauvais temps les ayant arrestés six jours, ils n'en seroient jamais sortis, quelque vent qu'il eust fait, sy les Anglois, qui pouvoient avoir assés d'espions en ce pays là (la pluspart du peuple estant huguenot) pour estre avertis de tout ce qui s'y faisoit, eussent seulement tenu deux vaisseaux à l'entrée de la Charente et du havre de Brouage; car les barques estant presque toutes conduites par des huguenots, on eust bien de la peine à les faire aller, quoyque personne ne s'y opposast. Mais ils ne s'en aviserent, non plus que de beaucoup d'autres choses qu'ils pouvoient faire, et qui eussent indubitablement fait réussir leur entreprise. Tellement que le vent s'estant à la fin rendu favorable (bien que plus fort qu'on ne le vouloit, car c'estoit une espece de tourmente), la plus grande partie arriva heureusement en Ré à la pointe du jour; ceux qui estoient dans la Charente avec le mareschal de Schomberg, au fort de La Prée; et le reste au bout de l'isle, vers la mer Sauvage.

Il faut noter que quand on s'en vist proche, on se mist le vent tout-à-fait derriere, pour aller les voiles levées donner droit contre terre, et y eschouer le plus avant qu'il se pourroit, craignant de trouver trop d'eau à la descente, à cause que la mer montoit: mais aussy la pluspart des barques furent brisées, et n'eussent pas peu servir pour s'en retourner; de sorte qu'il falloit vaincre ou mourir. Il ne s'y trouva pas du tout six mille hommes de pied, en estant bien demeuré cinq ou six cents qui ne peurent aborder, sans doute par la faute des matelots.

Aussytost que tout ce qui estoit passé fust joint et eust repeu, l'ordre d'aller aux ennemis ayant esté donné, M. de Bussy-Lamet, qui commandoit la cavalerie légere, fust avec le comte d'Harcourt, le général des galeres, le commandeur de Valençay (celuy qui a esté depuis cardinal), messieurs de Villequier, Beringuen, et autres volontaires dont il ne me souvient pas, reconnoistre un grand bourg nommé La Flotte, qui estoit sur le chemin, et où ils avoient tousjours tenu un quartier, auquel il ne trouva personne. Mais on ne l'eust pas sytost passé, qu'on commença à descouvrir Saint-Martin et des gens qui en partoient, marchant en bataille et tournant le dos, et cinq ou six cavaliers qui venoient à toute bride. C'estoit M. de Toiras, lequel, dès qu'il vist les ennemis s'en aller, sortist, pensant en donner la premiere nouvelle.

Il fust receu avec tout l'honneur qu'il méritoit, et une grande joye de voir les Anglois s'en aller, et que l'ombre seule de l'armée du Roy leur eust fait lascher le pied. Il asseura qu'ils ne partoient pas avec plus de quatre mille hommes, et encore à demy défaits par les longues fatigues du siege. De sorte qu'entreprenant de se retirer de jour devant des gens plus forts qu'eux et tout frais, c'estoit asseurément un chef-d'œuvre dont le duc de Bouquinguan ny tous les siens n'estoient pas capables. C'est pourquoy, sy on les suivoit vistement et sans perdre temps, on les joindroit devant qu'ils fussent à l'isle d'Oye, où ils se vouloient retirer, et il ne s'en sauveroit pas un.

A cest avis de M. de Toiras, M. de Marillac s'opposa formellement, le peril y estant, se disoit-il, bien plus grand que le profit, d'autant que quand on les battroit (qui estoit le mieux qu'on pouvoit faire), la citadelle n'en seroit pas plus secourue qu'elle estoit, ny l'honneur du Roy, non plus que le dommage du roy de la Grand'Bretagne, beaucoup augmenté : mais que sy le contraire arrivoit, comme il y en avoit assés d'exemples quand on avoit mis ses ennemis au désespoir, on perdroit asseurément la citadelle, et (ce qui importoit davantage) la fleur de l'armée; après quoy, y ayant desja un grand party déclaré contre le Roy dans l'Estat, on y verroit encore entrer les Anglois, et victorieux; concluant par le proverbe qui dit : *Pont d'or à ses ennemis* (1).

Ce qui se seroit peut-estre fait, tant il estoit considéré dans l'armée, à cause du crédit que luy et le garde des sceaux son frere avoient alors dans la cour, sy le commandeur de Valençay, lequel, bien qu'il n'eust pas là sa compagnie de cavalerie, estoit néanmoins passé avec M. de Bussy, les ayant veus de fort près, et qu'ils ne s'en alloient pas comme gens à rendre grand combat, ne le fust venu dire, et n'eust tant crié et tant protesté contre ceux qui vouloient s'arrester, que le mareschal de Schomberg et la pluspart de l'armée estant aussy de cest avis, on commença à marcher droit à eux.

Or les Anglois vouloient, comme M. de Toiras avoit dit, gagner l'isle d'Oye, qui est à un des bouts de celle de Ré, et qu'on appelle *isle* parcequ'elle en est separée par un canal qu'on y a fait, où la mer monte et descend deux fois le jour; croyant, parcequ'on n'y pouvoit entrer que par un pont qui est dessus le canal, qu'ils y seroient en toute seureté : ce qui estoit vray, ce canal estant tellement plein de vase qu'on ne sçauroit passer dedans, encore qu'il n'y ait point d'eau. Mais la difficulté estoit d'y aller en nostre présence : ce que certainement ils n'auroient jamais fait, sy, suivant l'avis de M. de Toiras et des autres, on eust esté droit

---

(1) *Pont d'or à ses ennemis.* Voyez les Mémoires de Richelieu, t. 23, p. 406, deuxième série de cette Collection.

à eux sans marchander; car, outre qu'ils estoient partis trop tard, il leur falloit encore défiler dans le village de La Couarde, où on les eust indubitablement attrapés. Mais on fust longtemps à consulter devant que de se résoudre à les suivre, et plus encore quand, s'estant mis en bataille à la teste du village pour cacher le besoin qu'ils avoient de défiler, on s'arresta, croyant qu'ils vouloient combattre, pour voir de nouveau sy on iroit à eux ou non; et on ne recommença point à marcher, jusques à ce que leurs rangs s'esclaircissant, on connust évidemment qu'ils ne pensoient qu'à s'en aller. De sorte que l'armée ayant esté, après cela, obligée de passer dans le village, et d'y défiler aussy bien qu'eux, à cause d'un grand fossé qu'il y a des deux costés, on ne trouva plus deçà le pont, quand on les joignist, que l'arriere-garde, composée d'environ quinze cents hommes de pied et cent cinquante chevaux, desquels une grande partie furent tués ou pris, et le reste noyé dans le canal, où, croyant passer à cause qu'ils n'y voyoient guere d'eau, ils demeurerent embourbés, et sans pouvoir s'en retirer quand la mer vint à monter.

Or cela ne leur seroit pas arrivé, veu la maniere dont on les suivist, sy au lieu de se fortifier dans l'isle, comme s'ils y eussent desja esté, ils l'eussent fait devant le pont pour s'y mettre à couvert, et arrester ceux qui les suivroient.

M. de Canaples, qui marchoit le premier avec le régiment des Gardes, les ayant ensuite chassés des retranchements qu'ils avoient delà le pont, voulust passer outre; mais ce qui leur restoit d'infanterie, et qui se retiroit marchant en deux bataillons, ayant tourné teste,

M. de Marillac y courust aussytost pour le faire arrester, et avancer le régiment de Piémont, qui le suivoit, jusques sur le pont, pour le soutenir s'il en estoit besoin. Ce que les Anglois, qui pensoient plus à s'en aller qu'à combattre, ayant veu, et qu'on ne les suivoit plus, ils reprirent le chemin de leurs vaisseaux; et M. de Canaples, demeurant dans le retranchement, s'y fortifia de telle sorte qu'il eust esté difficile de l'en desloger.

Quand la nuit fust venue, le mareschal de Schomberg voyant qu'il n'y avoit plus rien à faire qu'à bien garder ce qu'on avoit pris, et qu'on le feroit aisement, retira le régiment de Piémont, qui estoit encore sur le pont; et en mettant deux autres derriere, l'envoya avec celuy de Rambure à La Couarde pour y demeurer jusques au lendemain, qu'ils releveroient les gardes.

Après quoy ayant fait loger toute l'armée aux villages voisins, il s'en alla à Saint-Martin avec tous les prisonniers, dont les principaux furent le milord Montjoye, qui commandoit la cavallerie, et le grand-maistre de l'artillerie [1]. L'on prist aussy plusieurs drapeaux et quelques pieces de canon, sans y avoir perdu quasy personne; mais il y en eust quelques uns de blessés, et principalement le général des galeres, et messieurs de Villequier et de Percheux, capitaine au régiment des Gardes, lequel enfin en mourust.

Cependant le duc de Bouquinguan se souvenant de sa descente et de la maniere dont il y avoit esté traité, craignant une pareille insulte, fist camper ses gens assés près des vaisseaux, pour en cas de besoin en estre favo-

---

[1] *Le grand-maistre de l'artillerie* : le colonel Cray dirigeoit l'artillerie des Anglais. (*Voyez* le Mercure françois, t. 14, p. 202 et 206.)

risés; puis ne songeant qu'à la retraite, il les fist diligemment embarquer, et s'en alla trois ou quatre jours après que le vent fust bon.

Son despart donna une grande joye, n'y ayant personne qui n'appréhendast de le voir demeurer autour de l'isle pour empescher les vivres, estant certain qu'il y en avoit sy peu, et qu'il auroit esté sy difficile d'y en porter à sa veue, aussy bien que d'avoir des barques pour repasser, la pluspart de celles dans lesquelles on estoit venu s'estant, comme j'ay desja dit, rompues en abordant, qu'on auroit peu perdre la citadelle et l'armée tout ensemble. Ce que les Rochellois voyant, et la facilité qu'il y auroit pourveu que le duc de Bouquinguan eust patience, ils l'en presserent autant qu'ils peurent, luy représentant que cela seul estoit capable de restablir leurs affaires et sa réputation. Mais il ne le voulust jamais, quoy qu'on luy peust dire.

Quelques uns ont creu que ce fust à cause de la disgrace qu'il venoit de recevoir, qui le mist en de tels désespoirs qu'il ne peust souffrir aucun retardement, sous quelque pretexte que ce peust estre. De sorte que s'en estant ainsy allé, on peust dire asseurément que son voyage, au lieu de servir aux Rochellois et de les mettre en liberté, comme il s'y attendoit et qu'il s'en estoit vanté, avança leur perte, ou plustost mesme la causa; estant bien vraysemblable que sy on eust attendu à les assieger autant qu'on vouloit, on ne l'auroit peut-estre pas peu faire, veu ce qui arriva incontinent après en Italie.

Quand les Anglois furent partis, M. de Schomberg repassa avec ceux qu'il avoit menés, qui receurent tous de très grandes caresses du Roy, aussy bien que

M. de Toiras, qui arriva peu de jours après, le Roy ne se lassant point de luy entendre dire toutes les particularités du siege ; et en les eslevant autant qu'il pouvoit, de luy en donner mille louanges. Ce qui eust vraysemblablement continué ; et il en auroit mesme eu dès lors toutes les récompenses qu'il pouvoit desirer, s'il eust sceu se moderer : et tesmoignant qu'il se croyoit obligé au cardinal de Richelieu, comme ne tenant pas moins des soins qu'il avoit pris de le faire secourir, que de sa propre vertu, tout l'honneur qu'il avoit acquis, ainsy qu'en effet il estoit vray, il se fust accommodé avec luy ; comme on disoit qu'au commencement le cardinal l'eust bien voulu. Mais comme il est plus malaisé de se bien conduire dans la bonne que dans la mauvaise fortune, arrivant presque tousjours que la prospérité aveugle ; aussy s'imaginant sans doute que le service qu'il venoit de rendre, et la place qu'il avoit, le mettoient au dessus de tout, et qu'on n'oseroit jamais luy toucher, prétendant voler de ses ailes et non pas despendre d'autruy, il prist un chemin tout contraire, fist bande à part, et, se declarant en diverses rencontres contre ceux qui despendoient le plus du cardinal de Richelieu, comme le marquis d'Effiat et M. de Guron, fist juger qu'il n'attendoit que l'occasion d'en faire autant au cardinal mesme.

Mais comme son crédit, qui ne venoit pas tant d'une simple inclination que de sa grande capacité, et du besoin que le Roy, qui aimoit fort ses affaires et vouloit sur toutes choses qu'elles allassent bien, pensoit avoir de luy, se trouva plus grand que M. de Toiras n'avoit imaginé, et le sien moindre, il s'aperceust bientost qu'il avoit pris de fausses mesures ; et particulierement quand, ayant esté mis en délibération dans le conseil sy on devoit conserver la citadelle de Ré ou non, et qu'on jugea plus à propos de la raser et d'en ruiner le port que de les garder, n'estant pas à craindre que les estrangers s'y vinssent loger quand ny l'un ny l'autre n'y seroient plus, les capitaines du régiment de Champagne, sur une simple lettre de cachet, et sans en attendre ses ordres, la remirent entre les mains de .... (1), qui y alla avec trois compagnies du régiment des Gardes, pour y demeurer jusques à ce qu'elle fust démolie, et le port comblé.

Tous les drapeaux pris sur les Anglois furent portés à Nostre-Dame par M. de Saint-Simon, premier escuyer du Roy; et les prisonniers retirés des mains de ceux qui les avoient, pour estre renvoyés à la reine de la Grand'Bretagne. Mais on n'en fist pas de mesme en Angleterre des François qui y estoient, ayant esté seulement mieux traités qu'auparavant.

Le Roy ne se vist pas plustost délivré des Anglois, qu'il voulust, selon ce qu'il avoit de longue main résolu, assiéger La Rochelle. Mais quand on en regarda les moyens, il s'y trouva plus de difficulté qu'on n'avoit pensé; car, outre que la vanité des promesses de Pompée-Targon pour fermer le port se voyoit alors clairement; que les vaisseaux qu'on avoit, comme trop petits, n'estoient pour rien comptés; et que les grands ne pouvoient pas venir assés tost pour y servir, on craignoit mesme que quand on les auroit ils ne pourroient pas demeurer dans le grand port pendant les mauvais temps : sans quoy les secours ne se pouvant empescher, tout le reste seroit inutile. Mais comme

(1) *Entre les mains de* ...... : ce nom est resté en blanc au manuscrit.

on estoit dans cest embarras, il vint des gens qui en tirerent.

Le premier fust le commandeur de Valençay, lequel, contre l'opinion de tous ceux du pays et des plus expérimentés de l'armée navale, assura que les vaisseaux demeureroient fort bien à l'ancre dans le grand port, en quelque temps que ce fust; ce qu'il s'y en estoit autrefois perdu quelques uns ne faisant point de regle pour ceux du Roy, qui ne periroient pas, comme font souvent les marchands, faute d'ancres et de cordages. Et quant à ce qu'on ne les tenoit pas assés forts pour résister à ces grandes roberges d'Angleterre [1], que cela seroit bon en pleine mer, mais non pas dans le port, où n'estant pas tant pour combattre que pour s'attacher à ceux qui voudroient passer, et essayer de les tirer hors du canal, qui n'est guere large, pour les faire eschouer, ils y seroient mesme plus propres que des plus grands, parcequ'il leur faudroit moins d'eau; asseurant qu'il le feroit voir sy en vouloit s'en fier à luy et luy en donner la commission, comme on fist, aussytost que M. de Guyse, qui ne tenoit pas l'armée assez grande pour luy, en eust remis la charge.

Les seconds furent Metezeau [2], architecte du Roy, et Tiriot [3], l'un des principaux maçons de Paris, les-

---

[1] *Ces grandes roberges d'Angleterre* : la *roberge*, ou *ramberge*, étoit une espèce de vaisseaux particulière aux Anglais. « Il y a, dit Martin Du Bellay, une espece de navires particuliere dont usoyent nos ennemis, en forme plus longue que ronde, et plus étroits beaucoup que les galleres....; et les nomment *remberges.*» (Mémoires de Martin Du Bellay, livre x, t. 19, p. 567, de cette série.) — [2] *Metezeau* : Clément Metezeau, architecte du Roi. Il étoit de Dreux. — [3] *Et Tiriot* : Jean Tiriot.

quels offrirent de fermer le grand port par le moyen d'une digue de pierres seches qui se feroit au travers du canal, et lesquelles se prendroient dans les deux costés, où il y en avoit abondance; asseurant que la mer ne la romproit pas, quelque furieuse qu'elle fust, parcequ'y trouvant un grand talus et des trous entre les pierres par où passer, elle y perdroit infailliblement toute sa force, et que le limon qu'elle y laisseroit lieroit mieux les pierres que tout le mortier qu'on y pourroit mettre; de sorte que sy on vouloit, ils en feroient l'espreuve à leurs despens. Sur quoy le cardinal de Richelieu ayant fait assembler chez luy tous les principaux officiers de l'armée, ils firent devant eux la mesme proposition, et respondirent sy pertinemment à toutes les objections qu'on leur fist, qu'il n'y en eust point qui ne creussent la chose possible, et qu'ils estoient envoyés de Dieu. Ce que le cardinal de Richelieu ayant à l'heure mesme esté dire au Roy, qui l'approuva aussy, on commença dès le lendemain à y travailler, et il s'y trouva tant de facilité que M. de Marillac en demanda la charge : de sorte que Metezeau et Tiriot, après avoir eu de grands remerciements et chacun mille escus, s'en retournerent à Paris.

Ce travail se faisoit par les soldats de l'armée, qui y alloient volontairement, et à qui on donnoit un mereau (1) pour chaque hottée de pierre, lesquels on retiroit tous les soirs en leur baillant ...... (2) de chaque

---

(1) *Un mereau :* le *mereau* est une marque de métal qui étoit autrefois en usage dans les églises, pour prouver l'assistance des ecclésiastiques aux offices divins susceptibles d'être rétribués. (*Voyez* le Dictionnaire de Trévoux.) — (2) *En leur baillant .... :* cette somme est en blanc au manuscrit.

mereau; jusques à ce que la digue estant fort avancée, et ne pouvant plus faire tant de voyages, on en augmenta le prix à proportion de ceux qu'ils faisoient, afin qu'ils peussent tousjours gagner pour le moins vingt sols par jour.

Et pour asseurer ces travailleurs on fist un fort du costé de Coureille, qu'on nomma le fort de la Digue, où les régiments de Piémont et de Rambure entrerent en garde tant que le siege dura, six compagnies seulement à-la-fois, afin qu'on n'y allast que de quatre jours l'un; car, bien que le régiment de Piémont fust de vingt compagnies comme tous les vieux régiments, il n'en avoit pourtant là que douze, non plus que Rambure, les huit autres estant à Metz. Cest ordre se pratiqua aussy dans tous les autres quartiers; de sorte que la fatigue n'estoit grande nulle part. On fist dans ce fort, outre les corps de garde, un logis pour M. de Marillac, et un pour les mestres de camp, avec une chapelle où des minimes disoient tous les matins la messe, et le soir les litanies de la Vierge. Quant au costé de Chef-de-Baye, il n'y en fallust point d'autre que le fort Louis; et le marquis de Tavannes eust la charge d'y faire travailler, sous M. de Bassompierre.

Après qu'on eust donné tout l'ordre que j'ay dit du costé de la mer, on commença à fortifier celuy de la terre, quoyqu'on ne creust pas qu'il en peust venir grand mal, à cause que la déclaration du Roy, vérifiée dans tous les parlements, n'estant que contre ceux qui prendroient les armes, on se tenoit comme asseuré que ceux de deçà la riviere de Loire, qui composoient autrefois les plus grandes forces qu'eussent les huguenots, ne se voyant point inquiétés dans leurs consciences ny dans leurs biens, demeureroient en paix comme dans les guerres dernieres, et qu'il y avoit assés de gens en Guienne et en Languedoc pour y arrester ceux du pays, et leur oster l'envie d'en sortir. Mais que quand elle leur viendroit et qu'ils voudroient l'entreprendre, et quitter leurs maisons et toutes choses pour cela, quel moyen d'y réussir, ayant un si long voyage à faire, tant de rivieres et de pays ennemis à passer, avec une armée en queue et une en teste, s'il en eust esté besoin? Car celle de La Rochelle estoit sy grande qu'on en auroit peu prendre une partie pour l'envoyer au devant d'eux, sans lever le siege, ny craindre que les Anglois arrivant, on en eust besoin.

Néanmoins, pour ne rien négliger et se préparer mesme contre ce qu'on ne croyoit pas pouvoir arriver, afin de n'estre point surpris, on fist une circonvallation. Celle despuis le fort d'Orléans jusques au bout du marais fust fort aisée, mais bien difficile despuis le marais jusques au fort Louis, à cause du terrain; à quoy pourtant la diligence de M. de Bassompierre, qui en prist la charge, suppléa sy bien, qu'elle fust quasy aussytost faite que l'autre; et elle se trouva enfin nécessaire pour empescher les petits secours de vivres, que beaucoup de gens du pays fort zelés eussent entrepris d'y porter s'il n'y en eust point eu, et qu'ils eussent pensé y pouvoir réussir.

[1628] Au commencement de l'année 1628, la veille des Roys, il se fist une sy furieuse tourmente sur la mer, que ceux du pays disoient n'en avoir jamais veu de semblable; après laquelle on vist un tel bouleversement sur la digue, qu'à l'abord on la creust toute rompue : mais on trouva enfin qu'estant demeurée ferme du costé de La Rochelle, il n'y avoit eu que celuy de la mer qui eust pasty, et encore fort peu, n'ayant esté emporté que ce qu'il en falloit pour la mettre en talus, ainsy que les inventeurs l'avoient ordonné, et apprendre à ceux qui s'estoient opiniastrés jusques là à la tenir toute droite, et de quatre toises seulement, tant en bas comme en haut, disant qu'elle seroit aussy bonne, et avec moins de travail, qu'ils ne l'entendoient pas. De sorte que luy en ayant esté donné après cela huit par le bas et quatre par le haut, afin d'y faire un talus aussy grand que la mer l'avoit enseigné, et qu'il y eust assés de place au dessus pour y passer et y tenir beaucoup de gens, elle résista fort bien à toute sorte de mauvais temps.

L'armée navale du roy d'Espagne, qu'en vertu du traité fait avec luy on avoit tant demandée, s'estant, sous diverses raisons, defendue de venir tant que les Anglois avoient esté en Ré, ne manqua pas de le faire aussytost que don Federic de Tolede, qui la commandoit, fust asseuré qu'ils n'y estoient plus. Elle alla premierement à Morbihan, où on préparoit celle du Roy, laquelle estant partie quelques jours après pour venir à La Rochelle, elle la suivist, et y arriva le 15 de janvier. Elle n'y demeura guere plus de huit jours; car s'estant eslevé un faux bruit que le duc de Bouquinguan revenoit, don Féderic demanda aussytost à s'en aller, disant qu'il se voyoit inutile. A quoy le Roy consentist facilement, jugeant qu'aussy bien n'en tireroit-il pas grand service, et qu'on l'avoit plustost envoyé pour se moquer que pour satisfaire au traité. Il ne laissa pas néanmoins de le bien remercier, et de faire de beaux présents tant à luy qu'à tous les principaux officiers de l'armée.

Sur la fin de janvier, le marquis Spinola, qui alloit de Flandre en Espagne, fust au camp saluer le Roy, comme il avoit fait les Reines à Paris. C'estoit un capitaine de telle réputation, que son jugement sur tout ce qui se faisoit pouvoit estre de grand poids. C'est pourquoy le Roy, le voulant sçavoir, le pria de voir les travaux, et commanda au cardinal de Richelieu de l'y mener. Il trouva tous les ouvrages fort beaux et bien conduits, et principalement celuy de la digue, qu'il admira, et jugea digne d'un si grand roy; asseurant qu'il réussiroit, et qu'on prendroit la ville, pourveu qu'on eust patience et qu'on n'y espargnast rien, le bon ménage ne se devant chercher que dans la grand' despense, qui fait réussir les choses plus asseurement et plus promptement.

Pendant qu'il estoit chez le cardinal de Richelieu, auquel il disoit adieu, la nouvelle arriva que M. de Rohan avoit enfin tenté l'entreprise qu'il faisoit traiter il y avoit long-temps sur la citadelle de Montpellier par M. de Brétigny, cadet de Dangeau, avec le baron de Meslay son cousin, et capitaine au régiment de Normandie.

Ceste entreprise estoit double, Meslay n'ayant point creu se faire tort, ny préjudicier à son honneur, de tromper Brétigny en luy promettant de luy livrer la citadelle, dans laquelle le régiment de Normandie, qu'il commandoit, entroit alternativement en garde avec celuy de Picardie, tant parcequ'estant de party contraire, chacun prend ses avantages le mieux qu'il peust, que parcequ'il estoit fort piqué de la proposition qu'il luy en avoit fait faire, comme le tenant capable d'une telle trahison, et s'en vouloit venger : à quoy il avoit encore esté fort excité par le marquis de Fossés, gouverneur de Montpellier, lequel, ne doutant point que M. de Rohan n'y employast tous les meilleurs hommes qu'il auroit, pensa que le Roy en tireroit beaucoup d'avantages.

Le cardinal de Richelieu ayant fait entrer Bellefonds, capitaine au régiment de Normandie, porteur de la nouvelle, luy fist dire devant le marquis Spinola tout ce qui en estoit, et comme messieurs de Brétigny, Courcillon son frere (1), et une vingtaine d'officiers, y avoient esté tués, et plus de trente pris prisonniers : ce qu'il estima beaucoup, disant qu'ils n'en auroient peut-estre perdu guere davantage dans une bataille. Or ayant appris du cardinal, dans les conversations qu'ils eurent ensemble, l'ordre qu'il tenoit tant au siege qu'aux autres lieux où se faisoit la guerre, il en prédit dès lors ce qui en est despuis arrivé, et en demeura sy bien persuadé, qu'il en avertist le roy d'Espagne et le comte d'Olivarez quand il fust à Madrid, les asseurant que La Rochelle se prendroit, et qu'ils devoient compter sur cela.

Ils ne l'avoient point encore appréhendé, à cause du grand engagement où estoient les Anglois de la secourir, et que le Roy n'estoit point, ce leur sembloit, en estat de l'empescher. De sorte que comme ils le craignoient extremement, ne doutant pas que quand il se verroit maistre absolu de son Estat, ainsy qu'il le seroit certainement dès qu'il auroit pris La Rochelle, il ne se voulust mesler des affaires estrangeres, et tra-

---

(1) *Courcillon son frere.* Il est sans doute question ici de Louis de Courcillon, seigneur de Dangeau, père du marquis de Dangeau dont on a un Journal de la cour de Louis XIV.

verser leurs desseins autrement qu'il n'avoit fait jusques là, ils en furent fort en peine, n'osant pas s'en desclarer ouvertement, pour ne perdre pas la réputation qu'ils avoient de grands catholiques et de persécuteurs perpétuels des hérétiques, en quelque lieu qu'ils fussent, dont ils avoient tiré et tiroient encore tous les jours tant d'avantages : mais craignant aussy que les voyes indirectes ne fussent pas suffisantes, enfin toutefois ils en prirent une directe, se résolvant d'assiéger Casal, que le Roy ne pourroit pas, ce leur sembloit, laisser perdre, tant il iroit de son honneur, ny secourir sans quitter La Rochelle.

Environ ce temps là, les Rochellois firent un traité avec le roy de la Grande-Bretagne par le moyen des desputés qu'ils tenoient auprès de luy, par lequel ils se mettoient sous sa protection pour estre, ce disoient-ils, deslivrés de l'oppression qu'ils recevoient, et restablis dans les bonnes graces de leur Roy ; promettant de mettre en mer tout le plus de vaisseaux qu'ils pourroient pour favoriser les armées qu'il envoyeroit en France, les fournir de pilotes, de vivres et d'autres choses nécessaires, et mesme de leur donner retraite dans leur port ; de ne s'accommoder jamais avec le Roy sans son consentement ; et en cas qu'il fust attaqué dans l'Angleterre, de faire de leur costé toutes les diversions qu'ils pourroient. Comme aussy le roy de la Grande-Bretagne leur promettoit d'envoyer au printemps une assez grande armée pour faire lever le siege de devant leur ville, et rompre tous les desseins qu'on avoit contre eux ; de leur fournir en attendant, et à ses despends, autant de soldats et de vivres qu'ils en auroient besoin ; et s'obligeant enfin de ne faire jamais la paix sans leur participation, et sans qu'ils y fussent compris et leurs privileges conservés.

Cependant le Roy fist deux choses qui contribuerent beaucoup au bon succès de son entreprise : la premiere fust afin que les officiers et soldats peussent facilement subsister en un lieu où il falloit tout acheter, de donner à chaque capitaine d'infanterie tous les quarante jours trois cents livres, aux lieutenants cent, aux enseignes soixante, et aux sergents trente, qui estoit bien plus que leur paye ordinaire. Et parceque les soldats, par leurs desbauches ou leurs mauvais ménages, consommant souvent en fort peu de temps ce qui leur devroit beaucoup durer, sont contraints, ne pouvant pas attendre les montres, de se desbander, ou d'estre à charge à leurs capitaines, on les payoit tous les huit jours à raison de ........ (¹) par jour, et le pain; de sorte qu'ils pouvoient aisement subsister, et que ceux qui, outre cela, travailloient à la digue en avoient bien de reste. Le payement estoit fait sur les extraits des reveues, qui se faisoient fort souvent et fort exactement, afin de ne payer que les effectifs, et que les capitaines, voyant n'y pouvoir rien gagner, fussent soigneux de tenir leurs compagnies bien complettes.

La seconde fust qu'ayant mandé à toutes les villes principales de faire faire des habillements pour chacune un régiment, elles les envoyerent environ ce temps là, desquels le Roy en fist donner à toutes les compagnies pour autant qu'il y avoit de soldats : ce qui arresta sy court les maladies, qui y estoient desja fort grandes, qu'il sembloit que ce fust un miracle; faisant voir l'avantage qu'il y a de tenir les soldats bien vestus, et

---

(¹) *A raison de* ...... : Cette somme est en blanc sur le manuscrit.

que la despense qu'on y fait n'est pas comparable au profit qui en revient.

Le zele des Rochellois pour leur religion et leur liberté, qu'ils se persuadoient qu'on vouloit opprimer, et leur croyance que rien ne pourroit jamais empescher le roy de la Grande-Bretagne de les secourir, ainsy qu'il s'y estoit nouvellement obligé par le traité dont je viens de parler, faisoit croire à tout le monde qu'ils attendroient la derniere extremité, et qu'il y faudroit au moins passer tout l'hiver. C'est pourquoy il n'y eust personne qui ne jugeast que le Roy n'y devoit pas demeurer tout ce temps là, l'air n'y estant pas trop bon, à cause de tant de marais salans et autres dont le pays est remply; et les maladies ayant desja attaqué quelques personnes de qualité, comme messieurs de La Roche-Guyon et de Cipierre, qui en estoient morts, et M. d'Effiat, qui avoit esté fort mal.

Il n'en partist pas néanmoins sy tost qu'on eust desiré, luy-mesme ayant peine à s'y résoudre, parceque sa présence tenant tout le monde dans le devoir, il apprehendoit que luy s'en allant, beaucoup de gens ne se desbandassent, et que ceux qui demeureroient ne servissent pas comme il falloit; à quoy il eust esté difficile de remédier, si le cardinal de Richelieu, contre la coutume des favoris, qui ne s'eslongnent pas volontiers de leurs maistres, aimant mieux hasarder toute sa fortune que le succès d'une chose sy importante, ne se fust offert d'y demeurer. De sorte que le Roy, estant bien asseuré que, luy présent, rien ne dépériroit, partist au commencement de fevrier pour aller à Paris, où il fust suivy du garde des sceaux de Marillac, du marquis d'Effiat, surintendant, de trois secrétaires d'Estat, des officiers de sa maison, et d'une partie des volontaires; les autres estant demeurés au siege avec le cardinal, auquel il fust donné un pouvoir de général pour commander, en l'absence du Roy et de M. d'Orléans, par dessus messieurs d'Angoulesme, de Bassompierre et de Schomberg, et dans les provinces de Poitou, Angoumois, Saintonge et Aunix. M. de Châteauneuf, un des plus anciens et des plus estimés du conseil, demeura auprès de luy, et M. de Beauclerc, secrétaire d'Estat, pour signer en commandement dans toutes les choses qui en auroient besoin, ainsy qu'il y en avoit des exemples.

Quelques jours devant que le Roy partist, il entra de nuit dans La Rochelle, deux barques chargées de vivres, sans que les vaisseaux le peussent empescher, à cause qu'elles estoient petites et légeres, et le vent sy grand, qu'elles furent plustost passées qu'on ne s'en fust aperceu; et despuis que le Roy s'en fust allé, il en vint encore deux autres, qui prirent l'occasion d'une tourmente, dont l'une passa, et l'autre eschoua quasy vis-à-vis du fort d'Orléans. M. de Marillac en ayant esté à l'heure mesme averty, fist venir des barques, où entrerent des officiers et des soldats du régiment des Gardes, pour y aller aussytost que la marée commenceroit à monter, et s'en rendre maistres; mais estant fort bien armée, elle se deffendist de telle sorte, que la marée estant devenue haute devant que le canon qu'on avoit envoyé chercher fust arrivé, elle s'en alla comme les autres. Ces quatre barques furent le seul secours que les Rochellois receurent par mer pendant tout le siege; je les mets ensemble, parcequ'il n'y eust pas beaucoup de distance en leur passage.

Sy les Anglois n'eussent pensé qu'à y envoyer des vivres, ils l'auroient bien peu faire en ce temps là, non seulement avec des barques comme celles qui estoient entrées, mais avec de plus grands vaisseaux; car le vent de sud-ouest, qui est ordinairement fort impétueux, ayant tiré quasy tout l'hiver, et la digue n'estant encore guere avancée, il auroit esté impossible, y allant la nuit et lorsque la mer eust esté fort esmeue, que quelques uns n'eussent passé. Mais comme tout leur but estoit de se servir de l'occasion pour s'en rendre maistres, et qu'ils sçavoient que le peuple ne le souffriroit qu'à l'extremité, ils n'avoient garde d'empescher qu'ils n'y tombassent, ne se figurant point que la digue, ny les vaisseaux du Roy, qu'ils sçavoient estre fort petits, leur peussent jamais faire d'obstacle; et les desputés de La Rochelle s'endormant aussy là dessus, ne se presserent pas plus qu'eux d'y en faire aller de leur part. De sorte que les uns par leur ambition, et les autres par leur négligence, perdirent tout au moins l'occasion de faire durer le siege sy longtemps qu'on n'en auroit peut-estre pas peu voir la fin.

Quoyqu'on travaillast à la digue avec toute la diligence possible, cela néanmoins n'allant pas encore sy viste qu'on eust desiré et qu'en effet il estoit nécessaire, on s'avisa de faire maçonner tout autant de flustes de Hollande (qui sont des vaisseaux fort longs) qu'on en peust trouver dans les ports voisins; desquelles s'en mettant une au bout du travail aussytost qu'il estoit achevé, et l'y coulant à fond, on l'allongeoit dès ce temps là de toute sa longueur, parcequ'il auroit esté impossible de passer par dessus; et on diminuoit l'ouvrage au moins de la moitié, n'y ayant plus qu'à la couvrir de pierre pour accommoder le chemin, et y faire le talus du costé de la mer. Mais afin de le haster encore davantage, parcequ'on disoit que les Anglois devoient bientost venir, on retrancha quasy la moitié de la largeur, tant sur le haut qu'au fond de l'eau, l'expérience ayant monstré qu'elle résisteroit aussy bien à la mer et à tous les mauvais temps qu'elle faisoit auparavant, pourveu qu'il y eust du talus. Il faut pourtant sçavoir qu'encore qu'on fist travailler de tous les deux costés avec toute la diligence qui se pouvoit, on se pressoit néanmoins davantage de celuy de Coureille, parceque le ruisseau qui vient de La Rochelle, et qui fait le canal par où les grands vaisseaux peuvent passer, s'en approche bien plus que de l'autre.

Or, sy tous les huguenots ne vouloient point qu'on prist La Rochelle, il n'est pas fort estrange, puisqu'ils croyoient que la liberté de conscience dont on les laissoit jouir despendoit principalement de sa conservation : mais qu'il y eust beaucoup de catholiques, aussy bien dans la cour et dans l'armée que dehors, qui eussent assés peu de religion et fussent sy mauvais François que de ne le vouloir pas, croyant sous un faux fondement, comme il s'est veu despuis, que dès que cela seroit fait on establiroit la gabelle partout où il n'y en avoit point, et que le Roy estant maistre absolu de son Estat, ils en seroient moins considérés, préférant ces imaginations à tous les avantages que la religion, le Roy et le royaume en pourroient tirer, c'est ce que la postérité aura peut-estre peine à se persuader. Et cependant il est très vray ; et qu'un certain mot que M. de Bassompierre avoit dit en riant (car asseurement il estoit bon serviteur du Roy, et faisoit tout ce qu'il

pouvoit pour en haster la prise): « Je pense que nous
« serons sy fous que nous prendrons La Rochelle, »
couroit partout, et estoit tenu de plusieurs comme un
oracle; de sorte que quelques huguenots en prirent la
hardiesse, devant que le Roy partist, de penser à y
faire entrer des vivres, se persuadant que puisque tant
de gens en appréhendoient la perte, il s'en trouveroit
bien quelqu'un qui leur aideroit à la sauver.

Ils s'adresserent pour cela, à ce que tout le monde
creust, à un des principaux chefs de l'armée, lequel
ayant veu la Ligue et le siege de Paris, où, bien que
tous les gouverneurs voisins eussent publiquement laissé
aller des vivres, et que ce fust asseurement ce qui le
sauva, ils n'en furent pourtant point chastiés, le roy
Henry-le-Grand n'estant pas alors assés autorisé pour
cela; croyant que c'en seroit encore de mesme, prist
le temps que le cardinal de Richelieu estoit allé en
Brouage, et pour un coup d'essay y laissa entrer quinze
ou seize bœufs, qui passerent sans difficulté, et auroient
sans doute esté suivis de beaucoup d'autres, sy le Roy et
le cardinal, en ayant esté aussytost avertis, n'en eussent
fait un sy grand bruit, que celuy qu'on en soupçonnoit, ny autres, n'oserent despuis l'entreprendre; estant très certain que sans la maniere dont on en usa en
ceste rencontre, et la grande sévérité dans tout le reste,
il n'en seroit pas mieux arrivé que du premier siege.
On en voulust rejetter la faute sur le mareschal de Bassompierre, disant qu'ils estoient entrés par son quartier (1); mais il s'en lava fort bien.

---

(1) *Qu'ils estoient entrés par son quartier*: Ces bœufs étoient entrés
par les quartiers du duc d'Angoulême et du maréchal de Schomberg.

Ce fust sur ce temps là que M. de Charnacé (1) arriva au camp, lequel venant de Suede, en donna des connoissances qu'on n'avoit point encore eues, et fust la premiere et principale cause des intelligences qu'on prist despuis avec le roy de Suede (2), et de son entrée en Allemagne. Il estoit party de Stockholm sur le bruit du secours de l'isle de Ré et du siege de La Rochelle; et parcequ'ayant beaucoup d'esprit, ce roy là se plaisoit à l'entretenir et luy entendre parler du Roy et de la France, et que luy ayant, dès qu'il fust arrivé, despeint le cardinal de Richelieu tel qu'il estoit, la bonne opinion qu'il en avoit prise s'estoit encore fort augmentée par toutes les choses qu'il luy voyoit faire, il le chargea particulierement, quand il partist, de le bien asseurer de l'estime qu'il faisoit de luy, et de luy dire de plus que ce luy seroit véritablement beaucoup de gloire et d'avantage de prendre La Rochelle, et de ramener tous les subjects du Roy dans leur devoir; mais qu'il devoit aussy penser ailleurs, et ne permettre pas que l'Empereur se rendist maistre de l'Allemagne, comme il feroit infailliblement s'il n'y estoit bientost pourveu, ne devant point douter qu'en ce cas les Espagnols et les Allemands se trouvant joints d'interests, rien ne leur pourroit résister, la France non plus que les autres, et qu'elle en pastiroit mesme la premiere, comme faisant le plus d'obstacle à leur grandeur; que

(*Voyez* les Mémoires de Bassompierre, t. 21, p. 129, deuxième série de cette Collection.)

(1) *M. de Charnacé* : Hercule de Charnacé, gouverneur de Clermont en Argonne; il alla en Hollande comme ambassadeur, et il fut tué au siége de Bréda en 1636. (*Voyez* le pére Anselme, t. 7, p. 516.)
— (2) *Le roy de Suede* : Gustave-Adolphe.

les choses n'estoient point encore sy désesperées qu'on ne peust y remédier, mais qu'il n'y avoit point de temps à perdre.

M. de Charnacé s'estant acquitté de ceste commission dès qu'il fust arrivé, dist ensuite tant de choses du courage de ce roy, de sa grande capacité et expérience dans la guerre, et de la valeur de ses subjects, dont la prise de la plus grande partie de la Livonie sur les Polonois rendoit de bons tesmoignages, que le cardinal de Richelieu y fist réflexion. Et d'autant plus qu'estant desja fort mal satisfait des Espagnols à cause du traité qu'ils avoient revélé aux Anglois, et que leur secours n'estoit venu que quand on n'en avoit plus affaire, il sçavoit encore qu'ils traitoient avec l'Empereur et M. de Savoye pour despouiller M. de Nevers des duchés de Mantoue et de Montferrat, qui luy estoient nouvellement escheus (de sorte qu'il faudroit nécessairement s'y opposer, parcequ'il estoit né François, et que tout accroissement de l'Empereur ou du roy d'Espagne en Italie seroit de trop dangereuse conséquence), il vouloit dès l'heure mesme renvoyer ledit sieur de Charnacé en Suede, pour voir ce qui se pourroit faire de ce costé là pour troubler les prospérités de l'Empereur, luy donnant pouvoir d'offrir de très grands secours d'argent, qu'on croyoit y estre plus necessaire que toute autre chose.

Mais cela ayant esté despuis plus particulierement examiné par le pere Joseph [1], à qui il en donna la commission, il jugea enfin plus à propos d'attendre la

---

[1] *Le pere Joseph* : François Leclerc Du Tremblay, capucin, connu sous le nom de *père Joseph*, le conseil intime du cardinal de Richelieu. On l'appeloit *l'Eminence grise*.

prise de La Rochelle, afin que ce bon succès donnast plus de confiance, et qu'on eust aussy plus de moyens d'accomplir tout ce qu'on promettroit : de sorte qu'il ne partist que l'année d'après, quand le Roy s'en alloit à Suse. Par où le roy de Suede voyant qu'on ne ménageoit point les Espagnols, se disposa librement à tout ce qu'on voulust, faisant la paix avec les Polonois, et se préparant pour entrer en Allemagne, ainsy qu'il fist en l'année 1630.

Pendant que le Roy avoit esté à La Rochelle, il s'estoit fait un grand changement dans l'esprit de la Reine mere à l'égard du cardinal de Richelieu, lequel ayant failly à empescher sa prise, m'oblige d'en parler, et de dire tout ce qui en est venu à ma connoissance ; croyant outre cela, parcequ'il a esté l'origine de toutes les disgraces arrivées despuis à ceste grande princesse et aux personnes qui y avoient contribué, et causé une infinité de désordres dans le royaume, que vous serez bien aise de le sçavoir.

Il est très asseuré que diverses personnes y travaillerent sur la fin ; mais pour les premiers et les plus grands coups, ils furent sans doute donnés par la princesse de Conty et la duchesse d'Elbœuf, lesquelles ayant de tout temps esté fort bien avec la Reine mere, et la suivant partout, n'aimoient point le cardinal de Richelieu, parceque sa domination estoit beaucoup plus rude que celle où elles avoient esté nourries, et qu'il vouloit rabaisser l'autorité des grands, comme cause de tous les desordres qui arrivoient sy souvent dans le royaume. Joint qu'il avoit en particulier un fort grand différend avec M. de Guyse pour l'amirauté de Levant, que le cardinal disoit luy appartenir comme comprise dans la charge d'amiral, qu'il avoit eue de M. de Montmorency, et qu'il tenoit sous le nom de grand-maistre et réformateur général du commerce; et M. de Guyse prétendant qu'elle estoit unie au gouvernement de Provence, et qu'il en estoit mesme en possession.

Mesdames de Conty et d'Elbœuf n'osoient pas néanmoins au commencement s'en descouvrir à la Reine mere, tesmoignant tout au contraire ne penser qu'à la divertir et à lui complaire, mesme sur le subject du cardinal de Richelieu; mais quand elles peurent parler contre luy, elles n'y manquerent pas. Or l'occasion leur en fust donnée par la duchesse d'Aiguillon, nommée alors madame de Combalet, niece du cardinal, et dame d'atour de la Reine mere; car estant jeune et emportée de présomption, par l'opinion qu'elle avoit de la grande faveur de son oncle tant auprès du Roy que de la Reine mere, à quoy elle ne croyoit pas que personne peust toucher, elle se laissoit avec cela gouverner par madame Du Fargis, qu'elle avoit fait faire dame d'atour de la Reine; laquelle ayant une très grande affection pour madame la princesse, la communiqua de telle sorte à madame d'Aiguillon, que trouvant aussy beaucoup plus son plaisir avec elle que chez la Reine mere, parcequ'elle y avoit plus de liberté, et qu'elle estoit plus jeune que la princesse de Conty, et de meilleure compagnie que la duchesse d'Elbœuf, elle n'en partoit quasy point sans rendre aucune subjection à la Reine, ny considérer que M. le prince et elle ayant tousjours eu des interests différents, c'estoit des choses tout-à-fait opposées, et qu'il estoit impossible d'accorder.

A quoy la Reine mere n'avoit pas pris garde devant

le voyage du Roy, à cause sans doute du grand monde qui estoit continuellement auprès d'elle; mais despuis que le Roy fust party, et qu'elle n'eust pour toute compagnie que la princesse de Conty, la duchesse d'Elbœuf, et celle d'Onane (¹), qui estoit aussy de la maison de Lorraine, elle s'apperceust bientost de la conduite de madame d'Aiguillon, et qu'elle ne la servoit ny ne la suivoit quasy jamais : de quoy ayant un jour fait quelques plaintes devant ses dames, elles les releverent sy bien, sous prétexte de l'excuser, que le discours en dura assés long-temps, et que la Reine s'accoutuma à leur en parler. Et d'autant qu'elles sçavoient bien que, quoy qu'elles peussent faire, madame d'Aiguillon ne s'en corrigeroit pas, tant elle estoit attachée à son sens et se pensoit au dessus de toutes choses, elles ne manquoient pas de la demander et mesme de la faire chercher, toutes les fois que, selon le deu de sa charge, il falloit servir la Reine ou l'accompagner, en prenant autant de soin que sy elles y eussent eu grand interest, afin qu'en cas de besoin elles s'en peussent servir auprès du cardinal de Richelieu pour se justifier, et que, faisant aussy de plus en plus remarquer à la Reine sa mauvaise conduite, le desgoust s'en augmentast. Ce qui leur réussist sy bien (car on ne la trouvoit quasy jamais), que le mescontentement de la Reine croissant tous les jours, elle leur en faisoit incessamment des plaintes, qu'elles recevoient pourtant de telle sorte que, ne la contredisant point, elles ne montroient pas aussy de la vouloir aigrir, tant elles se fioient peu en elle, et craignoient un retour; jusques à ce que, voyant

---

(¹) *Celle d'Onane* : Renée de Lorraine-Mayenne, mariée en 1613 à Marie Sforce, duc d'Ognano, comte de Santa-Fiore.

que cela continuoit, et que, leur en parlant continuellement et sans aucune réserve, elle disoit mesme qu'il se falloit bien garder que le cardinal le sceust, et promettoit de ne luy en dire jamais rien, elles creurent s'en pouvoir assurer; et despuis qu'elles eurent ce secret avec elle contre madame d'Aiguillon, elles ne furent guere sans en avoir aussy contre le cardinal de Richelieu, luy faisant regarder ce qu'il faisoit tout d'une autre façon qu'elle n'avoit accoutumé, interprétant mal ses actions les plus innocentes, et les rendant criminelles; comme, entre autres, qu'il ne se tenoit sy souvent esloingné des lieux où elle estoit, que parcequ'il s'ennuyoit avec elle et fuyoit de la voir; que les grandes complaisances qu'il rendoit au Roy n'estoient que pour tenir par luy-mesme, et se pouvoir passer d'elle; que le voyage qu'il luy avoit fait faire à La Rochelle dès qu'il avoit esté guary, sans luy laisser prendre un peu de repos, n'estoit que pour le desaccoutumer d'estre avec elle, et luy faire trouver du plaisir ailleurs; et autres choses semblables, qui luy entrerent enfin sy avant dans l'esprit qu'elle ne s'entretenoit plus que de cela, et le haïssoit autant qu'elle l'avoit autrefois aymé. Tant il est vray que les personnes d'humeur à se laisser gouverner n'agissent jamais que par les mouvemens qu'on leur donne, et ne voyent ny n'entendent que par les yeux et les oreilles d'autruy.

Ces dames estant ainsy assurées de la Reine, n'apprehendoient rien d'autre part, n'y ayant personne auprès d'elle pour les espier et en avertir le cardinal; car M. Bouthillier (¹), qui, estant son secretaire, en avoit la

---

(¹) *M. Bouthillier* : Claude Bouthillier, d'abord avocat au parlement, étoit devenu, par la protection du cardinal de Richelieu, se-

charge, ayant esté fait secretaire d'Estat par la mort de M. d'Ocquerre, estoit auprès du Roy; et son frere, qui avoit eu sa place, n'y voyoit goutte, se laissant tellement abuser par elles, qu'il s'y fioit comme aux meilleures amies qu'eust le cardinal.

Or le Roy estant, ensuite de cela, arrivé à Paris, la Reine mere ne luy tesmoigna rien de ce qu'elle avoit dans le cœur; mais faisant bonne mine, et couvrant bien son jeu, s'opposoit seulement à le voir retourner à La Rochelle aussytost qu'il l'avoit promis et qu'il estoit en effet nécessaire, de peur, se disoit-elle, du mauvais air et des peines qu'il s'y donnoit, qui pouvoient à la longue préjudicier à sa santé : ce qui estoit un prétexte sy précieux, et qui pouvoit sy facilement entrer dans l'ame d'une mere aussy tendre qu'elle le paroissoit, qu'il ne sembloit pas qu'on en peust soupçonner autre chose, ny y trouver à redire.

Mais les amis du cardinal de Richelieu, qui sçavoient comme elle avoit accoutumé de despendre absolument de ceux qui la gouvernoient, et que la chair ny le sang ne pouvoient rien contre cela, ne s'y laisserent pas tromper; de sorte que, jugeant aussytost que le mal venoit d'ailleurs et avoit une autre source, et ne s'en pouvant prendre qu'au cardinal de Bérulle, à cause du grand accès que la dévotion luy donnoit auprès d'elle, et à ses dames qui ne la quittoient point, ils l'escrivirent au cardinal, qui s'en trouva fort embarrassé; car il ne pouvoit pas quitter le siege pour y

---

crétaire des commandemens de la Reine mère; il fut fait secrétaire d'Etat en 1628, à la place de M. Potier d'Ocquerre. Cette honorable famille subsiste encore aujourd'hui en la personne de M. le marquis Léon de Bouthillier.

aller donner ordre, et voyoit bien que sy le Roy n'y retournoit point, toutes choses luy manqueroient, et il le faudroit enfin lever : ce qui ne pouvoit arriver, quoyque ce ne fust pas par sa faute, sans donner une grande atteinte à sa réputation aussy bien qu'à sa faveur, qui despendoit principalement de l'événement de ses conseils, le Roy estant ainsy fait.

Cependant la Reine mere, pour parvenir à ses fins, usoit de tous les artifices dont elle se pouvoit aviser, flattant le Roy sur les plaisirs qu'il trouvoit à Paris et aux environs, et taschant d'obliger ceux qui avoient quelque crédit auprès de luy à luy aider, et principalement M. de Saint-Simon, qu'il aimoit fort, et lequel, quoyque amy du cardinal, estant jeune, et ne pénétrant pas plus avant que ce qu'on luy disoit, n'estoit peut-estre pas aussy fasché de le retenir quelque temps à Paris, pour ne rentrer pas sy tost sous une domination qui, comme j'ay desja dit, estoit un peu rude.

Joint qu'il sembloit au commencement que le Roy mesme ne s'en soucioit pas beaucoup, et ne songeoit plus à La Rochelle ny au cardinal, ayant esté plus de quinze jours, depuis les premieres lettres de son arrivée, sans lui escrire, ny luy faire rien mander : de sorte que tout le monde le tenoit pour perdu. Mais la fortune, qui luy a tousjours esté si favorable, en décida bientost tout autrement, et par un moyen qui, n'ayant aucun rapport à cela, ne pouvoit jamais estre imaginé, qui fust la mort de M. de Blinville, arrivée en ce mesme temps.

Car, bien que la Reine mere, qui ne cherchoit pour gagner le Roy qu'à le flatter, et à luy complaire sur tout ce qu'il vouloit, voyant qu'il avoit envie de don-

6.

ner sa charge de premier gentilhomme de la chambre à M. de Saint-Simon, mais que n'estant pas accoutumé de rien faire de pareil sans en consulter le cardinal de Richelieu, il en estoit en peine, craignant qu'il ne l'approuvast pas, luy conseillast de ne s'y pas arrester, et mesme l'en pressast extremement; sy est-ce que balançant, et que le cardinal, qui fust promptement averty de ceste mort, et qui dans les grandes alarmes où il estoit n'avoit garde de choquer l'inclination du Roy, qu'il jugea bien devoir aller à M. de Saint-Simon, luy ayant aussytost despesché un courrier pour luy dire que c'estoit aussy son avis et qu'il l'en supplioit : le Roy, qui receust sa lettre devant que d'avoir rien déterminé, eust sy agréable sa complaisance, et de se voir hors de cest embarras en la maniere qu'il avoit desiré, que, comme s'il luy en eust eu grande obligation, il ne parla plus que de luy, et de retourner à La Rochelle dès qu'il en seroit besoin, sans s'arrester à tout ce que disoit la Reine mere; laquelle, demeurant ferme en son opinion, fist bien enfin connoistre à tout le monde, quoyqu'elle essayast tousjours de le dissimuler, que le cardinal ne la gouvernoit plus.

A propos de quoy je diray que sy on veust faire quelque reflexion sur ceste disgrace du cardinal, pourra-t-on jamais rien voir qui marque mieux combien la faveur des princes est chose peu assurée, et qu'on ne s'y doit pas tellement fier qu'on en abuse, ainsi que font la plus part des favoris, puisqu'elle arriva justement quand le crédit du cardinal, s'il n'en avoit point eu, auroit deu commencer, pour les grands services qu'il rendoit, et les grands avantages que la religion et le Roy, pour qui la Reine avoit tant de passion, en devoient tirer? Et cependant ce fust sur ce temps là qu'elle changea; montrant bien que les amitiés qui ne viennent que de la coutume, ou de quelques agréments du corps ou de l'esprit; comme font ordinairement celles des femmes, passent fort aisement par l'absence, ou parcequ'on s'en lasse, comme on se desgoute à la fin des viandes qu'on aime le mieux, quand on en mange trop long-temps. Son crédit auprès du Roy ayant pour fondement son merite et les grands services qu'il rendoit, ne finist aussy qu'avec sa vie.

Mais il ne faut pourtant pas que les favoris se puissent persuader que leur faveur sera éternelle : l'expérience en a trop fait voir le danger, et que quand ils ne sont point retenus par la crainte du changement, ils en abusent envers leurs maistres propres, et se rendent insupportables à tout le monde. Mais on ne doit pas veritablement les oster tant qu'ils sont utiles ou qu'il en peust venir du dommage, ainsy qu'il seroit infailliblement arrivé sy le Roy fust entré dans les sentiments de la Reine mere, et eust fait comme elle.

Que sy on ne les doit pas changer en ces temps là, il faut bien sans doute le faire, quelque affection qu'on ait pour eux, quand par leur mauvaise conduite ils s'attirent de telle sorte la haine publique, qu'on ne pourroit les garder sans de trop grands desordres, et peut-estre des guerres civiles; quand on attribue à leur malheur particulier tous les malheurs publics, comme au comte d'Olivarez, que le roy d'Espagne envoya dans sa maison, quoyqu'il l'aimast encore, pour contenter ses peuples, et esprouver sy un autre seroit plus heureux que luy; ou enfin pour un plus grand bien, comme fist le roy Charles VII de Tanneguy Du Chastel (¹), pour avoir la paix avec le duc de Bourgogne, d'où despendoit le restablissement de toutes ses affaires.

Il est vray que celuy là, par une modération admirable, et qui n'est pas ordinaire, voyant que le Roy en faisoit difficulté, à cause des grands services qu'il en avoit receus, luy en leva le scrupule, disant qu'aussy bien s'en iroit-il quand il ne le voudroit pas, pour ne point faire manquer une chose sy nécessaire et à luy et à tout le royaume.

Or il est certain que semblables choses se peuvent esperer des princes qui ne se laissent pas sy fort emporter à leurs passions qu'il ne leur reste tousjours quelque peu de lumiere et de raison : mais pour ceux qu'elles maistrisent tout-à-fait, comme il n'y a ny regle ny mesure en tout ce qu'ils font, ne suivant que leurs fantaisies, soit qu'ils veuillent garder un favory, soit qu'ils le veuillent oster, c'est avec tant d'opiniastreté, que nulle considération ne les en peust empescher, exposant fort librement toutes choses pour cela, sans crainte de ce qui en peust arriver, ainsy qu'il s'en pourroit donner bien des exemples.

De dire la part qu'eust le cardinal de Berulle dans toutes les intrigues de la Reine mere, c'est ce que je ne sçay pas ; mais il est bien apparent que sy ce n'est toute celle que les amis du cardinal de Richelieu luy donnoient, du moins n'y contredisoit-il pas, non plus que fist le garde des sceaux de Marillac quand il fust

---

(¹) *De Tanneguy Du Chastel* : Ministre et favori de Charles VII, il se retira de lui-même des affaires, pour n'être pas un obstacle à la tranquillité du royaume. (*Voyez* l'Histoire de Charles VII par Alain Chartier, dans les OEuvres de ce dernier; Paris, 1617, in-4°, p. 62.)

arrivé, nonobstant tout ce qu'ils luy devoient, n'estant pas seulement demeurés bien avec elle, mais leur crédit ayant tousjours despuis augmenté, ainsy que le dit le cardinal de La Valette au cardinal de Berulle mesme, comme il se vouloit justifier, et prouver qu'il n'avoit rien fait contre le cardinal de Richelieu : qu'il estoit difficile de le croire, puisque le temps auquel il estoit demeuré le plus puissant auprès de la Reine mere estoit celuy auquel le cardinal de Richelieu avoit commencé à y estre mal.

Que s'il est vray qu'ils ayent participé à tout ce qui se faisoit contre luy, et mesme contribué à empescher le Roy de retourner à La Rochelle, ainsy que leurs ennemis les en accusoient, il faut bien croire, les choses estant telles qu'elles estoient, c'est-à-dire eux ayant vescu et estant morts comme des saints, et La Rochelle estant le principal appuy de l'héresie en France, qu'ils estoient trompés; et que se formant, ainsy que la pluspart des hommes font souvent, de leurs passions une raison, ils avoient tant de haine contre les huguenots, que ne les pouvant souffrir, ils vouloient qu'on les forçast par une guerre de religion à se convertir, ou à sortir du royaume. Ce que n'attendant point du cardinal de Richelieu, mais qu'aussytost que par la prise de La Rochelle il penseroit la faction esteinte, il les laisseroit en paix, et ne songeroit qu'à traverser les desseins des Espagnols, qu'ils croyoient, aussy aveuglement que durant la Ligue, n'avoir pour but que le bien et l'avancement de la réligion, ils croyoient faire un grand sacrifice à Dieu de contribuer à le mettre mal auprès de la Reine et auprès du Roy, ne se persuadant point que sa cheute peust empescher celle de La Rochelle, beaucoup d'autres, ce leur sembloit, y pouvant servir comme luy.

Sur quoy on peust dire assurement qu'ils ne s'abusoient pas moins qu'à croire que l'hérésie se pouvoit destruire par la force, un homme nouveau, qui n'auroit pas peu avoir du premier jour autant de crédit et de connoissance que la longueur du temps en avoit donné au cardinal de Richelieu, ne pouvant jamais faire tout ce qu'il fist pour prendre La Rochelle ( et sy il eust bien de la peine à en venir à bout); et l'expérience ayant fait voir que la guerre auroit plustost ruiné le royaume que les huguenots, parcequ'elle les rendoit plus opiniastres, et que l'inclination des François pour les guerres civiles faisoit que, plusieurs catholiques se meslant avec eux, ils partageoient quasy le royaume avec le Roy, et qu'il leur venoit tousjours de quelque part des secours estrangers; la longue paix dont ils avoient jouy despuis l'édit de Nantes jusques en l'année 1621, qu'on commença à les attaquer, et la déclaration du Roy de ne vouloir point toucher à leur religion ny contraindre leurs consciences, les ayant plus affoiblis que toutes les persécutions et les guerres qu'on leur avoit fait pendant une infinité d'années, et donné assurement le moyen de les réduire au point où on les voyoit alors.

Mais j'ai veu des gens (1) qui, prétendant avoir pénétré jusques au fond de leurs pensées, alloient bien plus avant, assurant, par haine peut-estre ou par envie, qu'ils le faisoient, fondés sur une maxime bien estrange à la verité, mais que les Espagnols et leurs partisans taschoient d'insinuer partout, et qu'un zele

(1) *Des gens* : Les cardinaux de Bérulle et de La Valette.

indiscret leur avoit peu persuader, que l'hérésie ne seroit jamais esteinte que quand les catholiques, n'ayant plus qu'un monarque, n'auroient plus aussy d'autre interest que de la destruire; et que, partant, la prise de La Rochelle, qui ne donneroit pas tant de moyens au Roy de le devenir (1), comme d'empescher que le roy d'Espagne, qui estoit bien plus en passe pour cela que luy, ne le fust, seroit bien plus préjudiciable qu'avantageuse à la religion, et ne se devoit point souffrir.

Cependant les Anglois, qui avoient esté avertis des diligences qui se faisoient pour avancer la digue, craignant que, s'ils attendoient davantage à y envoyer, elle ne s'achevast, ou que les Rochellois ne peussent pas les attendre, firent tout leur possible pour haster le partement de leur flotte; dont le Roy ayant aussy eu avis, il se creust obligé de retourner au camp, pour y apporter par sa présence et par ses soins tout ce qui y pourroit manquer sans cela.

Il partist donc de Paris au commencement d'avril, et il arriva devant La Rochelle environ le quinzieme. Il y trouva toutes choses en sy bon ordre, qu'il en fust plainement satisfait; et connoissant par là de quelle importance il luy estoit d'avoir un serviteur aussy fidelle et aussy capable que le cardinal de Richelieu, sy tout ce qu'on avoit fait à Paris contre luy n'avoit rien gagné sur son esprit, il n'estoit gueres apparent que d'autres choses le peussent faire.

Pendant le voyage du Roy, l'evesque de Mende et M. de Rothelin, lieutenant général de l'artillerie,

(1) *De le devenir* : de devenir ce monarque universel. Ce système de la politique la plus étrange ne nous paroît pas avoir été exposé ailleurs.

moururent de maladie (¹). Le premier s'estoit sy bien persuadé que La Rochelle se prendroit, qu'il ordonna par son testament d'y estre enterré; et la charge du second fust donnée au marquis de Rothelin, son frere aisné.

Le roy d'Espagne n'ayant peu estre destourné, par tous les devoirs où s'estoit mis M. de Mantoue, d'attaquer ses Estats, pour obliger le Roy par ceste diversion à lever le siege de La Rochelle, il en prist le prétexte dans les prétentions que le duc de Guastalle, à sa persuasion, disoit avoir sur le duché de Mantoue, bien qu'il n'y eust aucun droit, sa branche estant plus esloingnée d'un degré que celle de M. de Nevers, et dans celles de M. de Savoye et de madame de Lorraine sur le Montferrat, qui n'estoient pas mieux fondées; faisant ordonner par l'Empereur qu'en attendant qu'il en eust jugé, ces deux Estats seroient mis en sequestre, et qu'un commissaire imperial en prendroit possession en son nom. Ce que M. de Mantoue n'ayant pas voulu souffrir, voyant bien qu'il n'y seroit jamais rentré, don Gonçales de Cordoua, gouverneur de Milan, eust commandement d'aller dans le Montferrat dès que le temps le permettroit, comme sy c'eust esté pour y faire reconnoistre l'Empereur; et d'assiéger Casal sy on ne luy en ouvroit les portes.

Or les Espagnols avoient principalement choisy M. de Mantoue et Casal pour faire ceste diversion, parcequ'ils ne voyoient rien où le Roy fust plus interessé, M. de Mantoue estant né son subject; et Casal

---

(¹) *Moururent de maladie* : Ils moururent au camp devant La Rochelle. L'évêque de Mende fut enterré dans cette ville, suivant sa dernière volonté. (*Voyez* le Mercure françois, t. 14, p. 600 et 718.)

couvrant l'Estat de Milan du costé de la France; ny
qu'il peust aussy plus difficilement secourir sans lever
le siege de La Rochelle, et y mener toutes ses forces,
les destroits des montagnes et le Piémont, par où il
falloit passer, pouvant aisement estre deffendus par
toutes leurs troupes et par celles de M. de Savoye,
qu'ils avoient gagné en luy promettant une grande
partie du Montferrat; ou enfin parceque s'il estimoit
sy fort la prise de La Rochelle qu'il la préférast à toutes choses, qu'ils auroient de quoy se consoler, quelques avantages qu'il luy en vinst, prenant la meilleure
place d'Italie, et la plus propre pour leur en faire
avoir l'entiere domination.

Mais comme la saison n'estoit pas encore bonne
pour se mettre en campagne, le marquis de Saint-
Chaumont, que le Roy avoit envoyé à Mantoue devant la mort du duc Vincent pour les interests de
M. de Nevers, eust tout loisir d'aller en Piémont, et
de travailler auprès de M. de Savoye pour essayer de
le destacher des Espagnols. Mais comme il ne pouvoit
pas égaler leurs offres, parcequ'il luy falloit menager
M. de Mantoue, que les autres vouloient opprimer, il
n'y peust rien faire; de sorte que, dès que le temps le
permist, M. de Savoye fust à Trin et aux autres places
qu'il devoit avoir, qu'il emporta facilement.

Don Gonçales fust à Casal, mais il n'y fust pas sy
heureux; car s'estant trouvé mieux pourveu de toutes
choses qu'on ne pensoit, il arriva encore que le baron
de Beuveron, qui estoit sorty de France pour s'estre
battu contre M. de Boutteville (1) dans la place Royale

(1) *S'estre battu contre M. de Boutteville* : C'est pour ce duel que le
comte de Boutteville avoit été décapité le 22 juin 1627.

pendant la plus grande rigueur de l'édit des duels, estant lors en Italie, s'y jetta sy à propos avec tout ce qu'il peust assembler de François, qu'il y rasseura les esprits; et descouvrant une trahison par laquelle on devoit le lendemain livrer la ville à don Gonçales, le contraignist, perdant ceste espérance, et n'ayant pas assés de gens pour l'attaquer de force, de se réduire à la bloquer (¹).

On ne sçauroit exprimer le desplaisir qu'on receust en France à l'arrivée de toutes ces nouvelles, n'y ayant personne qui ne vist l'impossibilité d'aller à Casal et de continuer le siege de La Rochelle; et que quelque party que le Roy prist, sa réputation y seroit tousjours fort engagée, ne luy estant pas moins honteux de le lever après tout le bruit qu'on en avoit fait, et qu'il estoit sy avancé, quoyque sous le pretexte d'un traité, comme du temps du roy Charles IX, que d'abandonner M. de Mantoue, qui sembloit ne souffrir persécution que parcequ'il estoit François; et de se voir encore oster les moyens de secourir les papes et tous les autres princes d'Italie quand ils en auroient besoin, ainsy que les rois de France avoient tousjours fait.

Enfin, néanmoins, la crainte de ne pouvoir rien faire de bon ny là ny ailleurs, qu'on ne se fust osté ceste espine du pied, l'emportant, ou l'apprehension de laisser le certain pour l'incertain, le Roy se resolust de ne partir point de La Rochelle qu'il ne l'eust prise, et d'assister cependant M. de Mantoue par toutes les autres voyes qui luy restoient : assavoir, d'exhorter le Pape et les Vénitiens de le secourir, et M. de

---

(¹) *Se réduire à la bloquer* : On aime à voir un Français exilé mériter ainsi son rappel à force de services

Savoye mesme à escouter les propositions qu'on luy faisoit, leur representant à tous le peril où ils se mettroient s'ils laissoient prendre un tel establissement aux Espagnols en Italie, et envoyant M. de Guron expressement pour cela.

Mais le Pape et les Vénitiens se sentoient trop foibles pour se déclarer ouvertement tant que le Roy n'en seroit pas; et pour M. de Savoye, soit parceque cela ne le regardoit pas tant que les autres, Casal ne pouvant pas empescher que le Roy n'allast à luy quand il en auroit besoin, et qu'il craignist de ne retrouver pas d'autre occasion pour avoir ceste partie du Montferrat que les Espagnols luy laissoient, ou bien qu'il esperast que tant de gens prendroient enfin sy grand interest que Casal ne demeurast pas aux Espagnols, qu'ils seroient contraints de le rendre, sans que luy, qui ne pouvoit pas donner les mesmes jalousies, et qui croyoit outre cela avoir des pretentions sy justes sur le Montferrat qu'on ne pourroit pas l'en exclure tout-à-fait, s'en meslast : tant y a qu'il fust impossible de le persuader, et que M. de Guron voyant sa présence partout ailleurs moins nécessaire que dans Casal, s'y jetta ; et il s'y trouva enfin, contre l'opinion des Espagnols et de tout le monde, assés de vivres pour attendre la prise de La Rochelle, et que le Roy allast comme en volant de l'une à l'autre pour le secourir.

Mais comme personne ne se l'imaginoit, et qu'on voyoit les Rochellois résolus de ne se rendre qu'à l'extremité, on craignoit sy fort que Casal ne peust pas tant durer, que le cardinal de Richelieu eust envie, pour gagner temps et y pouvoir arriver assés tost, d'attaquer La Rochelle de force, et en parla à tous ceux en qui il se fioit le plus, pour en avoir leur avis, qui luy dirent tous que la prise de La Rochelle estant estimée universellement de telle consequence qu'on ne la devoit hasarder pour quelque raison que ce fust, et ne se voyant rien par le chemin qu'on tenoit qui la peust empescher, ils croyoient bien meilleur de le continuer que d'en prendre un autre subject à plusieurs accidents, dont la bonne conduite ny la grandeur des armées ne pouvoient pas quelquefois garantir, ainsy qu'il s'estoit veu tout fraischement à Bergues-op-Som, où le marquis Spinola ne peust jamais faire d'attaque qui luy reussist, ny de travail qui ne fust aussytost rompu; et à Montauban, où le mauvais air engendra tant de maladies que la meilleure partie de l'armée y perist. Et ce qui estoit encore à considérer, c'est que quand tout réussiroit à souhait, on n'en iroit pas plus tost pour cela à Casal, le temps qu'on y gagneroit ne pouvant estre employé qu'à laisser reposer l'armée et à la refaire, n'estant pas vraysemblable qu'un sy grand siege ne l'eust fort affoiblie, ny qu'on peust aller, sans la remettre en bon estat, contre des gens tous frais, et qui s'y seroient de longue main préparés; joint que quand bien Casal se prendroit, pourveu que La Rochelle se prist aussy, il ne seroit peust-estre pas impossible de le reprendre, n'estant guere apparent que tous les princes d'Italie, voyant le mal qui leur en arriveroit, ne se joignissent avec le Roy pour cela; mais que sy on manquoit ceste fois là La Rochelle, on ne voyoit pas par quels moyens on y pourroit revenir : ce que le cardinal ayant approuvé, on n'en parla plus.

Le bruit que les Anglois devoient bientost arriver s'augmentant tous les jours, et la digue, quelque soin qu'on y apportast, ne pouvant pas estre tout-à-fait achevée quand ils viendroient, on mist proche d'elle, du costé de La Rochelle, une chaisne de vaisseaux assés grands, desquels ceux qui estoient vis-à-vis du passage furent arrestés avec quantité d'ancres, afin que la courante ny le vent ne les peussent pas emporter; et ceux que la digue couvroit laissés en liberté, pour, au besoin, aller secourir les autres.

M. d'Estissac entroit en garde avec son régiment sur les vaisseaux qui estoient du costé de Coureille, et M. de ..... avec le sien sur les autres, avec ordre à tous deux de faire jetter le grapin sur tous ceux qui entreprendroient de passer, pour les arrester et les faire briser contre la digue, ou, s'il ne pouvoit, les tirer hors du canal et les faire échouer : ce qu'on croyoit aisé parcequ'il estoit fort estroit en cest endroit, et que ceux des deux costés, s'il en estoit besoin, iroient leur aider; après quoy on les couleroit à fond, avec les canons logés à cet effet au dessous de la digue.

On fist aussy en ce mesme temps deux batteries de douze pieces chacune, l'une entre la pointe de Chef-de-Baye et les vaisseaux, et l'autre un peu plus haut, du costé de Coureille, afin que ceux qui voudroient passer eussent à essuyer leurs descharges devant que d'estre aux vaisseaux, lesquels avoient ordre du commandeur de Valançay de n'aller que deux tout au plus sur chacun de ceux qui se presenteroient, pour éviter la confusion; se tenant assuré que cela suffiroit, quand ils les auroient bien accrochés, pour les tirer hors du canal et les faire eschouer, ou du moins les arrester et leur faire perdre la marée, ne craignant point qu'ils en vinssent aux mains avec les plus grands, estant sy bien armés qu'ils pourroient se deffendre autant qu'il faudroit; ny qu'il y en vinst beaucoup à la fois, parcequ'ils se nuiroient plus qu'ils ne se serviroient s'ils demeuroient ensemble, et s'eschoueroient pour peu qu'ils se voulussent escarter, tant, comme j'ay desja dit, la place estoit estroite. Et quant aux brulots qu'ils pourroient envoyer devant eux, il y avoit un sy grand nombre de chaloupes destinées pour les aller recevoir, devant qu'ils peussent estre aux vaisseaux et les destourner, qu'on n'appréhendoit pas qu'ils fissent aucun mal.

Toutes choses estant en cest estat, la flotte angloise parust le 11 de may à la veue de La Rochelle. Elle n'estoit pas de la qualité de celle de l'année précédente, n'y ayant que quatre ramberges (qui sont des vaisseaux de mille ou douze cents tonneaux), quinze ou vingt bien moindres, et environ autant de fort petits, tout le reste n'estant que des barques chargées de vivres : ce qui ne laissoit pas de faire une grande montre, y ayant bien près de cent voiles. Elle estoit commandée par le comte d'Emby (1), beau-frere du duc de Bouquinguan.

Celle du Roy ne paroissoit rien auprès, ny pour la qualité ny pour la quantité, n'y en ayant pas plus de vingt-cinq, de quatre à cinq cents tonneaux chacun, avec environ autant de barques : mais se fiant principalement en l'assiette du lieu, et aux hommes qui estoient dessus, parce qu'outre ceux que le Roy y entretenoit, qui estoient tous gens d'élite, force volontaires s'y estoient jettés, comme le seul lieu où on pouvoit

(1) *Le comte d'Emby* : Le comte de Denbigh, dont M. de Fontenay altère le nom, comme il fait à l'égard de la plupart des étrangers.

combattre, elle ne s'estonna nullement; le commandeur de Valançay, qui se mist à l'heure mesme à la teste, et tous les autres officiers chacun à leurs postes, montrant bien qu'ils vouloient mourir, ou les empescher de passer.

Dequoy les Anglois, qui, sur le rapport des desputés de La Rochelle, s'estoient persuadés que dès qu'ils paroistroient tout s'enfuiroit, et qu'ils n'auroient qu'à aller, estant fort surpris, ils s'assemblerent diverses fois pour voir ce qu'ils auroient à faire, et conclurent enfin, après avoir veu les vaisseaux, les batteries et la digue, qu'il leur seroit impossible de passer. C'est pourquoy ils envoyerent un nommé Braignaut à La Rochelle, pour dire l'estat où ils se trouvoient, et sçavoir sy l'on ne pourroit rien faire de ce costé là qui rendist le passage plus facile; lequel s'estant mis dans une chaloupe, se glissa pendant la nuit parmy les vaisseaux du Roy, et faisant semblant d'en chercher quelqu'un, passa sy subtilement qu'il fust bien loin devant qu'on s'en apperceust.

Braignaut ne trouva pas les choses mieux disposées du costé de La Rochelle que de celuy de l'armée, et ne pouvant retourner, en donna aussytost advis par des feux et autres marques qu'il avoit prises; après quoy le gros de l'eau, qui commençoit à diminuer, faisant croistre les difficultés, les Anglois s'en seroient dès lors retournés, s'ils n'eussent creu nécessaire pour leur descharge de faire auparavant quelque tentative.

Ils s'avancerent donc le 18, avec la marée et le vent, quasy vis à vis des deux premieres batteries, desquelles ayant esté plusieurs fois salués, et dont quelques coups mesmes porterent sur eux, ils virent qu'on les attendoit sy résolument, que, desesperant de passer, ils se retirerent, faisant de grands reproches aux desputés d'avoir rapporté au roy de la Grand' Bretagne les choses autrement qu'elles n'estoient, et mandant à ceux de La Rochelle, pour les consoler, qu'ils reviendroient bientost avec des gens pour mettre pied à terre, et attaquer les lignes au mesme temps que les vaisseaux. Les ramberges ne s'avancerent point du tout, leurs pilotes n'ayant pas trouvé qu'il y eust assés d'eau, mesme à l'entrée du canal.

Tout ainsy que le Roy avoit fait faire partout des prieres quand il sceust que les Anglois devoient venir, aussy fist-il rendre graces à Dieu de ce qu'ils s'en estoient retournés; et afin de profiter du temps, et que les Rochellois vissent que n'ayant peu estre secourus ceste fois-là, ils le seroient encore moins à l'avenir, il fist redoubler le travail de la digue. Ce qui ne changea pourtant rien dans leur esprit, tant ils esperoient aux secours de terre et de mer que les Anglois leur avoient promis, et qu'ils estoient résolus, cela leur manquant, de périr tous avec leur liberté.

Ce qui aidoit beaucoup à cela estoit madame et mademoiselle de Rohan, qui s'estant trouvées dans la ville quand l'armée arriva, on ne voulust pas les laisser sortir; et l'humeur de Guiton leur maire, lequel, quand il vist qu'au jour de l'élection du maire, qui se faisoit tous les ans le premier dimanche d'après Pasques, toutes les voix alloient à luy, les avertist d'en prendre un autre, s'ils n'estoient bien résolus d'attendre la derniere extrémité, ne se sentant pas propre pour se rendre auparavant, pour quelque raison que ce fust.

Suivant quoy jugeant bien, quand le comte d'Emby

fust party, que, quelque assurance qu'il eust donnée, le retour seroit long et incertain, il commença, pour avoir plus de moyens de l'attendre, ou du moins d'aller le plus loin qu'il se pourroit, de menager mieux les vivres qu'on n'avoit fait jusques là, faisant sortir toutes les bouches inutiles, et ceux qui souffroient le plus de necessité. De sorte qu'on vist tout d'un coup une infinité de vieillards, de femmes et d'enfans se présenter aux lignes et demander à passer : ce qu'on leur permettoit au commencement, tant on en avoit pitié. Mais il arriva aussitost après un commandement du Roy si précis de les renvoyer tous sans miséricorde, voyant bien que cela ne se faisoit que pour descharger la ville, et la faire plus longtemps durer, que plusieurs n'ayant peu rentrer (car il leur estoit aussi interdit), moururent misérablement dans les dehors.

On en eust encore une autre marque, qui fust que quelques uns de leurs gens, qui s'estoient cachés de nuit dans des fossés, ayant pris, un peu devant que le Roy partist, M. de Feuquieres comme il alloit d'un quartier à l'autre, par un chemin qu'il y avoit dans les marais, sans le vouloir relascher, quelques offres qu'il fist, ils luy avoient fourny jusques là autant à manger qu'il en demandoit; mais ils le retrancherent alors sy court, qu'il fust mort de faim s'ils ne luy eussent permis d'en faire venir du camp, qu'on luy apportoit tous les deux jours, et que son valet, escorté de ceux qui le gardoient, alloit prendre à la porte : sans quoy il est certain qu'il n'en auroit eu la moindre part.

Quand le roy de la Grand'Bretagne et le duc de Bouquinguan eurent veu le comte d'Emby, et appris de luy l'estat de La Rochelle et les difficultés qu'il y auroit de la secourir, ils furent fort estonnés, craignant, et avec grand'raison, qu'il fust tout-à-fait impossible, et que dès qu'elle seroit prise le Roy ne leur tombast sur les bras, sans qu'il se trouvast rien pour l'en destourner, parceque le reste des huguenots seroit alors trop foible pour l'arrester, et que les Espagnols ne s'accorderoient pas seulement avec luy pour le regard de M. de Mantoue, de peur d'attirer la guerre en Italie, mais s'y joindroient encore s'il vouloit pour les aller attaquer, conformément au traité desja fait, afin de l'empescher par ceste occupation de penser aux choses d'Allemagne, où l'Empereur faisoit en ce temps là de grands progrès.

Sur quoy, après plusieurs consultations, ils n'y trouverent point de meilleur remede que de faire préparer une sy grande armée pour envoyer à La Rochelle, que les Espagnols le sçachant, et se persuadant que cette ville seroit secourue, s'engageassent de telle sorte devant Casal, qu'il leur fust après trop honteux de s'en retirer dès qu'on les menaceroit d'y aller; présupposant que moyennant cela, quand bien même le Roy prendroit La Rochelle, il quitteroit toutes autres choses pour y aller, tant il avoit d'intérest de sauver Casal.

C'est pourquoy le roy de la Grand'Bretagne fist à l'heure mesme assembler un parlement; lequel tant à cause de la religion que sur la croyance que La Rochelle leur pourroit demeurer, et qu'ils remettroient encore une fois le pied en France, accorda cinq subsides, qui font environ quatre millions de livres, qui estoit la plus grande somme qu'ils eussent accoutumé de donner en une fois; avec quoy il fist une telle armée, que le duc de Bouquinguan ne la jugeant pas indigne de luy, se résolust de s'y rembarquer, et de tenter encore un coup quelle seroit sa fortune.

Le comte de Carlisle fust aussy, sur ce mesme temps, envoyé à Turin pour le dire à M. de Savoye, et par luy aux Espagnols; car il faut noter que les Anglois ne le pouvoient pas directement, estant encore en guerre avec eux; les assurant, afin qu'ils continuassent plus hardiment leur siege, que La Rochelle seroit infailliblement secourue, et que les François auroient trop d'affaires chez eux pour pouvoir aller autre part.

Et comme on se persuade aisément ce qu'on desire, les Espagnols y ajoustant foy, firent sy bien que les choses réussirent à la fin selon le projet des Anglois, le Roy ayant préferé, après la prise de La Rochelle, de secourir M. de Mantoue, à tous les autres sentiments qu'il pouvoit avoir.

Or, encore que le Roy fust bien averty de ce qui se faisoit en Angleterre, et que le secours qu'on y préparoit seroit très grand, il n'en avoit néanmoins nulle apprehension, n'y ayant point d'apparence que celuy-là peust mieux réussir que l'autre, veu l'estat où il trouveroit tant la terre que la mer; car la circonvallation estoit toute achevée, et la digue le devoit estre devant qu'ils peussent arriver. De sorte que quand bien il eust peu forcer les vaisseaux qui estoient à la teste (ce qu'on n'avoit pourtant osé entreprendre au dernier voyage), et rompre les trois rangs de machines du Plessis-Besançon, posées derriere eux, il auroit trouvé après cela les batteries des deux bouts de la digue, de six pieces chacune, sy bien placées pour tirer à fleur d'eau et à bout portant, l'entrée sy estroite, et les vaisseaux qui la fermoient sy bien amarés, qu'il eust esté impossible de passer sans estre coulé à fonds, ou brisé contre la digue.

Ce qu'ils eussent donc vraysemblablement peu faire eust esté de descendre en Bretagne ou en Normandie; mais outre que ce n'auroit pas esté secourir La Rochelle, laquelle, se rendant bientost après, eust donné liberté de les aller faire rembarquer, on y avoit encore mis sy bon ordre, qu'il n'estoit pas apparent que cela peust réussir : de sorte que toute la difficulté estoit pour ceux de Casal. Ce n'est pas que les avis qui en venoient ne portassent qu'ils iroient bien loin; mais comme l'opiniastreté des Rochellois estoit extresme, on craignoit tousjours qu'ils n'en peussent pas attendre la fin.

Cependant, pour les y obliger, on les faisoit souvent assurer que, pourveu qu'ils eussent patience, le Roy iroit à eux avec de sy grandes forces, qu'ils seroient indubitablement secourus. Et parcequ'on voyoit que les Rochellois commençoient à manquer de vivres, on les menaça que s'ils attendoient la derniere extremité, ils seroient traités avec toute rigueur, et il leur fust mesme envoyé un hérault pour les sommer, et leur maire en particulier; ceste formalité ayant quelquefois bien réussy envers les peuples, pour les faire rentrer dans leur devoir. Mais Dieu qui les vouloit chastier, aussy bien que les Espagnols, comme ayant tous deux des causes fort injustes, permist qu'ils tinssent jusques au bout, afin qu'ils fussent traités comme ils méritoient, et que ceux de Casal eussent assés de vivres pour en faire recevoir la honte toute entiere aux Espagnols.

Il arriva une chose qui y contribua beaucoup, qui fust que M. de Mantoue, qui avoit fait faire de grandes levées en France, ayant mandé au marquis d'Uxelles, qui les commandoit, d'entrer dans le Piémont, les Espagnols eurent tant de peur que M. de Savoye, ne se sentant pas assez fort pour l'en empescher, ne luy accordast le passage et qu'il leur tombast après sur les bras, qu'ils luy envoyerent une grande partie de ce qu'ils avoient devant Casal; après quoy, ne pouvant pas tenir toutes les avenues fermées comme auparavant, les Montferrains, passionnés pour leur prince, y jetterent tant de vivres, qu'encore que M. de Savoye ayant de bien meilleures troupes que le marquis d'Uxelles, l'eust défait dans le Val......(1), les Espagnols néanmoins n'en tirerent pas tant d'avantage que M. de Mantoue, cela ayant esté en partie cause du salut de Casal.

Le Roy, qui ne se donnoit aucun repos, ayant enfin voulu voir ses armées, commença par celle de mer, où il trouva toutes choses en très bon ordre, et le commandeur de Valançay, aussy bien que tous les autres officiers, bien résolus de ne laisser pas forcer le passage. Ensuite de quoy estant allé à celle de terre, luy et tous ceux qui l'accompagnoient confesserent n'en avoir jamais veu une sy belle : ce qui venoit principalement de ce que voyant souvent les compagnies ou dans les quartiers, ou quand elles entroient en garde, les capitaines estoient forcés de les tenir tousjours bien complettes; que les habillements y avoient fait cesser

---

(1) *Dans le Val......*: Ce nom est en blanc sur le manuscrit. On lit les plus grands détails sur l'expédition du marquis d'Uxelles dans le Mercure françois, t. 14, p. 570 et suivantes.

les maladies; que les payements ne se retardoient jamais; que ceux qui vouloient travailler à la digue y gagnoient beaucoup; et enfin que l'ordre y estoit tel pour les vivres, qu'il y en venoit aussy abondamment et à aussy bon marché que sy on eust esté en pleine paix. De sorte que les soldats, au lieu de se desbander, comme il arrive ordinairement dans les sieges de longue durée, y couroient de toutes parts.

Sur ces entrefaites il arriva qu'un gentilhomme nommé La Grossetiere, qui estoit sorty un peu auparavant de La Rochelle pour aller par les provinces esmouvoir les esprits, et les porter à faire de tous costés de tels souslevements qu'ils contraignissent le Roy à lever le siege, fust pris à ........ (1). Et parcequ'on dist aussytost qu'on luy feroit son procès, les Rochellois penserent le pouvoir sauver en l'avouant, et mandant au cardinal de Richelieu qu'en vertu de cela, et qu'il n'avoit rien fait que sous leurs commissions et par leur ordre, il ne devoit pas estre traité autrement qu'en prisonnier de guerre, ainsy qu'il se pratiquoit partout. A quoy le cardinal respondit qu'il ne sçavoit pas encore les volontés du Roy sur ce subject; mais qu'en attendant il les avertissoit qu'ils n'estoient pas en estat de traiter du pair avec luy, et qu'ils feroient bien mieux de parler pour eux, et de recourir à sa bonté pour leur particulier que pour les autres. Ce qui, au jugement de tout le monde, aggravoit fort son crime, et fist que rien ne le peust sauver, fust qu'il avoit esté page du Roy.

---

(1) *Fust pris à........* : La Grossetière fut arrêté dans une ville de Normandie; il ne fut exécuté qu'après la prise de La Rochelle. On trouve plus de détails dans le Mercure françois, t. 14, p. 213.

Vers la fin du mois d'aoust, M. le comte arriva à la cour : il en estoit party long-temps auparavant, mal satisfait de plusieurs choses, mais principalement du mariage de mademoiselle de Montpensier, auquel il aspiroit, et que M. d'Orléans avoit espousée. Ensuite de quoy il estoit allé à Rome, à Venise et à Turin, d'où, ayant esté contraint de partir quand M. de Savoye se fist espagnol, il se retira à Neufchastel en Suisse, chez M. de Longueville son beau frere : mais s'y estant bientost ennuyé, il fist negotier son accommodement par M. de Senneterre, qui avoit lors tout crédit auprès de luy.

Pendant qu'on ne pensoit qu'à l'arrivée des Anglois, et à les bien recevoir, il vint une nouvelle qui sembloit la devoir fort esloingner, et qui surprist merveilleusement : qui fust que le duc de Bouquinguan, travaillant à donner les derniers ordres pour son embarquement, avoit esté tué, comme il sortoit de sa chambre pour conduire quelqu'un qui l'estoit venu voir, par un Anglois qui luy donna un coup de couteau dans le cœur sy subtilement, que s'étant aussytost après meslé parmy la foule des courtisans, il ne fust point descouvert : de sorte que toutes les présomptions allant plustost sur les François que sur les Anglois (car il y en avoit là quelques uns), on crioit qu'il les falloit tous tuer : mais le meurtrier mesme l'empescha en se montrant, et disant que c'estoit luy qui l'avoit fait, fondé, à ce qu'il confessa despuis quand on l'interrogea, sur les plaintes du dernier parlement contre luy ; et il croyoit tellement faire une bonne action, et que plusieurs gens approuveroient, que de peur d'en perdre le mérite, et que, sy on le tuoit sur-le-champ, on ne sceust pas qui il estoit, il avoit escrit son nom dans un billet attaché au fond de son chapeau (1).

Ce duc estoit de médiocre naissance, venu fort jeune à la cour, et sy aymé du roy Jacques qu'il l'esleva en peu de temps aux plus grands honneurs de l'Estat, dans lesquels il se conduisit sy au gré du prince (2), qu'il le gouverna, quand il fust roy, plus absolument qu'il n'avoit fait son pere. Il estoit assés grand, de bonne mine, d'esprit agréable, magnifique, libéral, aimant les honnestes gens, et enfin fort bon pour la cour; mais au reste sy leger et sy vain, qu'il n'estoit nullement propre pour les grandes affaires, et moins encore pour la guerre, ainsy que le montra bien son voyage en l'isle de Ré.

Sa mort ayant fait croire aux Rochellois que le secours qu'il devoit mener en seroit du moins fort retardé, et leurs nécessités s'augmentant chaque jour, ils entrerent en de tels désespoirs, que, sans la grande opiniastreté du maire, ils se fussent dès lors rendus; mais il les en destourna, en demandant au moins du temps pour faire sçavoir en Angleterre l'estat où ils estoient, et ce qu'ils en devoient attendre, envoyant force gens à cest effet, afin que quelqu'un peust revenir, et leur en apporter des nouvelles assurées.

Mais ils trouverent tous tant de difficultés par les chemins, que pas un n'estant retourné au temps qu'on esperoit, il se fist une sy grande esmotion, dans laquelle quelques uns des principaux de la ville prirent part, que le maire fust contraint pour les appaiser de

(1) *Voyez* les Mémoires de Richelieu, t. 24, p. 158, deuxième série de cette Collection; et le Mercure françois, t. 14, p. 646. — (2) *Au gré du prince*: du prince royal, l'infortuné Charles 1.

feindre de vouloir traiter, s'adressant pour cela à M. de Feuquieres, qu'ils tenoient tousjours prisonnier; lequel, par le moyen de M. Arnauld son beaufrere (¹), qui le fust trouver dans La Rochelle, obtint un passeport du cardinal de Richelieu pour quatre desputés qui allerent à La Saussaye, où il estoit logé despuis le retour du Roy, comme en un lieu de meilleur air que le Pont de la Pierre.

Ces desputés parlerent fort honnestement, et, se monstrant bien satisfaits de la response du cardinal, promirent de retourner le lendemain; mais le maire ayant pendant cela regagné les principaux de ceux qui avoient fait le bruit, au lieu de les renvoyer fist sortir un brûlot, pour essayer de mettre le feu aux vaisseaux qui fermoient l'ouverture de la digue : ce que les chaloupes qui estoient en garde de ce costé-là ayant aisement empesché, il brusla tout seul.

Bien que les ordres pour empescher de sortir de la ville fussent, comme j'ay desja dit, fort exprès, et que la pluspart de ceux qu'on prenoit ayant passé les lignes fussent pendus, la necessité y estoit sy grande que plusieurs ne laissoient pas de le tenter, aymant mieux en courir le hasard que de mourir assurément de faim. Or, se trouvant quelquefois parmy eux des gens assez raisonnables, et sur les relations de qui il sembloit se pouvoir faire quelque fondement, ils disoient tous que la misere y estoit telle que la plus grande partie du menu peuple n'ayant plus rien, alloit chercher de

---

(¹) *M. Arnauld son beau-frere :* Isaac Arnauld, mestre de camp général des carabins de France, fils d'Arnauld de Corbeville, conseiller d'Etat, intendant des finances. (*Voyez* les Mémoires d'Arnauld d'Andilly, t. 33, p. 320 et 349, deuxième série de cette Collection.)

quoy vivre sur les remparts et dans les fossés, où, ne trouvant que de méchantes herbes qui ne les pouvoient pas nourrir ny soustenir suffisamment, ils tomboient enfin en langueur, et mouroient peu de temps après; et eux-mesmes montroient bien, par leur visage desnué, pasle et luisant (car c'estoit là les marques de ceux qui enduroient une grande faim), et par le péril où ils se mettoient en voulant forcer les lignes, qu'ils estoient en grande extremité.

Néanmoins, quand on parloit de se rendre à ceux qui demeuroient, ils respondoient sy orgueilleusement qu'on ne sçavoit que croire, estant très certain que sy le maire et les autres de la maison-de-ville eussent eu en leur particulier dequoy subsister, ils avoient tant de pouvoir sur le petit peuple, par l'autorité de leur charge, et parceque leurs ministres ne leur preschoient autre chose que la patience, et qu'ils seroient infailliblement secourus, ou martirs s'ils mouroient en attendant, qu'ils se fussent plustost laissé mourir de faim que de parler de se rendre.

Mais le roy de la Grand'Bretagne ayant enfin fait partir son armée sous la conduite du comte de Linsay (1), elle arriva sur la fin de septembre; elle estoit aussy grande pour les vaisseaux qu'ils l'avoient promis, mais il n'y avoit point de gens pour mettre pied à terre, ayant bien jugé qu'ils y seroient inutiles.

Sur le bruit du retour des Anglois, M. le duc d'Orléans partist de Paris pour se rendre auprès du Roy, et luy tesmoigner son zele dans une action sy importante, et qui devoit decider du salut ou de la perte des Rochellois, et mesme des affaires de M. de Mantoue,

(1) *Du comte de Linsay* : le comte de Lindesey.

ausquelles il prenoit lors un particulier interest, estant peu de temps auparavant devenu sy passionnement amoureux de la princesse Marie (¹), sa fille aisnée, qu'il la vouloit espouser, nonobstant la grande aversion qu'y monstroit la Reine mere, non seulement parcequ'elle prétendoit le marier à la princesse de Florence, qui estoit de sa maison, et qu'elle en avoit desja fait parler au grand duc, mais encore parcequ'elle n'aimoit point M. de Mantoue, qui avoit tousjours esté dans les interests de M. le prince pendant toute sa régence, et s'estoit, à ce qu'on luy avoit dit, vanté d'estre de meilleure maison qu'elle : ce qu'elle ne pouvoit oublier. C'est pourquoy, n'ayant pu rien gagner sur Monsieur, elle en escrivit sy fortement au Roy et au cardinal de Richelieu, qu'ils firent tout ce qu'ils purent pour l'en destourner, et l'obliger à contenter la Reine : à quoy n'ayant pas réussy, tant il estoit passionné; elle creust que c'estoit la faute du cardinal, et qu'il n'y avoit pas fait tout son pouvoir : ce qui, la rendant encore plus mal satisfaite de luy, donna grand moyen à ses ennemis de l'entretenir dans sa mauvaise humeur, et de la rendre enfin irréconciliable.

Or M. d'Orléans ne fust pas le seul qui partist de Paris pour aller à La Rochelle ; car le cardinal de La Valette, les ducs de Chevreuse et de Bellegarde, et quasy tout ce qui y estoit de gens de qualité, le suivirent; et il y en vint encore sy grand nombre des provinces, qu'on n'avoit jamais veu plus de volontaires ensemble. De sorte qu'il est fort apparent que les Anglois n'y auroient pas trouvé leur compte s'ils eussent mis pied à terre, comme ils l'avoient promis; mais

(¹) *La princesse Marie* : depuis reine de Pologne.

ne faisant nulle mine de cela, la pluspart monterent sur les vaisseaux.

Despuis que les Anglois furent arrivés, ils demeurerent quasy huit jours sans rien entreprendre, ne faisant que reconnoistre et consulter; et il n'y a point de doute que voyant les choses en tel estat qu'ils ne pouvoient raisonnablement espérer d'y réussir, ils n'en auroient pas fait l'espreuve, sy les Rochellois, qui estoient venus avec eux, n'eussent tant crié et protesté qu'une seule de leurs ramberges suffiroit pour battre et renverser tout ce qu'ils voyoient, pourveu qu'ils ne perdissent point le gros de l'eau, et le vent qui estoit fort favorable, et enfin que ceux de La Rochelle ne pouvoient pas attendre davantage, qu'ils ne peurent se dispenser d'en faire au moins une espreuve.

De sorte qu'ils s'y préparerent le 12 d'octobre; et que, comme on les vist en ceste disposition, chacun s'en alla au lieu qui luy estoit destiné : le cardinal de Richelieu à la digue, messieurs d'Angoulesme et de Schomberg à la pointe de Coureille, le mareschal de Bassompierre à la batterie de Chef-de-Baye, et tous les autres officiers à leurs postes.

Le Roy mesme ne voulant pas qu'une telle journée, où il y alloit sy fort de son interest, et où tant de gens s'exposoient à la mort pour son service, se passast sans qu'il y eust part, fust partout pour voir ce qui s'y faisoit, et pourvoir à ce qui en auroit besoin; se pouvant dire avec vérité que jamais un sy grand prince n'espargna moins sa personne qu'il fist ce jour là, les coups de canon, dont les Anglois n'estoient pas chiches, passant bien par dessus les lieux où il alloit.

Je ne puis pas aussy m'empescher de dire qu'il n'y

eust jamais rien de plus beau à voir; car la mer estant toute couverte de vaisseaux, tant du Roy que des ennemis, il y avoit encore sur la terre, outre toute l'armée, une sy grande quantité d'autres gens, et jusques à des femmes dans leurs carosses, pour regarder ce qui se feroit, que les plaines de Coureille et de Chef-de-Baye en estoient toutes remplies: et ce n'estoit pas sans raison, car si les Anglois eussent tenu parolle, et fait tous les efforts par mer dont ils s'étoient vantés, elles l'auroient peu voir facilement et sans péril, leur canon ne pouvant pas aller jusques où elles estoient.

La marée commençant à estre haute sur les huit ou neuf heures du matin, les Anglois leverent les voiles, et une de leurs ramberges, qui estoit à la teste, s'avança pour entrer dans le canal : mais comme ils avoient des gens avec la sonde à la main pour sçavoir s'il y auroit assés d'eau, ils en trouverent sy peu dès l'entrée, que celuy qui la commandoit jugeant qu'il y en auroit encore moins plus avant, s'arresta tout court, et l'envoya dire au comte de Linsay.

Sur quoy il y eust de nouvelles contestations; car les Rochellois, qui vouloient qu'on hasardast tout pour essayer de les sauver, leur représentant les promesses du roy de la Grand'Bretagne, l'honneur de leur nation, et l'avantage qu'ils en tireroient, La Rochelle ne pouvant plus avoir d'autres maistres qu'eux, soustenoient tousjours qu'il n'y avoit qu'à aller, et que tout ce qu'ils voyoient ne les pourroit arrester avec le vent qu'ils avoient. Mais les Anglois, moins préoccupés, disoient tout au contraire qu'il seroit impossible de passer, parceque les petits vaisseaux n'y feroient rien, et que les grands n'y pourroient pas aller sans toucher, et estre ensuite coulés à fonds par les batteries des deux costés : c'est pourquoy, quelques raisons qu'on leur peust alléguer, ils ne voulurent jamais passer outre.

Ceux de La Rochelle, pendant cela, montrerent de vouloir faire quelque chose de leur costé, ayant ouvert leur port, lequel, outre la chaisne, estoit tousjours fermé par un vaisseau, et mis dehors un brûlot; mais comme ils avoient grand'peine à le faire avancer avec la marée et le vent contraire, on tira dessus tant de coups de canon de la batterie du fort d'Orléans, qu'il fust coulé à fonds; et quant aux Anglois, après avoir demeuré encore quelque temps en présence, faisant semblant de vouloir avancer, ils se retirerent enfin tout-à-fait, dès que la marée commença à manquer.

Le lendemain au matin, ils retournerent au mesme lieu; de sorte qu'on croyoit qu'ils feroient ce jour là quelque chose de mieux : mais ils se contenterent d'envoyer deux brûlots, estimant que s'ils les pouvoient attacher à quelque vaisseau, qu'en les faisant suivre par dix ou douze autres qu'ils tenoient tous prests, l'armée en auroit sy grand peur que pour le sauver elle abandonneroit le passage; après quoy ils pourroient envoyer leurs petits vaisseaux, et les faire entrer sans difficulté. Mais aussytost que les deux brûlots furent un peu avancés, il partist une telle quantité de chaloupes pour les destourner, que ceux qui estoient dessus ayant peur, s'ils attendoient davantage, de ne se pouvoir pas retirer, y mirent le feu; et montant sur des chaloupes, les abandonnerent à la conduite du vent : de sorte que demeurant tous seuls, il fust fort aisé de les destourner et mettre hors du canal, où ayant échoué, ils bruslerent à la vue de tout le monde. Après quoy les Anglois, sans faire autre chose, plierent leurs voiles, et se retirerent.

Pendant ce temps là il fut tiré force coups de canon de part et d'autre, qui ne tuerent néanmoins que fort peu de gens, et du costé du Roy que quelque peu de simples soldats, et un gentilhomme nommé des Friches, qu'un boulet venant de La Rochelle, et qui fust le seul qui peust aller jusques à la batterie de Coureille où il estoit, choisit entre deux ou trois mille, et tout auprès de messieurs d'Angoulesme et de Schomberg, et luy emporta la teste. On a dit aussy que les Anglois n'y firent point de perte considérable.

Sy ces deux journées donnerent grande assurance à l'armée du Roy et refroidirent fort les Anglois, ils le furent encore plus par une tourmente qu'il y eust le lendemain, sy furieuse que, ne se pouvant tenir au lieu où ils estoient, il leur fallust prendre le couvert de l'isle de Ré, et y demeurer quelques jours; après lesquels estant revenus, ils penserent, puisqu'ils ne pouvoient rien faire pour La Rochelle par la force, qu'ils devoient au moins s'entremettre de son accommodement, présupposant que sy on les y recevoit, il ne paroistroit pas que le roy de la Grand'Bretagne l'eust entierement abandonnée, ny que leur voyage eust esté tout-à-fait inutile.

Ils firent donc à ceste fin demander un passeport pour M. de Montagu, celuy mesme qui avoit esté pris en Lorraine; lequel luy ayant esté accordé, il offrist au nom de son roy de faire rendre La Rochelle, à condition de pardonner aux Rochellois et à ceux qui les avoient servis, comme messieurs de Soubise, de Laval, et autres; de leur laisser tous leurs privileges, avec liberté de conscience; et de permettre à quelques Anglois qui estoient dans la ville de retourner en Angleterre.

A quoy le cardinal de Richelieu respondit que le Roy n'avoit point besoin de l'entremise du roy de la Grand'Bretagne pour se faire obéir par ses subjects, auxquels il feroit tel traictement qu'il verroit bon estre; et quant aux Anglois, qu'ils le recevroient pareil à celuy qui se feroit aux François en Angleterre, sans rien dire davantage.

Ce que M. de Montagu voyant, il demanda au moins du temps pour en aller avertir son roy, et une treve de quinze jours entre les deux armées, parcequ'il lui falloit bien cela pour faire le voyage. Ce qui luy ayant esté accordé, le Roy voulust qu'il fist le tour de La Rochelle, et vist la circonvallation, la digue, la disposition des vaisseaux, et toutes les autres choses qui estoient tant sur la terre que sur la mer, afin qu'il peust mieux dire en Angleterre l'estat où on estoit, et comme on ne craignoit rien. D'autres Anglois y furent aussy avec luy, qui en demeurerent estonnés, et fort persuadés que la place ne se pouvoit secourir.

Or les Rochellois qui estoient dans l'armée voyant les choses en cest estat, creurent qu'il leur seroit meilleur de faire eux-mesmes leur traité que de s'en remettre aux Anglois : c'est pourquoy ils envoyerent quatre desputés au cardinal de Richelieu, qui ne demanderent que pardon et liberté de conscience, qu'il leur accorda sans difficulté.

Mais parceque sur ce mesme temps il eust avis que les Rochellois, désesperant d'estre secourus et de pouvoir tenir plus longtemps, avoient aussy nommé des desputés pour le venir trouver, il ne voulust pas que ceux de l'armée s'en retournassent que les autres ne fussent arrivés, pour s'en servir en cas de besoin, comme il fist; car estant entré en matiere avec les desputés de la ville, et voyant que, quoy qu'il leur dist, ils vouloient tousjours qu'on comptast pour quelque chose le secours des Anglois, et qu'ils s'offroient de traiter sans eux, il creust ne leur pouvoir mieux prouver qu'il n'y avoit rien à prétendre de ce costé là qu'en leur faisant voir que ceux mesmes de l'armée ne s'y attendoient pas, et avoient recours à la bonté du Roy.

Il les fist donc venir devant eux; dont ils furent sy estonnés, et de sçavoir ce qu'ils avoient desja fait, que jugeant bien qu'il ne falloit plus marchander, ils s'en retournerent le dire dans la ville, d'où estant revenus le lendemain avec plein pouvoir, le traité fust bientost conclu.

De sorte que, le vingt-neuvieme d'octobre, le Roy estant à Laleu chez M. de Bassompierre, il sortist douze desputés, qu'un capitaine du régiment des Gardes fust recevoir jusques auprès de la porte Neufve; avec lequel ayant cheminé quelque temps à pied, ils le prierent de leur faire donner des chevaux, ne pouvant plus marcher tant ils estoient foibles : dont ayant fait avertir le mareschal de Bassompierre, qui n'estoit pas loin de là, il leur en envoya aussytost; après quoy estant arrivés auprès de luy, il les receust fort civilement, car il mist pied à terre comme eux; puis estant remontés à cheval, il les mena chez le Roy.

A l'entrée du logis ils trouverent tout en armes, et le marquis de Brezé, capitaine des gardes, pour les recevoir et les méner au Roy. Le cardinal de Richelieu

8.

les attendist à la porte de la chambre, qui les présenta. Ils se mirent tous à genoux, ainsy que le doivent faire les desputés des villes; et l'avocat du Roy de La Rochelle fist une petite harangue pour demander pardon, tesmoigner leur repentir, et assurer de leur obéissance et fidelité pour l'avenir.

A quoy le Roy respondit qu'il prioit Dieu qu'ils le dissent de bon cœur; qu'ils sçavoient bien qu'ils avoient tousjours fait contre luy tout ce qu'ils avoient peu; mais qu'il leur pardonnoit, et leur promettoit, pourveu qu'ils n'y retournassent point, de ne s'en souvenir jamais. M. d'Herbaud (¹), secretaire d'Estat; leust tout haut le pardon, tel qu'il avoit esté concerté avec leurs desputés.

Devant que de s'en aller, ils firent des excuses de leur maire, qui n'estoit point venu parcequ'il ne sortoit point de la ville tant que son magistrat duroit, et qu'il y attendoit le Roy pour luy remettre les clefs entre les mains. A quoy le Roy ne respondit rien, mais commanda seulement qu'on les fist disner, et qu'ils retournassent preparer toutes choses pour l'entrée des troupes, qui se fist le lendemain; messieurs d'Angoulesme et de Schomberg, suivis de messieurs de La Curée, de Vignolle, de Marillac, Du Hallier et de Saint-Chaumont, mareschaux de camp, y estant allés avec quatorze compagnies des Gardes et six des Suisses, lesquelles le Roy vist passer, faisant un commandement bien exprès qu'on n'y en laissast point entrer d'autres, pour éviter le désordre.

Il se trouva devant la porte quantité d'hommes et de

---

(¹) *M. d'Herbaud*: Raymond Phelypeaux, seigneur d'Herbaut, secrétaire d'Etat en 1621, mourut en 1629.

femmes qui, ayant esté quelques jours auparavant mis hors de la ville, mouroient de faim, lesquels prirent ce temps là, et se jetterent à genoux devant le Roy, afin qu'il leur fist donner du pain; comme il fust fait à l'heure mesme.

Messieurs d'Angoulesme et de Schomberg furent receus à l'entrée de la ville par le maire, qui leur fist une petite harangue; après laquelle luy ayant demandé les clefs, ils luy ordonnerent, n'estant plus maire, de licencier ses gardes, et de se retirer en sa maison.

Il fust aussy fait un ban que personne n'eust à quitter son rang ny entrer dans aucune maison, jusques à ce qu'il fallust loger. Et le marquis de Fontenay alla au mesme temps, avec les régiments de Piémont et de Rambure, dans le fort de Tadon pour en prendre possession.

Le dernier jour du mois, le Roy fist le tour de la ville par le dehors; et voyant une infinité de gens sur les remparts qui crioient *vive le Roy!* et le supplioient de leur faire donner du pain, il en fist porter dix ou douze mille pour les plus pauvres : ce qui fust continué tous les jours jusques à son départ.

Au mesme temps l'église Sainte-Marguerite, qui estoit la seule qui avoit esté laissée aux catholiques despuis le changement de religion, fust nettoyée par les peres de l'Oratoire, qui y avoient esté establis longtemps auparavant, pour y pouvoir dire la messe le jour de la Toussaint. Les logis pour toute la cour ayant aussy esté faits, le cardinal de Richelieu y entra avec tout ce qui voulust y aller, et une grande abondance de vivres, tant de bœufs et de moutons que de pain et de vin. Le maire se voulust approcher de luy; mais il luy commanda de se retirer dans son logis, et de n'en point partir (1).

Environ cent Anglois qu'il y avoit en tout furent menés dans leur armée, ainsy qu'il avoit esté promis par le traité; et le chevalier de Saint-Simon en porta la nouvelle aux Reines.

Le jour de la Toussaint, l'église ayant esté de bon matin consacrée par l'archevesque de Bordeaux, à cause qu'il y avoit eu quelques gens tués dedans, le cardinal de Richelieu y dist la messe, et ensuite l'archevesque et tous les ecclésiastiques de la cour; pendant quoy les récolets, minimes, et autres religieux ausquels on avoit promis des places dans la ville pour s'y habituer, faisoient des processions.

L'après-disnée, le Roy y entra à cheval, le régiment des Gardes et les Suisses estant en haye despuis la porte de Congne jusques à celle de l'église. Les mousquetaires marchoient les premiers, puis les chevaux-légers et toute la cour en confusion, pour esviter les disputes pour les rangs. Messieurs d'Angoulesme, de Bassompierre et de Schomberg alloient en mesme ligne, comme généraux d'armée, et le cardinal de Richelieu derriere eux, tout seul; après quoy venoit le Roy, suivy de ses principaux officiers, de ses gardes, et de ses gens d'armes. Les officiers du presidial se trouverent sur le chemin; mais le maire n'y fust pas, le Roy ne le voulant pas voir. Il alla descendre à l'é-

(1) *Et de n'en point partir* : Ce récit d'un témoin oculaire rend bien peu vraisemblable ce que raconte Le Vassor dans son *Histoire de Louis* XIII, t. 3, p. 247. C'est d'ailleurs un écrivain qu'on ne sauroit lire avec trop de précaution.

glise Sainte-Marguerite, où l'attendoient le garde des sceaux avec tous ceux du conseil et les religieux, qui aiderent à chanter le *Te Deum*.

Le pere Souffran, confesseur du Roy, fist ensuite une petite exhortation pour le convier, et toute l'assemblée, de remercier Dieu de la grande grace qu'il luy venoit de faire, et à toute la France; après quoy, estant retourné coucher à Laleu parceque son logis n'estoit pas encore prest, il y revinst le lendemain, et y fist la feste des Morts; et le jour d'après, la procession du Saint-Sacrement.

Sur ce temps là, M. de Montagu arriva, qui fust bien estonné de trouver tant de besongne faite sans luy, et qu'on ne l'eust pas attendu; mais voyant qu'il n'y avoit point de remede, il s'en retourna à l'armée, et avec elle en Angleterre.

On ne peust pas s'imaginer une opiniastreté ny une patience plus grande que celle des Rochellois, ayant souffert un siege de près de quinze mois, et enduré une telle necessité, qu'il est certain que la faim en tua plus de huit ou dix mille; qu'il y eust quelques femmes qui mangerent leurs enfans; qu'il falloit faire garder les cimetieres, de peur qu'on n'allast desterrer les morts pour les manger; que le prix des vivres y devint sur la fin sy excessif, qu'un mouton y estoit vendu trois cents livres, et une vache deux mille; et enfin que les mieux traités, à la réserve de cinquante ou soixante, ne mangeoient, assés long-temps devant qu'ils se rendissent, que du cuir bouilli avec de l'eau et du vinaigre, et encore sy petitement, que celuy chez qui je logeai me monstra, dans une chose grande comme une palette à tirer du sang, sa portion d'un jour, qui n'auroit pas assurement suffy pour le déjeuner d'un petit enfant, quand c'auroit esté la meilleure viande du monde et la plus nourrissante; dont il estoit aussy devenu sy foible, qu'il ne pouvoit quasy plus marcher ny se soustenir, et fust mort sans doutes pour peu que cela eust duré davantage.

Or ces gens là ne s'estoient pas laissé réduire à de telles extremités par le seul motif de la religion et de la liberté, mais aussy parceque le bon estat où ils pensoient estre par le moyen de leurs grandes fortifications, de leur union avec tous les huguenots de France, et principalement de Guienne et de Languedoc, et des intelligences qu'ils avoient en Angleterre, en Hollande et en Allemagne, les avoit tellement enorgueillis, que ne reconnoissant le Roy qu'autant qu'il leur plaisoit et leur tournoit à compte, ils l'avoient encore tellement offensé en donnant retraite à tous les mécontents, entrant dans toutes les factions, et se joignant avec tous ceux qui avoient voulu prendre les armes contre luy et luy faire la guerre, qu'ils croyoient impossible qu'il leur peust pardonner, et ne les ruinast entierement quand il en auroit le pouvoir. Mais comme le Roy n'estoit pas de ceux qui n'ont égard ny à leurs promesses ny à leurs serments, et qu'il suivoit plustost l'exemple de ses prédécesseurs, qui, traitant leurs subjects comme leurs enfants, ne demandoient que d'en estre obéis, et faisoient gloire après cela d'en oublier toutes les offenses et les pardonner, aussy leur fist-il bientost voir qu'ils le connoissoient mal, et qu'ils ne pouvoient jamais estre véritablement heureux que dans leur devoir, y trouvant les mesmes libertés qu'auparavant pour la religion, et estant hors de toutes les appréhensions et les peines qu'ils se donnoient et qu'on leur donnoit, qui ne les laissoient en repos ny nuit ny jour, et non plus dans la paix que dans la guerre.

L'on vist quelque échantillon de cela dans le voyage qu'y firent messieurs de Créquy, de La Rochefoucault, de Bassompierre, de Villeroy et de Fontenay en l'année 1620, comme le Roy alloit à Bordeaux (1); car, bien que n'ayant avec eux que le peu de gens dont on ne se sçauroit passer, et qu'à cause de messieurs de Créquy et de La Rochefoucault, qu'ils consideroient particulierement, celuy là comme gendre de M. d'Esdiguieres, et celuy cy à cause que ses prédécesseurs s'estoient autrefois fort signalés dans leur party, ils les eussent fort bien receus, le maire estant venu au devant d'eux à la porte de la ville, et les ayant fait loger et défrayer jusques au lendemain après disner, qu'ils en partirent : sy est-ce qu'ils ne les laisserent jamais tous seuls, et que sy quelqu'un se séparoit de la troupe, il voyoit aussytost un Rochellois après luy pour l'observer, et regarder ce qu'il feroit et à qui il parleroit; ayant mesme posé des corps de garde devant leurs logis, dès qu'ils y furent entrés pour se coucher.

Et ce n'estoit pas seulement de gens comme eux dont ils se défioient, mais de toutes sortes d'estrangers; n'y en allant aucun qui ne fust obligé de dire d'où il venoit, et pourquoy, et d'en partir dès que ses affaires estoient faites, craignant non seulement le dehors à cause du Roy et de beaucoup de catholiques

(1) *A Bordeaux* : M. de Fontenay a déjà parlé de ce voyage dans la première partie de ses Mémoires, sous l'année 1620.

qui les environnoient, mais encore le dedans, à cause du petit peuple, qui estoit en perpetuelle contestation avec les plus grands pour avoir le dessus. De sorte que leur vie, comparée avec tout ce qui se fait dans toutes les autres villes de France, se pouvoit veritablement dire très malheureuse; et au lieu de la liberté qu'ils cherchoient avec tant de passion, une fort grande servitude.

[1629] Par le traité fait avec les Rochellois, et une déclaration du Roy vérifiée au parlement le 15 janvier 1629, qui confirmoit le traité, le Roy leur pardonna la rebellion, et tout ce qu'ils avoient fait, tant dedans que dehors le royaume, despuis la descente des Anglois dans l'isle de Ré; les laissa en liberté de conscience, et leur rendist tous leurs biens meubles et immeubles. Et quant à ce qu'il vouloit à l'avenir estre observé dans la ville, tant à l'égard de la religion catholique que pour le gouvernement politique, il ordonna entre autres choses que le temple seroit gardé pour en faire l'église cathédrale de l'evesché, qu'il vouloit y establir; qu'on n'y souffriroit à l'avenir, pour s'y habituer, que des catholiques; que toutes les fortifications, et mesmes les murailles, seroient rasées, sans se pouvoir jamais restablir, n'estant gardé que les deux tours, dans lesquelles il y avoit un capitaine et une garnison pour la seureté du port; cassa et annula tous les privileges, franchises et libertés accordées cy devant à la ville et aux maires, eschevins et pairs, et particulierement celuy de noblesse; jugea la ville et les habitans taillables; mais, en considération du commerce, les taxa à quatre mille livres par an; unit à son domaine tout le revenu de la maison de ville, et deffendit à tous les habitants d'avoir des armes, poudres et munitions de guerre chez eux, ny d'en faire trafic sans permission.

Le Roy ayant destiné les régiments du Plessis-Praslain, de Chatelier-Berlot et de La Meilleraye, avec la compagnie de chevaux-légers du marquis de La Fosseliere, pour y demeurer jusques à l'entiere demolition des fortifications et murailles, il ordonna, pour oster à l'avenir tout subject de trouble, que madame et mademoiselle de Rohan iroient dans le chasteau de Niort, et Guiton, maire, à ........., sans en pouvoir sortir; et en bannit à perpétuité les ministres Salbert, des Herbiers, et autres, principaux autheurs de la rebellion. Puis, ayant envoyé M. de Saint-Chaumont avec quatre compagnies du régiment des Gardes dans la citadelle de Ré pour la faire desmolir, et M. de Toiras avec toute son armée en Auvergne pour se reposer et estre sur le chemin de Casal, où il vouloit aller dès qu'il auroit esté quelques jours à Paris, il partist enfin le 18 novembre, prenant son chemin par Nostre-Dame des Andillieres[1], pour remercier Dieu et la Vierge, sous la protection de laquelle ayant commencé son entreprise, il la vouloit aussy finir. Il arriva à Paris le .... décembre. Les Reines allerent au devant de luy jusques à Limours, et il trouva hors de la porte Saint-Jacques plus de douze mille hommes en armes, avec toute la magnificence par les rues qui se peust faire dans le peu de temps qu'on eust pour s'y préparer.

Le Roy ayant donné part à tous les princes voisins de cest heureux succès, le Pape alla à pied en procession despuis l'église des Augustins jusques à celle de

---

[1] *Par Nostre-Dame des Andillieres* · A Saumur.

Saint-Louis nationale de France, où le *Te Deum* fust chanté; et l'Empereur fist M. de Quinçay, qui lui en porta la nouvelle, comte de l'Empire.

Mais elle ne fust pas receue de mesme sorte à Madrid, à cause des suites qu'ils en prévoyoient. M. de Bautru, qui y fust envoyé, ayant eu charge de parler aussy de l'affaire de Casal, offrist des conditions très raisonnables; mais comme elles tendoient toutes à le conserver à M. de Mantoue, ou à le faire acheter sy cher que le comte d'Olivarez n'en auroit pas tiré tout l'avantage qu'il s'estoit promis, et qu'on verroit tousjours un François au cœur de l'Italie (ce qu'il ne vouloit point), il ne s'en fist rien.

Or, parceque le secours de Casal et la réduction de M. de Rohan et des huguenots de Guienne et de Languedoc se firent immediatement après la prise de La Rochelle, et en furent les premiers et les principaux fruits, j'ay creu devoir encore dire icy tout ce que j'ai sceu de l'un et de l'autre, pour mettre ensemble, puisqu'elles se sont suivies de sy près, les actions les plus glorieuses et les plus utiles, tant à la religion et à l'Estat qu'à toute la chrétienté, que le Roy pouvoit faire, ayant par ce moyen destruit la faction des huguenots, qui estoit sy grande en France, et conservé en liberté le Pape et tous les princes d'Italie, qui après la prise de Casal eussent peu estre opprimés.

Le Roy estant, comme j'ay desja dit, arrivé à Paris, et l'affaire de Casal pressant, il falloit nécessairement y prendre une prompte résolution. La Reine mere ne vouloit point qu'on y allast, non seulement pour les raisons qu'elle en alléguoit, comme du danger où le Roy se mettroit de faire un si grand voyage, et passer par des pays si froids au cœur de l'hiver; qu'il devoit plus considérer M. de Savoye que M. de Mantoue, ayant une de ses sœurs dans sa maison, et luy pouvant estre plus utile; et que ce seroit mesme une grande temerité de se mettre au hasard d'avoir la guerre avec l'Empereur et le roy d'Espagne pendant qu'il l'avoit avec les Anglois et les huguenots, lesquels n'estoient pas encore sy bas qu'ils ne se peussent relever quand il seroit contraint d'envoyer ses plus grandes forces au dehors, et que le roy de la Grand'-Bretagne feroit des diversions dans quelques unes de ses provinces maritimes; mais aussy pour suivre les sentiments du cardinal de Berulle et du garde des sceaux de Marillac, qui, voulant qu'on continuast la guerre contre les huguenots pour les ruiner tout-à-fait, apprehendoient extremement une rupture avec les Espagnols, qui en empescheroit; et luy en représentant sans doute le danger par l'exemple de Henry-le-Grand, qui perdist en deux ans toute la frontiere de Picardie, luy en faisoient une grande peur; ou peut-estre encore plus pour contredire au cardinal de Richelieu, qui l'affectoit particulierement, et parce-qu'elle n'aimoit pas, comme j'ay desja dit, M. de Mantoue, craignant qu'un si grand engagement où le Roy se mettroit pour luy, et son eslevation, ne luy fist enfin consentir au mariage de Monsieur et de sa fille, contre lequel elle se déclaroit tousjours de plus en plus.

Or, bien que cela n'esbranlast pas le Roy, il pouvoit néanmoins beaucoup nuire, rendant le cardinal de Richelieu plus retenu à le conseiller, de peur que sy le succès ne respondoit pas aux apparences, toute la faute n'en fust rejettée sur luy; dont le Roy s'estant enfin aperceu et en voulant sçavoir la raison, il luy dist :

Que ce n'estoit pas qu'il ne vist bien la gloire que ce luy seroit, sy, venant de prendre La Rochelle protégée par les Anglois, il secouroit Casal attaqué par les Espagnols, et sy, après tant de traités par lesquels ils pensoient avoir fermé aux François les portes d'Italie, il se les faisoit ouvrir pour maintenir un de ses alliés qu'on vouloit injustement opprimer, ny aussy qu'il ne le creust possible, y allant avec une armée grande et victorieuse, et surprenant les ennemis qui ne s'y attendoient pas, le passage des montagnes ne devant point faire peur, puisque les histoires faisoient foy qu'ils avoient tousjours esté forcés, quelques gardes qu'on y eust mis, et mesme par de ses prédécesseurs. Et pour ce qui estoit des Anglois et des huguenots, qu'il sçavoit bien que ceux là ne demandoient que la paix, le roy de la Grand'Bretagne ne voulant point assembler de parlement, sans quoy il ne pouvoit continuer la guerre; et pour les autres, qu'il les tenoit tellement enfermés dans un des coins de son royaume, et eslongnés de tout secours, que les seules forces de Guienne et de Languedoc seroient suffisantes pour les mettre à la raison. Mais parceque les choses de la guerre estoient sy incertaines et hasardeuses que les plus sagement entreprises réussissoient quelquefois le plus mal, et que sy cela arrivoit il y auroit beaucoup à craindre pour sa personne, se trouvant en un pays estranger, et tout environné d'ennemis; joint que sa santé estant préférable à tout, il appréhendoit encore de le voir aller en une sy mauvaise saison, et pour un voyage qui seroit plus pénible que celuy de La Rochelle, et où il ne faudroit peut-estre pas moins de patience (car, à luy dire le vray, il vaudroit mieux pour son honneur ne s'y pas engager, que de se desister et de s'en revenir que tout ne fust achevé), qu'il ne devoit pas craindre, quand il n'iroit point, qu'on y trouvast à redire, tels princes que luy n'ayant pas accoutumé de courir ainsy d'un des bouts du monde à l'autre, et mesmement sortant d'un grand siege, et en hiver; qu'il ne faudroit que continuer la négociation commencée pendant qu'on estoit à La Rochelle, ne faisant nul doute que les Espagnols ne s'y monstrassent plus raisonnables qu'en ce temps-là, le voyant en liberté d'aller à eux, et de porter la guerre en Italie.

A quoy ce grand Roy, tousjours désireux d'acquérir de la gloire quand il en trouvoit l'occasion, luy respondit aussytost qu'il s'estonnoit fort de l'entendre parler de la sorte, puisqu'il ne luy avoit jamais veu manquer à ce qu'il devoit faire, quelque difficile qu'il fust; et partant, qu'il préparast diligemment tout ce qui seroit nécessaire pour cela, et s'assurast qu'il iroit, et feroit tout ce qu'il faudroit.

Mais le cardinal, n'estant pas encore content, voulust pour plus grande seureté qu'il y pensast davantage, et l'en pressa sy fort qu'il prist enfin trois jours pour le faire, au bout desquels le cardinal estant retourné et ne le trouvant point changé, il ne se parla plus que du voyage, sans que la Reine mere osast s'y opposer.

Ceste résolution pleust infiniment à beaucoup de gens qui supportoient impatiemment l'injustice qu'on vouloit faire à M. de Mantoue, qui estoit François; joint que l'émulation qui se trouve ordinairement entre des puissances égales, et qui contestent pour l'empire, ayant esté quelque temps comme renfermée, et presque sans oser se montrer du costé de la France, à cause de la minorité du Roy et de la defiance qu'on avoit des huguenots, qui sembloient n'attendre qu'une guerre estrangere pour en profiter, ainsy qu'ils en avoient donné quelques marques pendant le siege d'Amiens et le voyage de Savoye, quoyque sous un roy sy redouté; ceste émulation, dis-je, estoit devenue sy grande, despuis la liberté où on croyoit estre par la prise de La Rochelle, de faire tout ce qu'on voudroit, qu'on ne pouvoit souffrir un plus grand establissement des Espagnols en Italie, ny mesme les progrès de l'Empereur en Allemagne; de sorte que, sans regarder que cela pourroit engendrer de nouvelles guerres, on vouloit que le Roy s'y opposast.

Mais ce qui le causa bien davantage fust l'humeur des ministres de France et d'Espagne, le cardinal de Richelieu et le comte d'Olivarez; car estant tous deux demesurement ambitieux et desireux de gloire, ils cherchoient tellement à s'avantager l'un sur l'autre, par la hauteur de leurs actions et les fruits que leurs maistres en recevroient, que dès que le comte d'Olivarez fust assuré, comme j'ay desja dit, que le cardinal prendroit La Rochelle (ce qui rendroit le Roy absolu dans son Estat), il voulust aussy, quoyque contre toute justice, prendre Casal, qui auroit peu rendre le roy d'Espagne maistre de l'Italie.

Et leur ambition, qui n'avoit point de bornes, n'ayant peu estre ny refroidie ni contentée par les deux secours de Casal, leur fist porter les choses sy avant dans les années suivantes (le comte d'Olivarez fomentant les divisions de la maison royale, recevant la Reine mere à Bruxelles, et puis Monsieur, et luy baillant des troupes pour aller en Languedoc faire la guerre ; et le cardinal de Richelieu gardant Pignerol, et donnant du secours aux Hollandois et aux Suédois), que, ne pouvant plus demeurer dans les voyes indirectes, ils en vinrent à la fin à une guerre ouverte.

Au reste, sur le seul bruit du partement du Roy, M. de Savoye pensa à réparer ce qui luy manquoit, donnant force commissions, et fortifiant un détroit de montagnes auprès de Suse, par lequel il falloit nécessairement passer ; et le comte d'Olivarez de son costé, pour essayer de l'arrester et l'endormir sur l'espérance d'une négociation, montra en mesme temps à messieurs de Fargy, ambassadeur du Roy, et de Bautru, grande envie d'accommoder les choses à l'amiable. Mais comme ils sçavoient qu'il s'estoit trop asseurement promis l'acquisition de Casal toute franche, et sans rien donner, pour en pouvoir estre sy tost détrompé ; et que n'estant pas aussy accoutumé à voir des roys faire de sy longs voyages, et aller partout où la nécessité de leurs affaires les appeloit, les roys d'Espagne ne partant jamais de Madrid, il ne parloit de celuy du Roy, que comme d'une raillerie, et dont on pensoit l'espouvanter ; ils jugerent bien qu'il ne s'y falloit pas attendre, et n'y respondirent rien.

Ce qui demeura en cest estat jusques à ce qu'ayant sceu le Roy véritablement party, et marcher en diligence, il commença à craindre, et leur fist dire positivement que le roy d'Espagne pourroit consentir à l'un des deux partis proposés, le despost ou le rasement des fortifications ; présupposant que s'il pouvoit engager une négociation, il faudroit que le Roy s'arrestast, et qu'elle se pourroit aisement prolonger jusques à la cheute de Casal. Mais M. de Bautru, qui avoit desja pris congé, jugeant fort sagement qu'un départ sy prompt comme celuy du Roy, et avec une sy grande armée, ne pouvoit pas s'estre fait sans quelque grande raison, et pour n'avoir que les mesmes conditions qu'auparavant, ne laissa pas de s'en aller, et le manda seulement par un courier au cardinal de Richelieu, qui, voyant les choses sy bien acheminées, eust une grande joie de le sçavoir party, sans s'estre engagé à rien.

Dans ce mesme temps, M. de Savoye, suivant le style du comte d'Olivarez, envoya le prince de Piémont au devant du Roy, se figurant que sa présence et les grandes raisons qu'il allégueroit seroient capables de l'arrester, et de l'obliger à mettre l'affaire en négociation.

Il trouva le Roy vers Lyon, et luy représenta l'estat de Casal; qu'il faisoit fort mauvais, le temps qu'il luy falloit pour y aller, les incommodités qu'il recevroit dans le voyage, le danger qu'il ne fust rendu devant qu'il y peust estre, et la peine où il seroit après cela, parceque les Espagnols en deviendroient indubitablement sy fiers que, ne voulant plus entendre parler de traité, il ne luy resteroit point d'autre voie pour en sortir que de faire la guerre dans l'Estat de Milan, où il auroit assurément de grands desavantages. Mais que si, sans se donner tant de peines ny se mettre en tous ces hasards, il vouloit s'arrester, et, suivant les propositions desja faites, luy dire ce qu'il aimeroit le mieux d'un despost ou du rasement des fortifications, qu'il iroit en diligence en avertir M. de Savoye, qui le feroit indubitablement agréer au gouverneur de Milan, toutes choses estant encore en leur entier, et la réputation des Espagnols à couvert; ne devant point entrer en doute pour la sienne, puisqu'il estoit certain que tout ce qu'auroit M. de Mantoue, il le tiendroit de luy.

Le prince de Piémont fust mieux receu que ses propositions, le Roy n'y ayant respondu autre chose sinon qu'il estoit party pour secourir Casal, et le vouloit faire à quelque prix que ce fust, ne demandant à M. de Savoye que le passage par ses terres, sans luy faire aucun tort, ny qu'on prist rien qu'en payant; que s'il en faisoit retirer les Espagnols, et y mettoit autant de vivres qu'il en estoit besoin devant qu'il y peust estre, il s'arresteroit aussytost qu'il en seroit assuré, n'estant venu que pour cela : mais que comme il ne cherchoit point la guerre, aussy ne la fuyoit-il pas, et qu'il croyoit que les Espagnols avoient autant de raisons d'appréhender de le voir en Italie que luy de se donner la peine d'y aller.

Le prince de Piémont n'ayant peu tirer d'autre responce, quoyqu'il alléguast plusieurs raisons, et l'exemple mesme de Pavie, il demanda permission de l'aller dire à M. de Savoye, promettant de retourner aussytost qu'il l'auroit veu. Mais, au lieu de cela, il envoya le comte de Verrue, lequel ayant trouvé le Roy au pied du mont Genevre, fust mené au cardinal de Richelieu, auquel il dit que M. de Savoye venoit à Suse pour rendre ses devoirs au Roy, et ne souffrir pas qu'il entrast dans son pays sans que luy-mesme luy en ouvrist les portes; et force autres beaux complimens, desquels le cardinal ne se payant pas, il voulut sçavoir au vray sa résolution, et ce qu'on en devoit attendre.

Sur quoy il luy dist enfin que puisque M. de Savoye estoit tout prest d'obéir au Roy sans regarder ce qu'en pourroient dire les Espagnols, il croyoit aussy bien raisonnable qu'il luy donnast la mesme part qu'ils faisoient dans le Montferrat. Mais le cardinal respondit que ce n'estoit pas chose pareille, parceque les Espagnols, qui ne cherchoient qu'à despouiller M. de Mantoue de tout ce qu'il avoit, faisoient bon marché à ceux qui leur pouvoient aider de ce qui ne les accommodoit pas; mais que le Roy allant pour le maintenir, il ne pouvoit avec honneur lui en rien retrancher. Que bien estoit-il vray que sy, quand M. de Mantoue seroit en paisible possession de tout ce qui luy appartenoit, M. de Savoye se trouvoit bien fondé dans quelqu'une de ses prétentions, il devoit s'assurer qu'il luy en seroit fait raison, et qu'il connoistroit de quelle sorte le Roy le considéroit, et combien ses intérests luy estoient chers : ce que le comte de Verrue retourna dire au duc.

Cependant l'armée ayant tousjours marché, on se trouva enfin à la veue des barricades. Il y en avoit trois ensuite l'une de l'autre, dans des endroits fort estroits, qui sont à l'entrée du Piémont et au dessous du fort de Gélase; deux mille hommes les gardoient, lesquels M. de Savoye y avoit envoyés dès qu'il sceust le Roy en chemin, ayant estimé superflu d'y en mettre davantage, parceque ne s'imaginant pas que le Roy, comme il estoit encore en guerre avec les huguenots et les Anglois, en osast entreprendre une nouvelle, il n'avoit pas seulement pensé qu'il pourroit estre arresté par le prince de Piémont et par les propositions qu'il luy feroit; mais qu'il seroit ravi d'en trouver un honneste prétexte. Ce qui n'ayant pas réussy comme il croyoit, il y faisoit aller le reste de ses troupes; mais elles n'y peurent pas arriver assés tost.

Or le cardinal de Richelieu estant allé sur ce temps là, avec les mareschaux de Créquy, de Bassompierre et de Schomberg, à la teste de l'armée, ils résolurent que sans retardement on attaqueroit les barricades, quoy-qu'elles fussent très fortes, y ayant à chacune un rempart fort épais et un fort grand fossé, pour ne donner pas loisir à M. de Savoye d'y faire travailler davantage, ny d'y avoir plus de gens; et ce qui estoit encore plus important, parceque la place n'estoit pas tenable, tant à cause de l'incommodité des logements et qu'il y falloit coucher à découvert et sur la neige, que parceque s'il fust venu du mauvais temps, ainsy qu'il fist quelques jours après, on y eust esté en grand péril, et qu'on y auroit aussy peu manquer de vivres. C'est pourquoy, disposant toutes choses pour l'attaque, ils ordonnerent que les Gardes françoises et suisses auroient la pointe, et seroient soutenues par les régiments de Piémont, Navarre et Champagne.

Mais les capitaines du régiment de Sault, lesquels, estant de Dauphiné, avoient force gens qui sçavoient gravir dans les montagnes, ayant dit au comte de Sault que sy on luy vouloit permettre de monter au haut de la montagne, ils se faisoient fort de gagner le dessus des barricades, et, prenant les ennemis par derriere, rendre l'attaque non seulement plus aisée, mais indubitable; il fust aussytost le dire au cardinal et aux mareschaux, qui l'approuvant fort, aussy bien que le Roy, l'ordre luy en fust donné.

Les choses estant ainsy disposées, le comte de Sault

partist le soir, avec ordre d'estre à la pointe du jour au haut de la montagne, l'attaque se devant faire à ceste heure là. Mais devant que de rien commencer, M. de Comminges fust envoyé aux barricades demander passage, à celuy qui y commandoit, pour le Roy et pour son armée, comme amy, et qui pretendoit ce soir là aller coucher à Suse. A quoy le comte de Verrue, qui s'y trouva, respondit que la compagnie estoit un peu bien grande pour venir comme amy; toutefois qu'il eust un peu de patience, et qu'il alloit en avertir M. de Savoye, qui estoit à Suse : ajoutant d'un ton moins eslevé, mais qui pouvoit néanmoins estre entendu, qu'ils sçauroient bien deffendre leurs barricades, et qu'on n'auroit pas affaire aux Anglois. Mais M. de Comminges dit qu'il n'avoit point d'autre charge que de dire que le Roy estoit là, et demandoit à passer; et que sy on l'en vouloit empescher, il feroit bien voir que les François ne mettoient nulle difference entre les Piémontois et les Anglois, et ne s'arresteroient pas pour eux, non plus que pour toutes les autres nations du monde.

Dès que M. de Comminges fust revenu, la pointe du jour paroissant et le Roy estant arrivé, toutes les troupes marcherent dans l'ordre qui leur estoit donné. A l'abord, les Piémontois firent bonne mine et tirerent les premiers, faisant un fort grand feu; mais le comte de Sault, qui estoit desja au dessus d'eux et les voyoit par derriere, ayant aussy fait sa descharge, il leur prist une telle espouvante, que non seulement ceux de la premiere barricade, mais de la seconde et de la troisieme, quitterent la place, et porterent l'effroy jusques dans Suse, d'où tout ce qui y estoit s'enfuit aussy bien qu'eux.

De sorte que sy, sans s'amuser à se loger et s'assurer des barricades, on les eust suivis, le désordre y estoit sy grand, que M. de Savoye ny le prince de Piémont ne s'en fussent peut-estre pas sauvés, ayant bien eu de la peine à se défaire de trente ou quarante chevaux qui, s'estant glissés par le costé des barricades, les coururent jusques auprès de Veillanne. Pas un de ceux du Roy n'y furent tués, et fort peu des ennemis, tant ils partirent de bonne heure et firent diligence; mais on prist quelques officiers, qui aimerent mieux demeurer que de fuir, et huit ou neuf drapeaux.

Ayant esté ensuite résolu qu'on iroit à Suse pour s'en rendre maistre, parcequ'il est sur les deux principaux passages qui vont du Dauphiné et de la Savoye en Piémont, par le mont Genevre et par le mont Cenis, toutes les troupes s'y acheminerent, faisant en passant sommer les forts de Gélase et de Jaillon, lesquels, quoyque de très difficile accès, furent abandonnés de ceux qui y estoient, qui se retirerent dans les montagnes. La ville de Suse fust emportée avec la mesme facilité; mais parcequ'il falloit encore prendre la citadelle, qui pouvoit donner plus de peine, estant toute sur le roc, M. de Créquy y laissant la pluspart de l'armée, s'en alla avec deux ou trois mille hommes seulement à Boussoleins pour y faire teste à M. de Savoye, qui s'estoit arresté à Veillanne avec tout ce qu'il avoit peu ramasser. Mais comme on sçavoit bien l'avantage que ce seroit de ne l'avoir pas contraire, le Roy luy envoya dès le lendemain M. de Senneterre, lequel ayant esté à Turin avec M. le comte, avoit souvent traité avec luy pour luy représenter de nouveau toutes les choses qu'on luy avoit desja fait dire, et essayer de le disposer à donner de bonne volonté ce qu'il ne pourroit pas empescher par la force, l'assurant que le Roy auroit un desplaisir extreme s'il falloit qu'il employast encore une fois ses armes contre luy, et qu'il seroit impossible après cela que le fort de la guerre ne tombast sur ses Estats : ce que M. de Savoye, qui sçavoit fort bien dissimuler ses sentimens quand il en estoit temps, receust avec tous les tesmoignages de respect et d'obligation qu'il se pouvoit; et faisant de nécessité vertu, envoya à l'heure mesme le prince de Piémont à Chaumont, où le Roy estoit encore, qui fist le traité qui s'ensuit :

Que M. de Savoye seroit obligé de donner passage par ses terres à l'armée du Roy qui iroit au Montferrat; luy fournir de vivres, tant pour y aller que pour revenir, et tout ce qui seroit nécessaire pour le ravitaillement de Casal, donnant autant de vivres qu'on en voudroit, en les payant au prix des trois derniers marchés. De donner à l'avenir libre et assuré passage à tout ce que le Roy y voudroit envoyer par quelque endroit de ses pays que ce peust estre, et particulierement pour tel nombre de gens de guerre qui seroit nécessaire pour la seureté de Casal et du Montferrat en cas qu'il fust attaqué, ou qu'on creust qu'il le deust estre : pour assurance de quoy il feroit à l'heure mesme remettre la citadelle de Suse et le chasteau de Saint-François entre les mains du Roy pour y mettre une garnison de Suisses, et telle personne d'entre eux qu'il luy plairoit pour y commander; lequel pourtant feroit serment à M. de Savoye de lui rendre la citadelle et le chasteau aussytost que toutes les choses promises par le present traité seroient exécutées : moyennant quoy le Roy promettoit à M. de Savoye de luy faire laisser en propriété par M. de Mantoue, pour tous les droits qu'il pouvoit prétendre sur le Montferrat, la ville de Trin, et quinze mille escus d'or de rente de la mesme nature et qualité; qu'on luy en avoit desja offert douze, Sa Majesté consentant que jusques à ce que toutes les choses promises par le present traité fussent effectuées, M. de Savoye retinst tout ce qu'il avoit pris dans le Montferrat, et qu'il ne le rendist au duc de Mantoue qu'au mesme temps qu'on luy restitueroit la citadelle de Suse et le chasteau de Saint-François; laissant toutefois à M. de Mantoue tout le reste du revenu qu'il y auroit dans ce qu'il tiendroit du Montferrat, au dessus des quinze mille escus de rente qu'on luy promettoit. Et d'autant que le Roy avoit une armée du costé de Nice qui pouvoit lors estre entrée dans les Estats de M. de Savoye, il promettoit de l'en faire sortir; et sy elle avoit pris quelque chose, de le faire rendre et restablir comme il estoit auparavant; promettant en outre Sa Majesté de deffendre M. de Savoye et ses Estats contre qui que ce fust qui, pour raison du présent traité ou autre prétexte, les voudroit attaquer. Il fust aussy arresté qu'ils feroient une ligue avec le Pape, les Venitiens et tous les autres princes d'Italie qui y voudroient entrer, pour la liberté d'Italie.

Mais comme le prince de Piémont ne faisoit ce traité qu'avec la participation des Espagnols et de leur bon gré, aussy luy donnerent-ils pouvoir de faire le leur, estimant moins honteux, puisqu'ils ne pouvoient pas empescher le Roy d'aller à Casal, de s'en retirer par une négociation que par la force; et voulant aussy, à quelque prix que ce fust, le renvoyer promptement de là les monts, de peur que se voyant sy près de l'Estat de Milan, et avec une sy puissante armée, il ne luy vinst envie de les prendre au despourveu, et lorsqu'ils n'estoient pas en estat de luy résister, croyant que de semblables voyages ne s'entreprendroient pas tous les jours; mais que s'il le faisoit, ayant eu du temps pour s'y préparer, ils n'auroient pas les mesmes appréhensions qu'ils avoient alors, et pourroient peut-estre bien attaquer Casal de force et l'avoir pris, devant qu'il y peust revenir.

Que sy les Espagnols desiroient sy fort de renvoyer le Roy, il n'avoit pas aussy moins d'envye de s'en retourner pour finir vistement avec les huguenots; car pour la paix d'Angleterre, elle se traitoit par les ambassadeurs de Venise, et on en estoit desja comme assuré, afin que sy les Espagnols ou M. de Savoye n'observoient pas leurs promesses, il y peust retourner assez tost et assez puissamment pour réparer dans un second voyage ce qui auroit manqué au premier, puisqu'il n'auroit plus que cela à faire. Il fust donc arresté, pour oster tout subject au Roy de passer outre, que M. de Savoye feroit sçavoir à don Gonçalès que, sur la connoissance qu'il avoit donnée au Roy que l'intention du roy d'Espagne n'avoit jamais esté de despouiller M. de Mantoue de ses Estats, et qu'il estoit content que ses gens se retirassent de devant Casal, de laisser M. de Mantoue libre possesseur de tous ses Estats de Mantoue et de Montferrat, et mesme de procurer que l'Empereur luy en donnast l'investiture dans un mois, pourveu qu'on mist pendant ce temps là dans Nice-de-la-Paille des Suisses de ceux qui servoient M. de Savoye, avec un commissaire impérial, lequel declareroit la tenir et garder au nom de l'Empereur, à condition toutesfois d'en sortir au bout dudit mois, et de la restituer à M. de Mantoue ou à celuy qui iroit de sa part, soit que l'investiture fust venue ou non : que le Roy avoit consenty au susdit dépost, et assuroit aussy n'avoir eu aucune intention d'attaquer les Estats du roy d'Espagne son beau-frere, avec lequel il vouloit tousjours entretenir une bonne amitié et mutuelle correspondance, don Gonçalès en devant faire venir dans six semaines la ratification du roy d'Espagne.

Après quoy on ajouta au traité de M. de Savoye qu'il feroit fournir dans le quinzieme du présent mois mille charges de bled et cinq cents charges de vin pour Casal; que les villes d'Albe et de Moncalve, bien que non specifiées dans les articles précédents, ne seroient pas néanmoins comprises dans l'estimation des quinze mille escus d'or de rente qui devoient estre donnés avec Trin à M. de Savoye; mais qu'elles seroient restituées à M. de Mantoue, au mesme temps que la citadelle de Suse à M. de Savoye. Et qu'en cas que don Gonçalès ou les Espagnols contrevinssent directement ou indirectement à tout ce qui avoit esté arresté par le présent traité, M. de Savoye donneroit libre passage par ses Estats aux troupes que le Roy voudroit envoyer dans le Montferrat, et leur fourniroit les estapes nécessaires aux despends du Roy. Fait le unzieme mars 1629; et signé ARMAND, *cardinal de Richelieu;* et VICTOR-AMÉDÉE.

Ce qui ayant esté dès le lendemain ratifié par M. de Savoye, la citadelle de Suse et le fort de Saint-François furent mis entre les mains du Roy, qui y fist entrer le capitaine Reding avec sa compagnie des Gardes suisses, aux conditions du traité, et partist aussytost après de Chaumont pour aller coucher à Suse.

Beaucoup de gens s'estonnerent du peu de difficulté que fist M. de Savoye de donner ces deux places, se persuadant qu'estant assés fortes, elles n'eussent peut-estre pas esté prises devant que Casal, qui estoit lors aux abois, se fust rendu; après quoy les Espagnols estant libres, l'auroient peu joindre, et luy aider à les secourir, ou du moins à disputer sy long-temps l'entrée de la plaine du Piémont, et donner tant d'incommodités au Roy et à son armée, les tenant enfermés dans les montagnes, qu'il auroit peu s'en lasser, et son armée se defaire : ce qui luy eust conservé toute ceste partie du Montferrat que les Espagnols luy laissoient prendre, qui estoit bien autre que celle que le Roy luy faisoit donner.

Ce qu'il ne faut pas douter qu'il ne vist bien aussy; mais comme il estoit fort sage et avisé, il regardoit plus loin, ne voulant pas, pour faire mal au Roy et à M. de Mantoue, se mettre en péril d'en recevoir plus qu'eux, ny, pour avoir une plus grande partie du Montferrat, hasarder tout le Piémont; estant très certain qu'en ne s'accommodant pas avec le Roy, il falloit de toute nécessité ou qu'il defist son armée (ce qu'il sçavoit bien n'estre pas aisé, estant plus forte que celle des Espagnols et la sienne jointes ensemble, et plus aguerrie), ou que le Piémont devinst, comme on luy avoit dit, le théastre de la guerre, et se vist tout au moins pillé d'amis et d'ennemis. Joint qu'affectant particulierement de tenir une balance égale entre les deux couronnes, comme tirant de là sa principale grandeur et la considération où il estoit dans le monde, il voulust peut-estre prendre une voye qui, sans donner plus d'avantage à l'une qu'à l'autre (car Casal ne se prenoit point, et le Roy retournoit en France), l'assuroit de Trin, avec quinze mille escus d'or de rente dans le Montferrat, qu'il estimoit plus, puisque c'estoit M. de Mantoue mesme qui les donnoit, et par l'entremise du Roy qui le protégeoit, que tout ce que luy laisserent les Espagnols, qui luy pourroit tousjours estre contesté; ou, s'il vouloit donner quelque chose à ses ressentiments, et se venger de l'affront qu'il venoit de recevoir (à quoy il y a bien autant d'apparence), qu'il croyoit le pouvoir mieux faire en ceste façon et sans rien hasarder, soit parcequ'il pourroit faire apporter tant de longueurs et de difficultés à l'exécution du traité, que l'armée du Roy se pourroit ruiner; ou parcequ'en s'en allant, les Espagnols et luy profitant du temps et recevant les secours qu'ils attendoient d'Allemagne, ils pourroient avec plus d'avantage recommencer la guerre, ainsy qu'en effet ils firent l'année suivante.

Quelques jours après la signature du traité, Madame vint voir le Roy, qui luy fist toute la bonne reception possible dans le lieu où il estoit, ayant envoyé le mareschal de Bassompierre au devant d'elle, avec quantité de gens de la cour, jusques auprès de Veillanne; le mareschal de Créquy à la teste de vingt-cinq ou trente cornettes de cavallerie, par delà Boussoleins; et estant allé luy-mesme à demy lieue de Suse. Elle estoit dans une litiere de velours cramoisy dessus et dessous, et toute en broderie d'or, très richement parée, et vestue et coiffée à la françoise, ainsy qu'elle avoit accoutumé. Le prince de Piémont marchoit à cheval à costé d'elle.

Dès qu'elle vist le Roy, elle descendist de sa litiere, comme luy de cheval; et courant à luy, le prist par les genoux, les embrassant, et luy demandant permission de baiser ses mains victorieuses. Mais le Roy l'ayant à l'heure mesme relevée, et baisée avec les plus grands tesmoignages d'affection qu'il peust, elle luy dist encore qu'il estoit sy remply de gloire, qu'elle ne sçavoit sy elle oseroit seulement le regarder; mais qu'elle l'assuroit qu'après l'avoir veu, elle ne se soucieroit plus de mourir. Sur quoy le Roy l'ayant de nouveau embrassée, il luy protesta qu'il n'avoit jamais eu tant de joie qu'en la voyant, et plus sans comparaison que de tout ce qu'il avoit fait.

Ensuite de cela le prince de Piémont salua le Roy; et après s'estre un peu entretenus, Madame remonta dans sa litiere, et le Roy à cheval, se tenant tousjours à la portiere, et luy parlant jusques à ce qu'il fust arrivé où estoit l'armée, qu'il avoit fait venir toute entiere au devant d'elle, et mettre en bataille le long du chemin.

Il mena le prince de Piémont par tous les escadrons et les bataillons, les uns après les autres; lequel les admira, et le pouvoit faire en effet, et sans flatterie, car il n'y avoit rien de plus beau. Quant on fust à Suse, le Roy conduisit Madame au chasteau, où elle logea, n'ayant pris, quand il arriva, qu'une maison particuliere.

Or ce n'estoit pas sans raison que Madame tesmoignoit tant de joye de voir le Roy en ce pays-là, bien que ce fust aux despens de la réputation de son beaupere et de son mary, et qu'ils eussent esté fort humiliés, ne pouvant plus dire comme auparavant qu'ils tenoient les clefs de l'Italie dans leurs mains, pour n'y laisser entrer que ceux qu'il leur plairoit; car ayant esté fort peu considerée despuis qu'ils s'estoient rangés du costé des Espagnols, pour leur mieux persuader sans doute que c'estoit tout de bon, elle se voyoit, despuis l'arrivée du Roy, revenue en son premier estat, M. de Savoye jugeant bien, quoyqu'il fust encore Espagnol dans le cœur, que les choses pourroient n'aller pas comme il s'estoit imaginé, et qu'il falloit changer de conduite. A quoy il fust encore après cela bien plus obligé; car Madame se sceust sy bien servir, pendant qu'elle fust auprès du Roy, des avantages que son grand esprit luy donnoit, que l'ayant tout-à-fait gagné, il ne voulust point partir sans faire entendre à M. de Savoye les sentiments qu'il avoit pour elle, et la part qu'il prendroit à tous ses interests.

Au reste, quand ce vint à fournir Casal de tout ce qu'il avoit besoin, ainsy que M. de Savoye s'y estoit obligé par le traité, il n'y eust point de chicanerie que ses officiers ne fissent, ny de retardements qu'ils n'apportassent, pour en rendre l'exécution plus longue ou mesme impossible, estant nécessaire de recourir à luy sur les moindres difficultés pour avoir de nouveaux ordres; et jusques là que le Roy en estant ennuyé, fust tout prest, non de s'en retourner, laissant la chose imparfaite, comme vraysemblablement on pretendoit l'y obliger, mais d'aller luy mesme sur les lieux pour le faire exécuter. Ce que les Espagnols ayant sceu et apprehendé, M. de Savoye tint enfin sa parole, et donna tout ce qu'on luy demandoit; après quoy il fust à Suse, où on le receust à l'ordinaire, c'est-à-dire le Roy estant sorty du costé qu'il devoit venir, comme pour aller à la chasse; et luy, dès qu'il le peust voir, quittant son chemin, et allant droit à luy.

Lorsqu'il en fust à quarante ou cinquante pas, il mist pied à terre; et le Roy, quand il le vist fort proche. La mine de tous les deux costés fust fort bonne; car comme M. de Savoye estoit bien maistre de son esprit et se sçavoit accommoder au temps, aussy fist-il de grandes humiliations, et ne manqua pas de flatter le Roy sur toutes les choses qu'il avoit faites. Ce que le Roy, qui avoit son compte, luy rendist abondamment, tesmoignant une grande estime de sa personne, et beaucoup d'affection pour sa maison.

Pendant que tout cela se fist, le cardinal de Richelieu n'y estoit pas; mais estant venu un peu après, et se tenant derriere M. de Savoye, il s'arresta pour le voir. Ils ne mirent point pied à terre, s'estant seulement approchés, et baissés sur le cou de leurs chevaux pour se saluer. Les compliments furent fort succincts, et la mine encore plus froide, principalement de la part de M. de Savoye, qui l'a hay jusques à la mort plus qu'homme du monde, parcequ'avec luy il falloit parler nettement et agir de mesme, et que ce n'estoit pas son style, ne voulant que nager entre deux eaux, et essayer de faire ses affaires aux despends des deux partis, sans estre jamais bien assurement de pas un.

Le Roy estant arrivé à son logis, le cardinal et le duc entrerent tous seuls dans un cabinet pour parler d'affaires, et particulierement des vivres qu'on vouloit encore envoyer dans Casal, et des estapes pour les troupes qui iroient; dont M. de Savoye se deffendist autant qu'il peust, s'excusant sur la pauvreté du peuple, et disant avoir eu des peines incroyables à trouver ce qu'il y avoit desja fait porter. Mais enfin le cardinal s'y opiniastrant, il promist tout ce qu'on voulust; et ayant sejourné deux jours seulement auprès du Roy, il s'en retourna à Veillanne, où il fist renouveler les difficultés par ses officiers, qui suivoient sy bien ses intentions que, n'estant jamais prests en mesme temps, on n'en eust point veu la fin, sy le Roy, qui ne s'en vouloit point retourner qu'il n'y eust des vivres pour un an, ne s'en fust tout-à-fait scandalisé, et n'eust tesmoigné comme la premiere fois estre tout prest d'aller luy-mesme sur les lieux pour y donner ordre.

Mais n'est-ce pas une chose quasy incroyable que la foiblesse que les Espagnols montrerent en ceste occasion, n'ayant peu, pendant près de cinq mois qui se passerent despuis la prise de La Rochelle jusques au dernier convoy, se mettre en estat, non d'attaquer Casal de force, mais de ne craindre pas de l'estre dans leur propre pays, pouvant aisément hors de là, sans se trop eslongner de leurs villes, qui environnent Casal de plusieurs costés, ny rien hasarder, empescher que les vivres n'y entrassent facilement, et donner une excuse sy legitime à M. de Savoye d'y en faire mener, que le Roy eust esté contraint de la recevoir et d'y aller luy-mesme, comme il disoit, ou d'y envoyer la meilleure partie de son armée pour les escorter; et enfin de l'y laisser, n'y ayant point de doute, puisqu'on se creust obligé de tenir plus de neuf mille hommes à Suse ou à Casal pendant tout l'hiver, quoyque la paix fust faite, qu'il y en auroit fallu bien davantage sy on eust eu la guerre. Après quoy les Anglois ny les huguenots n'auroient peut-estre pas traité aussy librement qu'ils firent; et le Roy se seroit trouvé fort embarrassé, ayant tout en un mesme temps trois guerres différentes pour le moins sur les bras, car il en auroit encore peu avoir une quatrieme, sy le roy d'Espagne eust voulu rompre en Flandre avec luy, comme tout le monde s'y attendoit. Mais il avoit ses défauts, aussy bien que le Roy les siens, qui lui firent perdre la plus belle occasion d'attaquer l'Estat de Milan qu'il pouvoit jamais rencontrer.

C'est ce que M. de Savoye, qui suivant sa coutume de n'estre jamais sy attaché à un party qu'il ne fust prest de passer dans l'autre, en y trouvant ses avantages, sceust bien représenter au Roy et au cardinal de Richelieu estant à Suse, les pressant de n'en faire point à demy, et leur faisant voir clairement ce qui en estoit, et qu'en joignant comme il feroit toutes ses troupes à celles du Roy, rien ne leur pourroit résister. Mais, sans considérer que la parole de M. de Savoye n'estoit pas une trop bonne garantie, ny que ceste declaration devoit estre accompagnée de beaucoup de choses ausquelles on n'estoit point préparé, le Roy voulust montrer que, n'estant allé que pour M. de Mantoue, il ne pensoit aussy qu'à luy assurer ses Estats, et se contentoit de l'avoir fait. Ce qui estoit sy juste qu'il a peut-estre, autant que toute autre chose, attiré les benedictions qu'on a tousjours veues despuis ce temps-là sur luy et sur toutes ses entreprises.

Quelques uns pourront demander d'où venoit une telle foiblesse en une si grande monarchie, ou tant de négligence en un conseil estimé aussy sage que celuy d'Espagne, et pour une chose de ceste consequence, et qu'il avoit voulu entreprendre sy opiniastrement, ayant mesme eu tant de temps pour y donner ordre? Surquoy on peut dire qu'outre les raisons particulieres et secretes, il semble y en avoir deux générales.

La premiere, la lenteur ordinaire des Espagnols en tout ce qu'ils font, laquelle leur estant naturelle, a esté encore sy bien cimentée par les avantages qu'ils en ont tirés dans les siecles passés, particulierement contre les François, sur lesquels ils ont sy souvent emporté beaucoup de choses par leur patience et leurs longs retardements, qu'ils ne sçauroient quasy agir autrement, mesme quand il en est besoin; joint aussy que, ne s'estant jamais imaginé qu'on peust entreprendre de secourir Casal, parceque le Roy, qui seul le pouvoit faire, estoit occupé ailleurs, et que mesme ayant M. de Savoye pour eux, ils pensoient luy en avoir fermé toutes les avenues, ils ne s'y estoient point préparés, n'ayant fait nulles levées autre part que dans l'Estat de Milan, comme croyant qu'avec quelque peu de Suisses qu'ils avoient elles pourroient suffire. De sorte que quand ils virent le Roy en liberté d'y aller, et qu'il le faisoit devant qu'ils se fussent résolus à Madrid, et que leurs ordres eussent esté portés et executés partout où on les envoyoit, il ne se passa pas seulement tout le temps que j'ay dit, mais beaucoup davantage, n'ayant eu en effet d'armée propre pour soustenir une telle entreprise que l'année d'après; tout ce que le comte d'Olivarez, qui avoit l'esprit plus chaud que le commun des Espagnols, et qui y estoit aussy le plus intéressé (le siege de Casal estant son ouvrage), y peust apporter du sien pour faire haster les levées, ayant esté inutile : car il eust fallu refondre tous ceux qui y estoient employés, et faire changer d'humeur à toute une nation.

La seconde cause est la situation de leurs Estats; car estant tous séparés par la mer ou par les Alpes, la communication en est sy difficile et de tant de despense, que cela apporte nécessairement de grands retardements à tout ce qu'ils veulent faire, estant besoin, sy c'est à l'égard de l'Espagne et de l'Italie, et qu'on veuille envoyer des troupes de l'une à l'autre, d'une armée de mer pour les conduire, et de grandes forces de terre pour aller d'Italie en Allemagne et en Flandre, ou pour en venir; car toutes les montagnes estant entre les mains de gens indépendants, et qui ne favorisent pas tousjours leurs desseins, il arrive rarement qu'on ne leur en dispute point les passages, ainsy qu'il fust fait en ce mesme temps aux troupes que l'Empereur leur envoyoit, qui ne seroient jamais passées dans les Grisons, sy l'armée n'y eust esté toute entiere.

Ce fust par tout ce que j'ay dit cy-dessus qu'on commença à connoistre ce qui s'est encore veu despuis bien plus clairement, que la puissance du roy d'Espagne, estimée jusques là sy formidable et le devoir porter à la monarchie universelle, n'estoit pas telle qu'elle paroissoit, son foible s'estant descouvert aussytost qu'il fust fortement attaqué; et que la France, tout au contraire, avoit des ressources inespuisables, et qu'on ne croyoit point : tesmoing ce secours de Casal après le siege de La Rochelle, qui avoit tant duré et tant cousté; celuy de l'année suivante, malgré toutes les forces d'Espagne et d'Allemagne jointes ensemble; et en ces derniers temps, quand après avoir soutenu quatre années de guerre civile sans discontinuer l'estrangere, et esté mesme abandonnée d'un de ses principaux alliés, les troubles domestiques n'eurent pas sy tost cessé, qu'on retourna de nouveau dans la Flandre et dans l'Italie avec plus de forces qu'auparavant.

Ce qui vient sans doute de l'union de toutes ses parties, et de la facilité qu'il y a d'aller des unes aux autres; de sa grande fertilité, qui fait que sans avoir les Indes, il luy en vient plus d'or et plus d'argent, en eschange des choses qu'elle produit, qu'il n'en demeure à ceux qui les ont; et enfin du nombre infiny de capitaines et de soldats qui s'y trouvent tousjours. De sorte qu'on peust dire sans exagération que la France, bien gouvernée, peust faire de plus grandes choses que tout autre royaume du monde.

Mais je ne veux pas oublier une chose arrivée ensuite de ces secours de Casal qu'on ne se seroit jamais imaginée : qui est que la grande foiblesse que les Espagnols y montrerent, et qui sembloit devoir causer leur ruine en Italie, a esté leur salut; la pluspart des princes d'Italie ayant tout d'un coup changé d'opinion, aimant mieux, par une politique toute nouvelle, qu'ils y demeurassent que d'en secouer le joug, comme ils avoient voulu faire jusques là, sur le fondement qu'ils ne leur pouvoient faire nul mal avec les seules forces d'Italie, et que pour en tirer d'ailleurs il leur falloit tant de temps qu'ils auroient loisir de s'y préparer et d'estre secourus du Roy, qui ne leur manqueroit pas au besoin, non plus qu'au duc de Mantoue. Mais que s'ils chassoient les Espagnols, encore qu'il ne prist rien de leur despouille, et rendist Pignerol, ainsy qu'il le promettoit; bien loin d'amender leur condition, qu'elle en deviendroit pire, demeurant tout-à-fait exposés à sa mercy, pouvant reprendre le passage de Suse toutes les fois qu'il luy plairoit, comme il avoit desja fait, et les attaquer après avec de telles forces, devant qu'ils y eussent songé, qu'il leur seroit impossible d'y résister, ny de tirer secours des Espagnols, qui seroient trop eslongnés.

Et en effet ils sont tousjours demeurés neutres depuis que la guerre a esté declarée; et je ne sçay, s'ils eussent veu la balance pencher trop fort du costé du Roy en Italie, s'ils ne fussent point passés de l'autre pour l'empescher de tomber entierement, tant sa diligence et ses grandes forces les avoient espouvantés; choisissant plustost, par une prévoyance qui semble un peu trop raffinée, de souffrir un mal present, et contre lequel ils avoient autrefois tant crié, que de se mettre au hasard d'un autre qu'ils estimoient plus dangereux, quoyque fort eslongné, et qui pouvoit n'arriver jamais.

Tous les princes d'Italie envoyerent des ambassadeurs au Roy aussytost qu'ils le sceurent à Suse, et mesme les plus engagés avec les Espagnols, comme les Génois, lesquels voyant avec quelle hauteur il avoit soutenu M. de Mantoue, et que l'eslongnement, ny M. de Savoye joint aux Espagnols, ne l'en avoient peu empescher, commencerent dès lors à changer de style, et à devenir plus neutres que par le passé : ce qu'ils ont tousjours fait despuis.

Or ces ambassadeurs furent fort estonnés de voir la patience du Roy en un lieu sy desagréable et sy incommode, et de ce que l'armée y subsistoit des seuls vivres apportés de Dauphiné sur des mulets; mais ils l'auroient esté bien davantage, s'ils avoient sceu, comme il est très veritable, que les mauvais temps les ayant par deux fois empeschés de venir pendant trois ou quatre jours, tous les soldats l'avoient souffert, sans qu'aucun se fust desbandé : ce qui n'est guere arrivé autre part.

Ils furent aussy fort satisfaits du grand soin qu'on prenoit de Casal, où l'on envoyoit trois mille hommes de pied et deux cents chevaux des plus lestes de l'armée, et M. de Toiras pour y commander, dont la reputation estoit telle qu'il sembloit que luy seul le pouvoit deffendre ; le cardinal de Richelieu, qui luy procura cest employ parcequ'il l'en jugeoit le plus capable, montrant bien par là qu'il ne regardoit guere à ses intérests particuliers quand il s'agissoit des publics et du service du Roy; ou qu'il se fioit sy fort en luy-mesme, connoissant bien ce qu'il valoit, qu'il ne craignoit pas que rien le peust offusquer, estant certain que ce nouveau moyen d'acquerir de la gloire, qu'il faisoit donner à M. de Toiras, qui n'estoit pas de ses amis, pouvant renouveler et mesme accroistre dans l'esprit du Roy la bonne volonté et l'estime qu'il avoit toujours eue pour luy, pouvoit aussy luy estre fort préjudiciable.

Comme, pendant que toutes ces affaires se traitoient, il y avoit force gens inutiles, il prist envie à quelques uns d'aller à Turin voir la ville, et le saint suaire qui y est gardé et tenu en grande vénération, et entre autres au cardinal de La Valette et à M. de Longueville. M. de La Meilleraye (1), qui n'avoit encore alors aucune des grandes dignités qu'il a eues despuis,

(1) *M. de La Meilleraye* : Charles de La Porte, alors seigneur, et depuis duc, de La Meilleraye. Il devint maréchal de France et grand-maître de l'artillerie, par la faveur dont il jouissoit auprès du cardinal Mazarin.

et le marquis de Fontenay, y furent aussy avec eux; dont M. de Savoye, qui estoit tousjours à Veillanne, par où il falloit passer, ayant esté adverty par le prince de Piémont, il leur voulust donner à disner. Et parceque c'estoit l'homme du monde le plus régulier, et qui entendoit le mieux les cérémonies (à quoy on ne regarde pas tant en France qu'en Italie), j'ay creu qu'il ne seroit pas hors de propos de dire icy comme il en usa.

Il vint donc au devant d'eux un peu hors de Veillanne, et jusques sur le bord d'un torrent qui en passe assés près, où il les attendist pied à terre. Ils eussent bien voulu, dès qu'ils le virent ainsy, pouvoir aussy descendre, et ne l'aller pas trouver en carosse; mais il estoit impossible, à cause de l'eau qu'il falloit passer : de sorte qu'il se trouva tout proche d'eux quand on leva la portiere, de quoy ils luy firent de grandes excuses. Après que tout le monde l'eust salué, il les fist monter dans son carosse, laissant le fond, qui est la meilleure place, pour le cardinal de La Valette et pour M. de Longueville, et prenant pour luy le devant. Mais eux, pour ne se laisser pas vaincre de civilités, se mirent à une portiere, et n'en voulurent jamais sortir; de sorte que le fond demeura vide, et messieurs de La Meilleraye et de Fontenay furent de l'autre costé.

M. de Savoye se voulant servir de ceste occasion pour montrer son armée, et faire voir qu'il avoit beaucoup de gens et bien forts, les avoit fait mettre des deux costés de toutes les rues de la ville, et y fist passer son cocher, comme sy c'eust esté le chemin de son logis; auquel estant enfin arrivés, le cardinal de La

Valette, après quelques compliments, entra le premier, et puis M. de Longueville, quelque difficulté qu'il en fist, M. de Savoye l'ayant ainsy voulu.

Il les mena, en attendant qu'on eust servi à manger, dans son cabinet, où il y avoit dessus la table une escritoire, et quantité de papiers pliés et étiquetés, comme chez les gens d'affaires en France; car il faisoit toutes les siennes, sans que persōnne que luy y eust crédit.

Quand le disner fust venu, on s'assist à table de la mesme sorte qu'on estoit entré, c'est-à-dire le cardinal de La Valette et M. de Longueville au dessus de M. de Savoye; messieurs de Fontenay, de La Meilleraye, et cinq ou six des principaux de la cour de M. de Savoye, tout de suite après M. de Savoye; les derniers tournant quand ils furent au bout de la table, et montant de l'autre costé, jusques à ce qu'ils fussent arrivés auprès des gentilshommes qui servoient M. de Savoye et les deux autres. Ce disner fut fort grand, mais à l'italienne, où la viande est tousjours mal apprestée, et plus, ce semble, pour la parade que pour manger. M. de Savoye beust à la santé du Roy, et tout ce qui estoit à la table aussy; après quoy la sienne ne fust pas oubliée.

Quand on eust disné, on retourna dans le cabinet; mais on n'y demeura guere, parceque les carosses furent aussytost après à la porte, et qu'il se falloit haster pour arriver de jour à Turin; de sorte que ces messieurs prirent congé de M. de Savoye. Mais voulant faire la civilité toute entiere, il les conduisist jusques au carosse, et y entrant avec eux, les mena jusques à une église de Nostre-Dame, qui est hors des murailles de la ville.

Par les chemins, tant le matin que l'après-disnée, la pluspart des discours furent des louanges du Roy pour les grandes actions qu'il avoit faites en Ré, à La Rochelle, et mesmes à Suse; M. de Savoye en ayant parlé le premier (car les autres n'eussent eu garde de le faire), et eslevé ceste action tout autant qu'il se pouvoit : comme aussy, pour luy rendre la pareille, fust-il fort loué de tant de grandes guerres qu'il avoit soutenues, et de ce qu'avec ses seules forces il s'estoit souvent deffendu contre toutes celles du roy d'Espagne, bien que ce dernier n'eust point alors d'autres affaires, l'apellant le plus grand capitaine du monde. Et d'autant qu'ayant esté quelquefois pour les François et quelquefois pour les Espagnols, il n'y avoit quasy point de nation à qui il n'eust commandé, ny personne qui les peust sy bien connoistre que luy, on luy en demanda son avis, et laquelle luy sembloit la meilleure et la plus propre pour la guerre; à quoy il respondit aussytost que c'estoient les François. Mais le cardinal de La Valette ayant receu cela comme un compliment, il luy respondit fort sérieusement que ce n'en estoit point un, mais la vérité, n'y ayant rien de pareil à la promptitude et à la vigueur avec laquelle ils se portoient à toutes sortes d'entreprises, quelques perilleuses qu'elles puissent estre; en donnant plusieurs exemples, et particulierement celle de Suse, dont les Espagnols, ce disoit-il, ne seroient point venus à bout, pour ne se sçavoir pas assés tost résoudre; et que luy donnant loisir de faire venir le reste de ses troupes, il en auroit peu garnir toute la montagne, et s'empescher d'estre pris par derriere, comme il avoit esté. Qu'après les François, c'estoient sans doute les Espagnols et les Napolitains, parcequ'estant aussy fort vaillants, ils supportoient le travail et la faim plus patiemment que tous les autres, et se pouvoient passer de vin : ce qu'il estimoit beaucoup. Il aimoit mieux les Allemands que les Suisses, comme moins difficiles à contenter, et qu'il ne falloit pas payer sy ponctuellement.

Arrivé qu'on fust à l'église, M. de Savoye changea de façon de faire; et parcequ'il n'estoit plus dans son carosse ny dans sa maison, il passa devant M. de Longueville. Il y avoit devant l'autel un prie-dieu, avec un grand tapis et trois carreaux de velours cramoisy; mais le duc de La Trimouille estant arrivé sur ce temps là, il fist demander s'il estoit pair de France; et ayant sceu qu'ouy, il fist aussytost apporter un autre carreau qui fust mis auprès de celuy de M. de Longueville, le traitant comme les grands d'Espagne, ausquels il ne donnoit point la main, mesme dans son logis. La priere ayant esté fort courte, parceque, comme j'ay desja dit, le temps pressoit, le cardinal de La Valette et M. de Longueville luy rendirent mille graces des honneurs qu'il leur avoit faits; et, prenant congé, monterent en carosse et partirent les premiers, les cardinaux en usant ainsy avec luy.

Le cardinal de Savoye les receust à Turin, et les logéa dans le palais du duc; et messieurs de La Meilleraye et de Fontenay dans une fort belle maison de la ville. Le lendemain après disner, il les mena promener dans le parc; et sur le soir voir le saint suaire en particulier, et de sy près qu'on le touchoit. La figure du corps de Nostre Seigneur y est toute entiere, et les coups de fouet y sont marqués par des taches de sang qui s'y voient en plusieurs endroits. L'on y vist aussy aux Cordeliers, dans un appartement où logent les estrangers, un grand tableau où le Roy estoit peint comme quand il touche les malades des escrouelles; le gardien d'alors l'y ayant fait mettre en memoire de ce qu'il en avoit autrefois esté touché, et guary par luy. On partist le lendemain de grand matin pour retourner à Suse, sans s'arrester nulle part.

Sur ce temps là le marquis de Portes arriva auprès du Roy, le cardinal de Richelieu l'ayant fait venir pour voir avec luy ce qui se pourroit faire en Languedoc, estant estimé le plus intelligent de tous ceux qui y avoient fait la guerre. Son avis fust que toutes les places qui restoient lors aux huguenots dans la France faisant comme une chaisne qui commençoit à Nismes et à Usez, et, passant par les Cevennes et le Rouergue, finissoit à Castres et à Montauban, il ne falloit pas, pour les réduire promptement et aisement, les prendre par un bout, pour aller continuant jusques à l'autre, estant indubitable que par lequel que ce fust on trouveroit des villes très fortes, et capables de faire une longue résistance, pendant quoy les plus foibles pourroient se fortifier, et donner après autant de peine que les autres; comme il estoit arrivé en l'année 1621, pendant le siege de Montauban, tout le Languedoc, qui eust ouvert les portes sy le Roy y eust esté tout droit, ainsy que plusieurs luy conseilloient, ayant eu loisir de se mettre en l'estat où on le voyoit : mais qu'il falloit aller à Privas, Alais, Anduze et autres, qui estant au milieu, et quasy sans fortification, s'emporteroient aisement; après quoy Nismes et Usez demeurant tout-à-fait séparées de Castres et de Montauban, et ne se pouvant mutuellement secourir, estant trop eslongnées, ny tirer assistance de nulle part, les unes et les autres se prendroient quasy tout d'un temps, et avec les seules forces des provinces voisines.

Cest avis ayant semblé fort bon au cardinal de Richelieu, et tout-à-fait conforme à ce qu'il desiroit, qui estoit de pouvoir bientost finir en Languedoc afin de n'estre point empesché de retourner en Italie s'il en estoit besoin, avec toutes les forces qu'il faudroit, il mena M. de Portes au Roy pour le redire devant luy (car il n'ostoit jamais à personne l'honneur qu'il méritoit); lequel l'ayant aussy fort approuvé, ils resolurent de l'exécuter le plus promptement qu'il se pourroit.

Et d'autant que M. de Savoye, voyant le Roy déterminé à ne s'en aller point que Casal n'eust toutes les provisions qu'il falloit, commençoit à y en envoyer avec moins de difficulté qu'auparavant, et qu'il y avoit apparence que cela continueroit, les Espagnols l'en pressant extraordinairement, tant ils avoient envie de voir le Roy delà les monts; ils jugerent à propos, pour ne perdre point de temps, et ne laisser pas aussy M. de Savoye entierement sur sa foy, que le Roy s'en iroit devant avec le mareschal de Schomberg, partie du régiment des Gardes, les Suisses, les gens d'armes, les chevaux-légers, les mousquetaires et la cour, pour commencer le siege de Privas, qu'il falloit prendre devant que d'aller à Alais et aux autres, pour ne laisser rien derriere qui peust incommoder. Et que le cardinal de Richelieu, qui demeureroit à Suse avec les mareschaux de Créquy et de Bassompierre, et le reste de l'armée, l'iroit trouver aussytost que le ravitaillement de Casal seroit achevé, et que les Espagnols auroient quitté toutes les petites places qu'ils tenoient encore dans le Montferrat, ainsy que le traité les y obligeoit ; laissant, quand il s'en iroit, le mareschal de Créquy à Suse avec six mille hommes pour observer M. de Savoye et les Espagnols, et empescher qu'ils n'entreprissent quelque chose au préjudice de leurs promesses : suivant quoy le Roy partist vers la fin du mois d'avril.

Quelques jours auparavant il estoit arrivé un courier de la Reine mere pour dire que M. le duc d'Orléans continuant d'aimer la princesse Marie, elle avoit eu avis qu'il la vouloit espouser sans la permission du Roy ny la sienne, et qu'il l'avoit fait aller pour cela avec madame de Longueville, sa tante, à Coulommiers, où la chose se devoit exécuter en particulier. C'est pourquoy elle avoit fait venir lesdites dames au bois de Vincennes, suppliant le Roy de l'avoir agréable.

Or, bien que le Roy ny le cardinal de Richelieu n'approuvassent nullement ceste violence, et en fussent mesme fort faschés, ne trouvant guere vraysemblable que Monsieur peust penser à se marier sans la participation du Roy, n'ayant aucun subject de le faire, et qu'ils creussent bien plustost que c'estoit une invention de ceux qui approchoient la Reine mere, qui ne vouloient pas seulement luy complaire dans ses passions, mais encherissoient encore par dessus pour la mieux flatter ; joint qu'il pouvoit bien aussy y entrer de l'interest particulier de la princesse de Conty et de la duchesse d'Elbeuf, qui, craignant que la maison de

Mantoue ne s'eslevast au dessus de celle de Lorraine par ce mariage (car il faut noter que le Roy n'avoit point encore d'enfants), avoient prétendu par là l'engager tellement à l'empescher, que jamais elle n'en pourroit revenir. Sy est-ce que, faisant comme s'ils eussent creu tout ce qu'elle avoit mandé, M. de Nogent fust à l'heure mesme envoyé à Monsieur pour luy dire les intentions du Roy sur ce subject, et qu'il ne les pourroit jamais changer pour quelque raison que ce fust; avec ordre d'aller ensuite en assurer la Reine, et luy rapporter la response de Monsieur, laquelle estant telle qu'on le présumoit, et elle en seureté de ce costé là aussy bien que de celuy du Roy, il avoit charge de la supplier de faire sortir ces dames et de les mettre en liberté, ainsy qu'il fust fait.

Mais parceque tout ce qui venoit alors du Roy estoit suspect à la Reine mere, comme inspiré par le cardinal de Richelieu, et que les grands engagements où il se mettoit pour M. de Mantoue redoubloient ses appréhensions, ce fust pour ceste princesse un nouveau subject de plainte du cardinal, disant qu'il prenoit le party de la princesse Marie contre elle, et qu'il ne cherchoit qu'à la descrier, et faire voir qu'elle n'avoit point de pouvoir. Et sy il ne fust pas mieux traité de Monsieur; car, ne pouvant souffrir d'estre ainsy contredit dans sa passion, il ne s'en prist pas tant à la Reine mere comme à luy, qui auroit bien peu, ce disoit-il, empescher le Roy d'en user ainsy, s'il avoit voulu l'obliger.

De sorte que, pour s'en venger, il commença dès lors à escouter toutes les propositions qui luy furent faites pour sortir de la cour et en troubler le repos;

dans quoy les Espagnols et les ducs de Savoye et de Lorraine estant bientost après entrés, la Reine mere s'y joignist aussy, d'où toutes les disgraces que Monsieur et elle ont eues, et tous les désordres qu'on vist ensuite de cela dans le royaume, arriverent. Ce qui fait bien voir que ce grand Roy est d'autant plus digne de louanges pour tout ce qu'il a fait, qu'il a quasy tousjours eu les huguenots, la Reine mere ou Monsieur, contre luy, et que le dedans de son Estat luy a souvent donné plus de peine que le dehors.

Aussytost que le cardinal de Richelieu vist Casal pourveu de tout ce qu'il falloit, tant pour une longue subsistance que pour le defendre s'il estoit attaqué de force, et les Espagnols hors de toutes les places du Montferrat (jugeant que s'il attendoit la ratification d'Espagne et l'investiture de l'Empereur, quoyqu'on l'assurast tousjours qu'elles arriveroient bientost), il perdroit du temps, qui seroit mieux employé contre les huguenots, avec lesquels il se falloit haster de finir), il partist quinze jours après le Roy, laissant, comme j'ay desja dit, six mille hommes dans Suse et trois mille dans Casal; le mareschal de Crequy pour général en Italie; et le marquis de Villeroy son gendre, et M. de Toiras, pour mareschaux de camp; ramenant avec luy le mareschal de Bassompierre, le reste des Gardes françoises et suisses, et les régiments de Piémont, Champagne, Navarre, et autres.

Par les chemins il eust nouvelles que le prince d'Orange avoit assiegé Bois-le-Duc, dont il eust grande joye, ceste place luy semblant de telle considération pour les Espagnols qu'ils ne devroient pas s'amuser ailleurs, et abandonner leurs propres Estats pour usurper ceux d'autruy; bien que ce soit le vray génie de la maison d'Austriche; ainsy qu'il y en a mille exemples; et qu'ils le firent mesme en ceste occasion-là.

Arrivant à Valence, il en trouva le Roy party et le siege de Privas desja commencé, auquel un tel renfort que celuy qu'il menoit estant venu, l'on fust cinq ou six jours après en estat de donner un assaut qui fust sy bien soustenu, qu'il fallust s'en retirer avec perte de beaucoup de gens, et entre autres du fils aisné de M. de Valançay, gouverneur de Calais; mais les assiégés en demeurerent sy estonnés, qu'ils ne penserent plus qu'à se rendre.

Pendant cela la paix d'Angleterre, que les ambassadeurs de Venise traitoient il y avoit long-temps, ayant esté enfin arrestée, on la publia le vingtieme de may 1629; et sur ce temps-là mesme il vint un avocat de Montpellier, nommé Du Cros, qui assura que sy le Roy y vouloit envoyer quelqu'un pour entendre les propositions de M. de Rohan, on le trouveroit tout disposé à la paix. Ce qui ayant esté trouvé bon, le marquis de Fontenay eust commandement d'y aller, pour voir avec le marquis de Fossés, gouverneur de Montpellier, ce qu'il voudroit dire.

Aussytost que M. de Rohan le sceust arrivé, il envoya le baron d'Aubaye avec deux autres les trouver; mais ne faisant que des propositions générales, et sur lesquelles on ne pouvoit avoir aucun fondement (1), la conférence

---

(1) *Aucun fondement*: On lisoit ici ces mots, qui ont été rayés sur le manuscrit original, et vraisemblablement par l'auteur lui-même: *Tendant plus assurement à gagner du temps pour avoir du secours d'Espagne, que pour envie qu'il eust de s'accommoder.*

se rompist, et le marquis de Fontenay s'en retourna.

Or M. de Rohan ne l'avoit demandée qu'afin que le bruit courant qu'il se feroit un traité général, les villes les plus foibles y croyant trouver plus de seureté, n'en fissent point de particuliers : ce qu'il voyoit estre la ruine indubitable de luy et de tout son party, n'ayant encore nulle pensée de s'accommoder, à cause qu'un nommé Du Clausel, qu'il avoit peu auparavant envoyé en Espagne, l'avoit obligé, moyennant trois cent mille escus qu'on luy devoit donner par an, d'entretenir la guerre en France tant que le roy d'Espagne voudroit; et qu'il esperoit aussy, comme on l'en avoit assuré, qu'il descendroit en ce mesme temps tant d'Allemans en Italie, l'Empereur ayant fait la paix avec les protestants, que le Roy estant obligé d'y retourner, ou d'y envoyer la meilleure partie de son armée, il ne pourroit pas faire grand effort contre luy.

Et il estoit vray que le comte d'Olivarez, dès qu'il vist le Roy avoir passé les monts, et ne pouvoir plus prendre Casal avec les seules forces du roy d'Espagne, sans considerer les interests de la religion, qui alloit estre tout-à-fait restablie en Allemagne par les grands avantages remportés par le Walstein sur le roy de Dannemarc et sur tous les protestants, avoit forcé l'Empereur de s'accommoder avec eux et de rendre tout ce qu'il avoit pris, afin que n'ayant plus besoin de ce costé là de son armée, qui estoit de plus de quarante mille hommes, il la peust envoyer en Italie pour s'y faire obéir par le duc de Mantoue, et le despouiller de tout ce qui luy estoit escheu. Mais le chemin estant fort long, et ayant esté obligé de s'arrester quelque temps dans les Grisons pour prendre les passages et s'en assurer, elle n'y peust arriver que l'année suivante, et quand le Roy, ayant achevé avec les huguenots, fust en pleine liberté de retourner en Italie. De sorte qu'on vist alors, avec une grande confusion de ceux qui eslevoient sy haut le zele des Espagnols pour la religion, et accusoient les François de n'en avoir point, les protestants d'Allemagne sauvés par le roy d'Espagne, et les huguenots de France ruinés par le Roy; et par ce qui se fist despuis, que Dieu permet plustost qu'on mette toutes pieces en œuvre pour s'empescher d'estre opprimé, que pour opprimer.

Mais pour revenir au siége de Privas, les assiegés se trouverent, comme j'ai desja dit, tellement estonnés de l'assaut, que, craignant qu'on ne voulust recommencer, ils demanderent à se rendre. Ce que le Roy, pour empescher les autres de tenir devant luy et en faire un exemple, ayant refusé sy ce n'estoit à discretion, ils en furent sy espouvantés que dès qu'il fust nuit ils abandonnerent la ville, et se sauverent dans les montagnes. Et M. de Montbrun, qui y commandoit, n'ayant peu obtenir le lendemain de meilleur party dans le chasteau où il s'estoit retiré, en fist aussy de mesme.

L'on perdist encore en ce siege le marquis d'Uxelles et le marquis de Portes, mareschaux de camp. Ce dernier avoit eu la promesse d'estre fait mareschal de France à la fin de la campagne; mais il l'eust vraysemblablement esté dès celle du siege, car le mareschal de Saint-Geran estant mort sur ce temps là, et la Reine mere ayant sy opiniastrement demandé sa charge pour M. de Marillac qu'on ne luy peust refuser, on ne l'auroit point fait sans luy, tant le Roy et le cardinal de

Richelieu estoient satisfaits de ses services et du conseil qu'il avoit donné, dont on commençoit à voir des effets par le grand estonnement où estoient ceux des Cevennes, et tous les huguenots en général. M. de Marillac, capitaine au régiment des Gardes, y fust aussy tué; et M. de Comminge eust sa compagnie.

De Privas, le Roy fust à Alais, où on s'estoit vanté de l'arrester longtemps. Mais aussytost que les habitans eurent veu la maniere dont on les attaquoit, et comme ils estoient pressés, ils craignirent l'exemple de Privas, et demanderent composition (qui leur fust à l'heure mesme accordée), pour aller vistement à Anduse et à Millaud, qui, ne pouvant pas durer davantage que les autres, eussent rendu le Roy maistre de toutes les montagnes, et séparé Nismes et Uzès de Castres et de Montauban, comme on prétendoit; autour desquelles cependant, pour ne perdre point de temps, on faisoit desja le degast; le mareschal d'Estrées à celles-là avec l'armée qu'il avoit ramenée de Nice, et M. d'Espernon à celles-cy avec les forces de Guienne; tellement qu'elles devoient, ce sembloit, tomber toutes quatre dans fort peu de temps, ne pouvant estre secourues. Mais M. de Rohan voyant ses affaires en sy mauvais estat, et la vanité des promesses des Espagnols, qui ne luy avoient point encore envoyé d'argent, ny fait paroistre un Allemand en Italie, se resolust de traiter pour le général aussy bien que pour son particulier, craignant que s'il attendoit davantage, la déroute ne devinst sy grande que chacune des villes traitant à part, il n'y eust plus d'autre salut pour luy que de sortir de France, et, abandonnant tout ce qu'il y avoit, en demeurer à jamais exilé.

Il demanda donc qu'il se fist une assemblée générale auprès du Roy, dans laquelle les intérests de la noblesse et des peuples, aussy bien que les siens, peussent estre réglés : ce qui luy fust accordé, ce chemin ayant esté jugé plus court que tout autre pour faire la paix, comme il fust en effet, tous les interessés y ayant promptement envoyé, de peur d'estre prévenus, et que les premiers arrivés faisant leur accommodement, les autres n'y fussent plus recens.

La négociation n'en fust pas longue; car le Roy s'estant d'abord déclaré qu'il ne vouloit point toucher à la liberté de conscience, ny à tout le reste de ce qui leur avoit esté promis par les édits, excepté ce qui servoit à entretenir la faction et à causer des troubles continuels dans le royaume; comme les places de seureté, les assemblées générales et les fortifications de leurs villes, qu'il vouloit estre rasées, tout le monde s'y soumist, et la paix fust signée et publiée.

Il est vray que quand ceux de Montauban apprirent qu'il falloit raser leurs fortifications, se souvenant encore du siege qu'ils avoient soutenu il y avoit sy peu de temps, et contre le Roy mesme, ils en estoient sy glorieux qu'ils la refuserent, et dirent qu'ils aimeroient mieux continuer la guerre, quand ils devroient estre tout seuls; de sorte qu'il fallust y aller pour les faire obéir. Mais parcequ'il y avoit longtemps que le Roy estoit à la campagne et qu'il avoit fort fatigué, il en donna la commission au cardinal de Richelieu, et retourna à Paris pour se reposer.

Pendant tout le chemin, le cardinal n'apprenoit autre chose sinon que ceux de Montauban estoient résolus de périr plustost que d'oster leurs fortifications.

faites, ce disoient-ils, par Henry-le-Grand, et maintenues, comme j'ai desja dit, contre le Roy mesme. Mais ils ne furent vaillants que jusques au déguainer; car dès qu'ils le virent arrivé, les préparatifs qui se faisoient pour les attaquer, et comme on en usoit dans toutes les autres villes (de sorte que, ne pouvant estre secourus de personne, il leur seroit impossible de résister), ils ouvrirent les portes : et le cardinal ayant fait camper l'armée tout autour, y entra avec le régiment des Gardes, où il leur fist sy bien connoistre que le Roy ne cherchoit qu'à retrancher tout subject de trouble, et faire hors de là observer fort exactement les édits, qu'ils en demeurerent contents. De sorte qu'après avoir veu commencer les demolitions, il s'en alla, ne laissant qu'un de ses gentilshommes pour faire achever; auquel il fust aussy bien obéy que sy l'armée y eust esté toute entiere, tant on se fioit aux promesses du Roy et aux siennes.

Mais comme les plus grandes joyes sont souvent meslées de grands desplaisirs, et qu'il n'y a point de roses sans espines (telle estant la condition des choses humaines), le cardinal de Richelieu trouva, quand il fust retourné auprès du Roy, la Reine mere sa bienfaictrice, et de qui il tenoit tous les commencements de sa bonne fortune et son principal avancement, sy fort animée contre luy, qu'au lieu de luy donner toutes les louanges que ses grands services méritoient, et de luy en procurer les récompenses, elle fist ce qu'elle peust pou le ruiner dans l'esprit du Roy : et n'en pouvant venir à bout, elle luy osta la charge de ses affaires, et ne s'en voulust plus servir, sans pouvoir estre touchée ny de ses grandes soumissions, ny des prieres du Roy, qui fist tout ce qu'il peust pour les raccommoder; de sorte qu'ayant tousjours despuis continué en ceste mauvaise volonté, et le Roy, qui connoissoit fort bien le désavantage que ce luy seroit de perdre un tel serviteur, ne le voulant pas abandonner, elle en eust tant de despit, qu'elle se porta enfin à toutes les extremités qu'on a veues.

# RELATION

DE

LA RUPTURE DU CARDINAL DE RICHELIEU AVEC LA REINE MERE ; ET DE LA SORTIE DU ROYAUME DE CETTE PRINCESSE.

———

[1630] Le Roy ayant esté quelque temps à Saint-Jean de Morienne, eust un accès de fievre, après lequel, crainte de pis, l'air y estant fort infecté, il en partist, et retourna à Lyon, y laissant le cardinal de Richelieu et le mareschal de Schomberg. Mais le cardinal ne fust guere sans y aller aussy : de sorte que le mareschal demeura tout seul à Saint-Jean de Morienne.

Ce qui le fist revenir si viste fust que, voyant la santé du Roy fort incertaine (car il avoit de temps en temps de petits ressentiments de fievre), il sçavoit que la mauvaise volonté de la Reine mere, fomentée sourdement par le garde des sceaux, le mareschal Marillac, la princesse de Conty, la duchesse d'Elbœuf et autres de ceste cabale, estoit encore grandement eschauffée par messieurs de Guise et de Bellegarde, lesquels, comme plus hardis, s'estoient ouvertement déclarés contre luy ; M. de Guise se plaignant qu'il luy vouloit oster l'amirauté de Levant, dont tous les gouverneurs de Provence avoient tousjours jouy, et luy-mesme en estoit en possession ; et M. de Bellegarde, que luy ayant fait longtemps espérer qu'il seroit ministre, il en avoit esté enfin tout-à-fait refusé; et qu'une des lieutenances de roy de Bourgongne ayant vaqué par la mort du marquis de Mirebeau, il l'avoit fait donner au marquis de Tavannes, qu'il sçavoit n'estre pas de ses amis.

À quoy le cardinal de Richelieu respondoit que ceux en la place de qui il estoit entré ayant toujours prétendu la supériorité sur les mers de Levant aussy bien que sur celles de Ponant, il n'estoit pas trop estrange qu'il la voulust avoir aussy bien qu'eux; et la chose en estoit venue sy avant que le cardinal ayant envoyé en Provence un huissier du conseil pour y faire quelque acte en son nom, M. de Guise l'avoit fort mal traité.

Et quant aux plaintes de M. de Bellegarde, qu'il ne pouvoit pas forcer le Roy à mettre des gens dans son conseil quand il ne le vouloit pas, ny l'empescher de donner une charge à un homme qui, estant de qualité proportionnée pour cela, avoit esté dès sa jeunesse nourry auprès de luy, et l'avoit tousjours bien servy; joint que ce n'estoit pas la coutume de ne mettre dans les provinces que des gens agréables aux gouverneurs.

Quelques jours après l'arrivée du Roy à Lyon, quasy tous les principaux de la cour voyant qu'il y pourroit estre longtemps, s'en allerent à Paris : mais dès qu'ils sceurent sa maladie, ils y retournerent, et Monsieur particulierement; lequel apprenant par les chemins l'extrémité de son mal, et qu'on en desesperoit, pensoit n'avoir qu'à aller recueillir une sy belle succession. Mais en arrivant, il le trouva hors de danger.

Or, les ennemis du cardinal de Richelieu jugeant

que sy, après ce qu'ils avoient fait contre luy, il demeuroit en crédit, il ne leur pardonneroit pas, crurent le devoir prévenir, en portant la Reine mere à redoubler tellement ses efforts, qu'elle l'eust ruiné dans l'esprit du Roy devant qu'il leur peust faire du mal.

Et d'autant que sa maladie et le danger où se trouvoit Casal en estoient d'assés grands subjects, ils luy conseillerent d'appuyer principalement sur cela, et de luy dire que personne ne pouvant douter qu'il ne l'eust plus engagé dans ceste guerre, dont assurement la fin ne luy pourroit estre que honteuse, pour satisfaire à sa vanité, et se rendre nécessaire par la quantité et l'importance des affaires qu'elle feroit naistre, que par besoin qu'on en eust (ayant peu dans le commencement terminer l'affaire de M. de Mantoue à l'amiable et fort avantageusement), ny que sa maladie ne fust venue du mauvais air, où il l'avoit fait aller aussy sans nécessité, elle ne pouvoit plus souffrir qu'il donnast tant d'autorité à un homme qui en sçavoit sy mal user, et le conjuroit de luy oster dès l'heure mesme la charge de ses affaires, et de l'envoyer hors de la cour; se persuadant que, veu tous les soins qu'elle avoit eus de luy dans sa maladie, et les grands sentiments qu'il luy en avoit tesmoignés, il ne pourroit pas luy refuser une chose fondée sur de sy bonnes raisons, et qu'elle luy demanderoit avec tant d'instances.

Ce que la Reine fist dès qu'elle en trouva l'occasion, et l'accompagna de toutes les plus grandes flatteries et marques de tendresse dont elle se peust aviser; mais le Roy, qui ne vouloit ny luy accorder ce qu'elle demandoit, ny la laisser aller mal satisfaite, luy respondit seulement qu'il n'estoit ny en lieu ny en estat où on peust prendre resolution sur une chose sy importante, et qu'il falloit attendre d'estre à Paris, où on verroit ce qu'il faudroit faire pour le mieux; dont elle et tous les siens prirent espérance que tout iroit comme ils desiroient.

Or ce qu'ils disoient de Casal n'estoit pas sans apparence; car M. de Toiras, n'ayant plus de vivres, avoit esté contraint, pour donner du temps au Roy de le secourir, de faire un traité avec les Espagnols, par lequel il leur avoit livré la ville et le chasteau, et s'estoit retiré avec tous ses gens dans la citadelle, où ils luy devoient fournir un mois durant autant de vivres qu'il en faudroit pour les nourrir; au bout duquel, s'il estoit secouru, ils luy rendroient la ville et le chasteau; et s'il ne l'estoit pas, il leur donneroit la citadelle.

Et bien que le Roy, le sachant, eust fait diligemment assembler toutes les troupes qu'il avoit en divers lieux, et en eust composé une fort grande armée; que le duc de Savoye, qui ne vouloit pas voir ruiner son pays, comme le duc Charles-Emmanuel son pere, pour complaire aux Espagnols et leur aider à s'accroistre; ayant promis de la laisser passer par le Piémont, rien ne la pouvoit arrester, et que les mareschaux de La Force, de Schomberg et de Marillac, qui la commandoient, fussent expressément chargés de hasarder toutes choses, et de périr plustost que de le laisser perdre : sy est-ce qu'il y avoit sy peu d'apparence que cela peust réussir, les Espagnols s'y estant fort bien retranchés et y ayant fait venir toutes les troupes de l'Empereur, que ceux qui conseilloient la Reine ne faisoient nulle difficulté de prédire que Casal ne seroit pas secouru, et de s'en servir pour descrier la conduite du cardinal de Richelieu, et le descrediter auprès du Roy.

Dès que le Roy eust donné tout l'ordre qui se pouvoit pour le secours de Casal, et qu'il se sentist assez fort pour supporter le travail d'un voyage, il s'en alla à Paris le plus viste qu'il peust, tant il avoit envie de retrouver l'air où il avoit esté nourry, et où il pensoit pouvoir reprendre promptement une parfaite santé.

Les Reines le suivirent, mais marchant à leur ordinaire à petites journées; et parceque la Reine mere, pour mieux dissimuler ce qu'elle vouloit faire, avoit, despuis qu'elle eust parlé au Roy, un peu moins maltraité le cardinal de Richelieu qu'elle n'avoit accoutumé, il y fust sy bien trompé que, la croyant changée, il pensa par ses soumissions et ses complaisances pouvoir regagner la part qu'il avoit autrefois euë dans ses bonnes graces; et la suivist jusques à Paris dans ceste espérance.

Mais, un jour ou deux devant que d'y arriver, il vint une nouvelle qui la troubla grandement, et esbranla fort les espérances de ceux qui la conseilloient, estant passé un courier qui portoit avis au Roy que Casal avoit esté secouru avec la plus grande gloire qu'il se pouvoit pour luy et pour ses armes; les Espagnols n'ayant osé attendre son armée, qu'ils voyoient aller à eux en résolution de les combattre, et mieux aymé faillir à prendre Casal que de hasarder tout l'Estat de Milan, comme ils auroient fait s'ils eussent esté battus, n'ayant point d'autres troupes ny moyen d'en faire venir d'ailleurs de long-temps. De sorte que, par l'entremise de M. Mazarin, ils firent dans le moment qu'on les alloit attaquer un traité par lequel ils rendirent la ville et le chasteau de Casal qu'on leur avoit donnés, et se retirerent hors de leurs retranchements. Ensuite de quoy les mareschaux y estoient entrés, et n'en devoient point sortir sans y laisser une bonne garnison, et des vivres pour un an.

Cela n'empescha pas néanmoins la Reine mere de vouloir parler au Roy dès qu'elle seroit à Paris, ainsy qu'elle avoit résolu, et à tous les siens de luy conseiller, quoyqu'ils vissent bien qu'après un tel succès, et quand leurs propheties avoient sy mal réussy, la chose seroit moins faisable : mais se croyant perdus quand elle ne le feroit pas, et qu'il n'y avoit nul autre moyen de les sauver, ils aimoient mieux le hasarder, et voir ce qu'il produiroit, que de demeurer exposés à la mercy du cardinal de Richelieu sans y avoir cherché du remede.

Quand elle arriva à Paris, elle alla loger à Luxembourg, et voulant avoir du temps pour se reposer, demeura deux jours enfermée, et sans voir personne : après lesquels le Roy, qui estoit à Saint-Germain, y estant aussy venu, il logea à l'hostel des ambassadeurs extraordinaires (1), pour estre plus près d'elle; et l'estant allé voir, elle ne manqua pas de le faire souvenir de ce qu'il luy avoit promis à Lyon, et de vouloir entrer bien avant en matiere. Mais estant survenu quelqu'un qui l'en empescha, elle se résolust, afin que la mesme chose n'arrivast pas une autre fois, de faire dire le lendemain au matin à tous ceux qui se présenteroient, quels qu'ils fussent, qu'on ne la voyoit point; et que quand le Roy y viendroit, ainsy qu'il avoit accoutumé, on le laissast entrer tout seul.

(1) *L'hostel des ambassadeurs extraordinaires* : l'ancien hôtel du maréchal d'Ancre, situé rue de Tournon. (*Voyez* la note de la page 353 du tome précédent.)

Or le Roy ayant demandé au cardinal de Richelieu comme il pensoit estre avec la Reine mere, et veu qu'il croyoit y estre assés bien, à cause du bon visage qu'elle luy avoit fait dans le chemin, il l'en voulust destromper, l'assurant qu'il n'y avoit rien de changé : ce qui luy ayant donné l'alarme, il se résolust de faire en sorte qu'il peust estre tousjours present quand ils seroient ensemble. Et parcequ'il sçavoit que c'estoit principalement le matin qu'il la voyoit, il fist prendre garde quand il iroit, afin d'y aller aussy.

Il y fust donc dès le lendemain : mais trouvant la porte ordinaire fermée, et sans que personne respondist, la Reine l'ayant deffendu, il alla par celle de derriere, laquelle celuy qui la gardoit n'ayant osé luy refuser, il arriva justement lorsque la Reine faisoit les plus grands efforts; de sorte que, craignant qu'à la longue elle ne l'emportast, il jugea meilleur de rompre la conversation que de la laisser plus longtemps durer. C'est pourquoy il s'approcha, et dit que se persuadant que Leurs Majestés parloient de luy, il espéroit qu'elles n'auroient pas desagreable qu'il vinst pour se justifier des crimes qu'il sçavoit qu'on luy avoit imputés.

Dont la Reine fust d'abord sy en colere qu'elle ne pouvoit parler; mais revenant enfin à elle, elle luy dit qu'il estoit bien hardy de les venir ainsy interrompre, et qu'il estoit vray, puisqu'il le vouloit sçavoir, qu'ils parloient de luy, et qu'elle disoit au Roy qu'elle ne pourroit plus assister à ses conseils, ny se trouver avec luy en quelque lieu que ce fust, quand il y seroit; et qu'il falloit nécessairement qu'il se défist de l'un ou de l'autre. A quoy le cardinal respondist qu'il estoit bien plus raisonnable que ce fust de luy, et qu'aussy bien ne vouloit-il plus vivre, puisqu'il estoit sy malheureux que d'avoir perdu ses bonnes graces.

Le Roy voyant cela ne se déclara point, et ne cherchant qu'à s'eschapper, dit seulement qu'il se faisoit tard, et que voulant aller à Versailles, il estoit temps de partir : et faisant la révérence, il marcha aussy viste que s'il eust eu peur qu'on eust couru après luy. De sorte que le cardinal de Richelieu ne l'ayant peu joindre devant qu'il montast en carosse, il se creust perdu, et que le Roy l'avoit plus fait pour le fuir que pour quitter la Reine, et n'estre pas obligé de luy parler.

Ce qui le fist aller chez luy fort descouragé; et ayant conté à madame de Combalet sa niece et à M. Bouthillier, qu'il y trouva, tout ce qui s'estoit passé, il leur dit qu'il vouloit aller ce jour-là coucher à Pontoise, pour se retirer après au Havre. A quoy n'osant contredire, il fist venir ses gens, et leur commanda de luy apporter promptement à disner, et de faire tenir son carosse et son équipage prest pour partir aussytost qu'il auroit mangé, demeurant en ceste résolution jusques à l'arrivée du cardinal de La Valette, lequel estant fort de ses amis, et ayant appris qu'il avoit esté chez la Reine mere au mesme temps que le Roy, sans qu'on sceust ce qui s'y estoit passé (plusieurs, à cause de cela, en augurant mal pour luy), venoit en sçavoir des nouvelles.

Le cardinal de Richelieu fust fort aise de le voir, et luy dit tout ce qu'il avoit fait, et que ne pouvant pas douter que le Roy ne l'eust abandonné, puisqu'il estoit party sans luy parler ny luy rien mander, il vouloit aller tout à l'heure à Pontoise, et de là au Havre, n'attendant autre chose sinon que ses gens et son carosse fussent prests. Ce que le cardinal de La Valette contredist fortement, disant qu'il ne devoit point penser que le Roy, pour ne luy avoir rien dit ny fait dire, l'eust abandonné, ne songeant vraysemblablement qu'à la Reine, qu'il vouloit fuir, pour n'estre pas davantage pressé des choses qu'il ne vouloit pas faire; qu'il devoit se souvenir que qui quittoit la partie la perdoit, et qu'il ne pouvoit rien faire de plus avantageux pour la Reine et pour ses ennemis, ny plus à leur gré, que de leur laisser le champ libre, et le moyen de pouvoir dire et faire contre luy tout ce qui leur plairoit; auquel cas le Roy pourroit bien à la fin changer, et oublier tous les grands services qu'il luy avoit faits : mais que sans cela il n'y voyoit aucune apparence.

De sorte que, bien au contraire d'aller à Pontoise et au Havre, son avis estoit qu'il devoit aller à Versailles, où s'il trouvoit le Roy en l'humeur qu'il s'imaginoit, au moins ne s'en iroit-il pas sans s'estre mis en son devoir, et en estat de rendre compte de ses actions; mais que s'il estoit en autre disposition, comme il n'en doutoit point, il l'y fortifieroit, et pourroit luy faire prendre toutes les résolutions qui seroient nécessaires pour sa conservation et la ruine de ses ennemis.

Tous ceux qui estoient présents ayant aussy esté de cest avis, le cardinal de Richelieu se rendit, et alla droit à Versailles; ce dont le Roy, quand il le sceust, monstra une sy grande joye, et le receust avec tant de tesmoignages d'affection, qu'il luy fist bien connoistre qu'il auroit pris un fort mauvais party d'en user autrement.

Il s'enferma aussytost après avec luy dans son cabinet, où tout ce qui se devoit faire pour le dehors et pour le dedans du royaume ayant esté résolu, on commença par envoyer demander les sceaux au garde des sceaux de Marillac, et luy commander d'aller à Tours, et despescher un courier au mareschal de Schomberg, auquel, comme du conseil du Roy, on adressoit toutes choses, et qui avoit le secret, pour arrester le mareschal de Marillac, et le faire bien garder; car on le craignoit encore plus que son frere, et ils estoient estimés tous deux les principaux artisans de la disgrace du cardinal, et ceux qui entretenoient le plus l'esprit de la Reine mere dans la mauvaise humeur où elle estoit.

Les sceaux furent donnés à M. de Châteauneuf, un des plus anciens du conseil, et lequel ayant esté eslevé sous le chancelier de Sillery et sous M. de Villeroy, en avoit sy bien profité qu'il estoit sans doute un des plus grands personnages de son siecle.

Ensuite de cela, le Roy fust à Saint-Germain, et y demeura quelques jours; après quoy il revint à Paris et chez la Reine mere, sans luy parler de rien, ny elle à luy, vivant l'un et l'autre fort froidement : ce qui continua tousjours despuis, la Reine n'ayant point voulu se rendre pour tout ce qu'il luy fist dire, tant par le mareschal de Schomberg et M. de Bullion que par le cardinal Bagny, qu'on y fist intervenir, croyant que le nom et l'autorité du Pape (car il exerçoit encore la nonciature) auroient quelque pouvoir sur son esprit, le Roy luy faisant offrir que le cardinal de Richelieu ne se mesleroit plus de ses affaires, et retireroit tous ses parents de sa maison, sans lui demander autre chose, sinon de se trouver au conseil, comme elle avoit accoutumé, et de souffrir qu'il y fust aussy.

Mais parceque l'ayant absolument refusé, et ne donnant nulle espérance de changer, il estoit important de ne laisser pas Monsieur uny avec elle, le Roy n'ayant point encore d'enfants, on voulust le gagner en gagnant messieurs de Puy-Laurens et Le Coigneux, qui avoient le principal crédit auprès de luy. De sorte que, par l'entremise du marquis de Rambouillet, on donna cent mille escus à M. de Puy-Laurens, et la promesse de le faire duc et pair s'il espousoit une duchesse, ou achetoit une terre qui fust desja duché; et une charge de president au mortier au parlement de Paris à M. Le Coigneux, avec la promesse du chapeau de cardinal à la premiere promotion. M. de Rambouillet eust cent mille francs pour sa peine.

Mais, soit que rien hors de la premiere place ne les peust contenter, ou qu'ils creussent que quelque autre qui y entrast après le cardinal de Richelieu ne pouvant pas maintenir l'autorité du Roy ny la sienne aussy haut qu'il faisoit, ils y trouveroient mieux leur compte; tant y a qu'ils se laisserent bientost après regagner par la Reine mere, et firent entrer Monsieur dans toutes ses passions.

On dit que ce qui y aida encore beaucoup fust que le Roy ne pouvant pas disposer du cardinalat comme de la duché, l'un estant en sa main et l'autre non, M. Le Coigneux, qui vist que M. de Montmorency s'offrant de vendre la duché d'Anville à M. de Puy-Laurens, il pourroit à l'heure mesme estre duc, et luy demeurer derrière pour son cardinalat, en prist une telle jalousie, et tesmoigna tant qu'il croyoit qu'on se vouloit moquer de luy, et qu'il chercheroit à s'en venger, que crainte d'en perdre un, on les perdist tous deux. Car le cardinal de Richelieu ayant esté obligé, pour l'appaiser, de faire retarder l'affaire de M. de Puy-Laurens, bien que ce fust le plus secretement qu'il se peust, il ne laissa pas néanmoins de s'en appercevoir, et d'en estre sy offensé qu'il se résolust aussytost de se raccommoder avec la Reine, et d'y porter Monsieur; comme fist aussy M. Le Coigneux, lequel ayant desja esté receu président, ne fust peut-estre pas fasché de voir M. de Puy-Laurens se mettre par là hors d'estat d'estre duc devant qu'il fust cardinal.

[1631] Ils commencerent donc à se plaindre qu'on ne leur tenoit pas tout ce qu'on leur avoit promis, et que, pour les défaire après plus aisement, on ne cherchoit qu'à les désunir. Le garde des sceaux de Châteauneuf ayant parlé pour cela à madame de Verderonne sa cousine, et tante de M. de Puy-Laurens, et sur un fondement sy peu vraysemblable, puisque le cardinal de Richelieu, qui voyoit ne se pouvoir jamais bien remettre avec la Reine mere, avoit trop d'interest de ne se hasarder pas légerement de les perdre, ils porterent Monsieur à aller chez luy, et luy dire qu'il vivoit avec luy de telle sorte, manquant à toutes les paroles qu'il luy avoit données, qu'il renonçoit à son amitié, et ne luy donneroit jamais la sienne.

Le cardinal de Richelieu fist bien tout ce qu'il peust pour entrer en quelque esclaircissement, afin d'avoir moyen de se justifier, le suppliant de luy dire en quoy il avoit failly : mais en luy respondant que c'estoit pour M. de Lorraine, et autres choses qu'il luy avoit promises, il marcha sy viste qu'il ne peust entendre aucune de ses excuses; et trouvant son carrosse, monta dedans, et s'en alla à Orléans.

Dont le Roy, qui estoit à Versailles, ayant esté aussytost averti, il revint pour voir ce qu'il faudroit faire dans une sy fascheuse rencontre : mais parcequ'on jugea que Monsieur ne pouvoit avoir pris ceste résolution que sur des esperances qu'on ne descouvroit pas encore, et qu'il ne changeroit pas qu'il n'eust veu ce qui en arriveroit, on creust que, pour conserver quelque dignité, il ne falloit pas envoyer vers luy; mais qu'il suffiroit que le Roy respondist à M. de Chaudebonne, qui vint sur ce temps là de sa part, qu'il estoit bien fasché des mauvais conseils qu'on luy donnoit, et que quand il en prendroit de meilleurs, et qu'il voudroit rentrer dans son devoir, il seroit tousjours prest de le recevoir, et de luy donner autant de marques de sa bonne volonté que par le passé.

Et parcequ'il y avoit grande apparence que tout ce que faisoit Monsieur pouvoit principalement venir de ce que voyant la Reine mere auprès du Roy, et tousjours sy animée contre le cardinal de Richelieu que c'estoit chose irréconciliable, il pensoit qu'elle trouveroit peut-estre à la fin quelque bon moment pour parvenir à ses fins et le ruiner, et que tant qu'elle seroit à Paris on ne pourroit pas l'empescher d'estre veue d'une infinité de gens qui par leurs artifices l'entretenoient dans sa mauvaise humeur, ny que sa présence n'y autorisast toutes les cabales qui s'y faisoient contre le service du Roy, et ne donnast hardiesse à leurs autheurs de les continuer, et d'essayer de les faire passer dans les provinces (ce qui pourroit estre à la fin de la derniere conséquence), on se résolust d'essayer adroitement de l'en tirer, le Roy allant à Compiegne, ainsy qu'il avoit fait beaucoup d'autres fois, le pays estant fort beau pour la chasse, espérant qu'elle l'y voudroit suivre, comme elle fist.

Car ceux qui la conseilloient, ny elle, ne se doutant nullement de ce dessein, et craignant plustost que son absence ne leur fust aussy préjudiciable qu'à Versailles, où ils pensoient que sy elle eust esté, elle eust empesché beaucoup de choses qui s'y firent à son préjudice et au leur, ils donnerent sans difficulté dans le piege, et firent qu'elle le suivist deux jours après : ce qui osta de là peine et quasy de l'impossibilité de l'en tirer, sy elle n'eust pas voulu sortir de Paris.

Durant que le Roy fust à Compiegne, il essaya par toutes les voyes possibles d'adoucir son esprit et de la remettre dans un bon chemin, employant pour cela et Vautier son premier médecin (quoyqu'on ne s'y fiast pas, mais parcequ'il s'y offrist et qu'elle avoit grande confiance en luy), et le pere Souffran son confesseur, qu'elle aimoit fort ; et luy faisant enfin parler par le mareschal de Schomberg et le garde des sceaux de Châteauneuf, qui, par la place qu'ils tenoient auprès du Roy, et leur grande réputation de probité, sembloient estre propres pour luy faire comprendre les raisons du Roy à vouloir conserver le cardinal de Richelieu, et l'interest qu'elle avoit de finir ceste division, qui lui pourroit estre à la fin aussy prejudiciable qu'au Roy et au royaume.

Mais tout cela fust inutile : Vautier, qui n'aymoit pas le cardinal de Richelieu, n'y ayant peut-estre pas agy de bonne foy ; et quant au pere Souffran, on l'avoit longtemps auparavant descrié comme trop simple, et aisé à abuser ; et les autres, comme partie à cause de l'attachement qu'ils avoient au cardinal de Richelieu. De sorte qu'elle ne fist nulle considération sur tout ce qu'ils luy dirent, et ne respondit autre chose, sinon qu'elle estoit contente de l'estat auquel elle se trouvoit, et ne se vouloit plus mesler d'affaires.

Par où le Roy perdant toute espérance d'accommodement, et voyant le besoin qu'il y avoit de prendre une résolution conforme à l'estat present des affaires, et qui peust destourner les maux dont luy et le royaume estoient menacés, assembla son conseil, où entre plusieurs expédients qui luy furent proposés, il ne s'en trouva que deux dont on se peust servir, tous les autres estant jugés ou impossibles ou inutiles. Le premier fust l'eslongnement du cardinal de Richelieu, lequel ce dernier demandoit, et en pressoit, comme estant le moyen le plus doux et le plus aisé; et le second, la séparation du Roy d'avec la Reine sa mere, qui sembloit fort rude, et pouvoir sonner mal, tant envers les subjects qu'envers les estrangers.

Mais le Roy ayant fort considéré l'un et l'autre, et entendu les raisons alléguées pour cela, rejetta absolument l'eslongnement du cardinal, non seulement parcequ'après les grands services qu'il luy avoit rendus il seroit tout-à-fait injuste de l'abandonner pour complaire à ses ennemis, mais pour le besoin qu'il en avoit, n'ayant personne pour mettre en sa place et porter le poids des grandes affaires, où l'ambition des Espagnols l'avoit forcé d'entrer; espérant que le temps, et les grands subjects que la conduite de la Reine sa mere luy donnoient de se vouloir séparer d'elle, le justifieroient devant tout le monde, et qu'elle-mesme pourroit peut-estre à la fin changer, connoissant mieux ce qui seroit de son bien et de son avantage qu'elle ne faisoit alors.

Ce qui fust exécuté le 23 fevrier 1631, le Roy estant party de grand matin de Compiegne, et devant qu'elle fust éveillée, laissant auprès d'elle huit compagnies du régiment des Gardes, avec cinquante chevaux-légers aussy de sa garde, et le mareschal d'Estrées pour les commander et l'empescher d'en sortir, afin qu'elle ne peust pas revenir à Paris.

L'on envoya au mesme temps ordre à la princesse de Conty d'aller à Eu, et aux duchesses d'Elbeuf et d'Ognane d'aller en leurs maisons. Vautier, qu'on tenoit le plus dangereux de tous ceux qui estoient auprès de la Reine, et l'abbé de Foix, homme de grande intrigue, et tout-à-fait despendant de la maison de Guise, furent menés à la Bastille; et quant au pere Chanteloube, on se contenta de luy envoyer un ordre du général de l'Oratoire pour le faire aller en leur maison de Nantes, croyant qu'il y obéiroit; mais au lieu de cela, il se retira en Flandre.

Le Roy estant allé ce jour-là coucher à Senlis, le mareschal de Bassompierre, qui, nonobstant les avis qu'il avoit eus, l'y estoit venu trouver, y fust le lendemain arresté prisonnier par un lieutenant des gardes du corps. Or le cardinal de Richelieu obligea le Roy à le faire, quelque répugnance qu'il y eust, sous le prétexte qu'ayant receu tant de bienfaits et de graces de la Reine mere pendant sa régence, il estoit outre cela lié d'une sy estroite et ancienne amitié avec la princesse de Conty, qu'on ne devoit pas douter qu'il ne fust des plus avant dans leur party, ny croire qu'ayant une charge aussy principale dans la maison du Roy que celle de colonel général des Suisses, il n'en abusast s'il en trouvoit l'occasion.

Mais bien plus vraysemblablement pour la crainte qu'il avoit de luy; car n'estant pas aussy souple et aussy soumis qu'il falloit que le fussent ses amis, et ayant mesme eu en diverses occasions de petits differends ensemble, il l'appréhendoit plus que tous les autres de la cour, croyant que dans les grands entretiens qu'il avoit avec le Roy, parcequ'il luy estoit sy agréable qu'il luy parloit souvent en particulier, il pourroit trouver des occasions de luy nuire, et s'en servir. De sorte que sur ce fondement, et non pour aucune faute qu'il eust commise, il le fist mettre en prison, et n'osa despuis s'en desdire ni l'en tirer, quelques pressantes sollicitations qui luy en fussent faites.

Dès que le Roy fust arrivé à Senlis, il renvoya M. de La Ville-aux-Clercs, secrétaire d'Estat, à Compiegne, avec une lettre pour la Reine mere, par laquelle, tesmoignant beaucoup de regret que la nécessité de ses affaires l'eust contraint de se séparer d'elle, il la supplioit de vouloir aller à Moulins, qui estoit à elle, et dont il luy donneroit le gouvernement de la province, afin qu'elle y peust estre avec toute autorité, offrant en ce cas de luy faire rendre Vautier son medecin, ainsy qu'elle avoit montré le desirer, quoyqu'il eust des intelligences avec diverses personnes fort contraires à son service, mais parcequ'il préféroit sa santé à toutes choses; et luy disoit aussy qu'en attendant qu'elle partist elle pourroit, sy elle vouloit, se promener partout où il luy plairoit, en le faisant sçavoir au mareschal d'Estrées.

Ce que M. de La Ville-aux-Clercs luy ayant confirmé de bouche, elle se prist à pleurer, disant qu'elle estoit bien malheureuse qu'après avoir, durant toute sa vie, tesmoigné tant de passion pour le Roy, il se laissast persuader par ceux qui ne l'aimoient pas à la quitter, et faire une chose qui leur pourroit estre enfin sy prejudiciable; et ne refusa Moulins que sur ce que la peste y ayant esté, elle demandoit qu'on la laissast demeurer à Nemours, en attendant que le soupçon du mauvais air fust passé, et que le chasteau mesme, qui n'estoit pas alors logeable, fust réparé. Mais pour le gouvernement, elle dit qu'elle n'en avoit point de besoin, ne voulant plus se mesler de rien.

Le Roy ayant ceste response, et croyant que la difficulté d'aller à Moulins estoit plustost pour gagner temps, et de concert avec Monsieur, que pour toute autre raison, il voulust voir ce que Monsieur feroit, et sy sa séparation d'avec la Reine luy ostant toute espérance qu'elle peust ruiner le cardinal de Richelieu, il ne se laisseroit point plus facilement persuader que par le passé à revenir auprès de luy. C'est pourquoy il y envoya le cardinal de La Valette, dont la personne ne luy estant pas désagréable, pouvoit mieux que toute autre, par son bon esprit, luy faire voir le tort qu'il se faisoit de se tenir ainsy hors de la cour, où il pouvoit seulement vivre dans le lustre et la considération deue à sa naissance.

Plusieurs gens ont creu qu'il seroit aisement entré dans ceste considération, et en eust esté persuadé, sy messieurs de Puy-Laurens et Le Coigneux, qui croyoient qu'après ce qu'ils avoient fait il ne pouvoit plus y avoir de seureté pour eux dans la cour, quelques assurances qu'on leur donnast du contraire, ne luy eussent représenté que le cardinal de Richelieu ayant bien eu le pouvoir et la hardiesse de faire arrester la Reine mere, et la tenir comme prisonniere à Compiegne, il n'y avoit plus rien qu'il n'osast entreprendre contre luy-mesme. Il en eust une telle peur que, craignant la prison plus que toutes choses, il se porta à tout ce qu'ils voulurent, et refusa toutes sortes d'accommodemens, plustost que de s'en mettre au hasard.

Ce qui ayant obligé le Roy à vouloir finir avec luy, et ne le laisser pas davantage au milieu de son royaume, excitant tout le monde à se souslever, comme il estoit averty qu'il faisoit, il partist de Paris pour aller à Orléans. Mais Monsieur ne l'y attendist pas, et se retira en Bourgongne, où il croyoit que M. de Bellegarde, qui en estoit gouverneur et y avoit grand crédit, luy pourroit donner une retraite assurée, et moyen d'y subsister; comme il auroit peut-estre fait sy le Roy ne l'y eust pas suivy. Mais aussytost qu'il parust, tout le monde se declarant pour luy, Monsieur fust contraint d'en partir; et n'osant pas s'enfermer dans Seure, qui estoit à M. de Bellegarde et assés bien fortifié, de se retirer dans la Franche-Comté, où M. de Bellegarde mesme fust aussy avec luy.

Le Roy alla ensuite à Dijon, où il fist vérifier une déclaration contre tous ceux qui avoient suivy Monsieur, et en envoya une semblable à Paris, où la chose ne se passa pas aisement, tant ceux du parlement estoient infectés de la haine que la Reine mere et Monsieur portoient au cardinal de Richelieu, et desireux de choses nouvelles. Mais le Roy s'y opiniastrant, il fallust qu'on le fist.

Ceste affaire achevée, et la province laissée paisible, le Roy retourna à Paris, d'où il envoya vers la Reine mere, pour esprouver sy voyant Monsieur hors du royaume, et devant perdre toute espérance qu'il s'y fist aucun mouvement dont elle peust profiter, elle ne voudroit point se porter à ce qu'il desiroit. Le marquis de Saint-Chaumont y fust le premier, et puis le mareschal de Schomberg et M. de Roissy; et on luy fist aussy parler diverses fois par le mareschal d'Estrées, luy proposant Angers ou Tours, puisqu'elle monstroit tant d'aversion pour Moulins.

Mais plus on la pressoit, plus elle s'opiniastroit au contraire, voulant demeurer à Compiegne, non seulement parcequ'elle s'y voyoit plus proche de Paris, et pourroit y estre plus promptement sy l'occasion s'en offroit, par la mort du Roy, que tous leurs faiseurs d'horoscopes assuroient estre prochaine, ou pour quelque autre subject; et que Monsieur ne pouvant aller qu'en Lorraine ou en Flandre, ils se pourroient aisement donner la main s'il en estoit besoin: mais encore à cause de l'avis qu'elle avoit eu qu'on la vouloit envoyer à Florence, et que se souvenant que le cardinal de Richelieu luy avoit autrefois dit que sy M. de Luynes eust eu de l'esprit, il l'y eust fait aller aussytost après la mort du mareschal d'Ancre, elle ne doutoit point que luy qui en avoit ne le voulust faire; et en ayant une extreme appréhension, refusoit tout ce qui tournoit de ce costé là.

Elle entretint bien quelque temps l'espérance d'aller à Chartres ou à Mantes, où on luy promettoit que le Roy se trouveroit, et que selon qu'elle s'y conduiroit, et dans le lieu où on la vouloit envoyer, on pourroit après moyenner son retour auprès du Roy. Mais ce n'estoit que pour amuser, pendant qu'elle cherchoit quelque autre party qui fust plus à son gré, et plus conforme aux desseins qu'elle avoit; son despit croissant tous les jours de telle sorte, que voyant qu'elle ne pouvoit faire changer le Roy, elle se porta enfin, pour s'en venger, à des extremités qu'on n'auroit jamais imaginées; mandant au comte de Moret, qui estoit avec Monsieur, d'essayer de disposer le marquis de Vardes son beau-pere, et qui avoit la survivance du gouvernement de La Capelle, à l'y recevoir, croyant qu'elle y seroit en seureté, la place estant assés forte et assés voisine de Flandre pour en estre secourue s'il en estoit besoin, les Espagnols ayant trop d'interest d'entretenir du trouble dans la France pour la laisser opprimer, et se persuadant qu'elle y feroit tout au moins les mesmes choses qu'à Angoulesme, où elle fist un traité sy avantageux; joint qu'elle y pourroit donner retraite à tous ceux de ses amis qui seroient persecutés, et rendre les autres plus hardis de se souslever, la voyant en estat de pouvoir faire diversion s'il en estoit besoin.

Or le marquis de Vardes, qui avoit une grande pente de ce costé-là à cause du comte de Moret, qu'il aimoit extremement, et qui n'estoit pas trop satisfait du cardinal de Richelieu, s'y porta aisement, ne doutant point de faire de la place ce qu'il voudroit, parceque son pere, qui estoit fort vieux, n'y alloit plus.

Dont la Reine ayant esté aussytost avertie, elle eust d'autant plus d'envye d'y aller qu'il s'y trouvoit alors plus de facilité qu'elle n'avoit esperé; car le Roy croyant que son opiniastreté à ne partir point de Compiegne ne venoit pas seulement du voisinage de Paris et de la Flandre, où Monsieur estoit, comme on l'avoit jusques là imaginé, mais de ce que voulant qu'on la creust prisonniere, pour rendre par là le gouvernement plus odieux, et donner plus d'envye à ses amis de la deslivrer, elle ne le pouvoit sy bien persuader de tout autre lieu que de Compiegne, tant à cause de la garnison, et qu'elle ne sortoit plus du chasteau pour se promener, comme elle faisoit au commencement, que parcequ'on l'y eust veue aller en toute liberté.

De sorte que le Roy, pour empescher que ces bruits ne courussent avec quelque sorte d'apparence, et, luy faisant voir aussy que cest artifice luy seroit inutile, la porter plus facilement à s'accommoder à ses volontés, fist sortir de Compiegne le regiment de Navarre, qui avoit relevé les compagnies du regiment des Gardes, le comte d'Alais avec la cavalerie, et le mareschal d'Estrées; n'y demeurant mesme personne pour veiller sur ses actions.

Quelques uns se sont imaginés que le cardinal de Richelieu l'avoit fait exprès pour luy donner envye d'en sortir d'elle-mesme, et rendre par là sa cause plus mauvaise auprès du Roy; et qu'ayant aussy logé beaucoup de cavalerie pour couvrir Paris et empescher qu'elle n'y allast, il n'en avoit point mis du costé de Flandre pour luy laisser le passage libre, et le moyen de s'y retirer. Mais comme ceste mesme liberté d'aller en Flandre luy donnoit aussy celle d'aller à La Capelle, ou en quelque autre forte place de la frontiere, il n'y a guere d'apparence que le cardinal en eust voulu prendre le hasard, pour les grands inconvénients qui en eussent peu arriver, et dont le Roy auroit eu grand subject de se prendre à luy.

De sorte que, sans m'arrester davantage à toutes ces imaginations ausquelles il y a ordinairement peu de seureté, je diray simplement ce qui parust : qui fust que la Reine mere se voyant assurée d'estre receue à La Capelle, et le chemin luy en estre ouvert, elle se résolust d'y aller devant-qu'il y peust arriver du changement; de sorte qu'il ne fust plus question que de préparer les choses de telle maniere qu'elle le peust faire en un jour, afin que les gens de guerre qui estoient des autres costés ne peussent pas l'attraper et l'en empescher. Mais cela estant impossible sans mettre des carosses de relais sur le chemin, ce fust ce qui gasta tout. Car ayant esté envoyés à Sein, quelqu'un en prist à l'heure mesme ombrage, et en avertist le cardinal de Richelieu, qui soupçonnant aussytost que c'estoit pour La Capelle, le marquis de Vardes s'estant laissé gagner par le comte de Moret, voulust néanmoins pour s'en esclaircir qu'on luy mandast de venir trouver le Roy. A quoy ne sçachant pas que la Reine fust sy preste de partir qu'elle estoit, il obéist tout-à-l'heure.

Mais ayant, un jour après, esté averty qu'elle n'attendoit plus rien, sinon qu'il fust à La Capelle pour l'y recevoir, il s'y en alla sans dire adieu : ce qui obligea le Roy d'escrire à M. de Vardes ce que son fils avoit fait, et qu'ayant soupçon qu'il ne voulust se rendre maistre de la place pour y donner retraite à la Reine mere, il y allast promptement pour l'en empescher, et la garder pour son service.

A quoy M. de Vardes, qui estoit très bon serviteur du Roy, et ne vouloit pas que dans une place qu'on luy avoit confiée il se fist rien contre luy, ayant à l'heure mesme obéy, il marcha sy diligemment, encore qu'il fust desja fort vieux, et qu'il y eust plus de quarante lieues de sa maison de Vardes, où il estoit, jusques à La Capelle, qu'il y arriva plustost que la Reine; et y estant entré sans que le marquis de Vardes le sceust, et s'estant fait reconnoistre par les officiers, qui y avoient tous esté mis de sa main, il alla trouver son fils, qui fust bien estonné de le voir, et le fist sortir avec sa femme, l'evesque de Léon, et tous ceux qu'il creust despendre de luy; de sorte qu'il ne peust faire autre chose que d'envoyer dire à la Reine ce qui s'estoit passé, et qu'il n'estoit plus en son pouvoir de luy ouvrir la porte.

Quant à la Reine, elle partist de Compiegne le 18 juillet, à dix heures du soir; et estant sortie de la ville avec le lieutenant de ses gardes seulement, qui la menoit, elle monta dans le carosse de madame de Fresnoy, qui l'attendoit hors de la porte; et ayant trouvé à Rosny un des carosses qui estoient à Sein, qui vint au devant d'elle jusques là, elle y entra; et sans s'arrester elle alla disner à Sein, où elle apprist ce qui s'estoit fait à La Capelle.

Ceste nouvelle la surprist et la troubla extremement, ne sachant que devenir, ni quel party prendre; car de retourner à Compiegne, aller errante, et cherchant quelque lieu de seureté où on la voulust recevoir, ou demeurer où elle estoit, seroit se livrer elle-mesme à ses ennemis, qu'elle croyoit qui ne luy pardonneroient pas, ayant un subject sy plausible d'agir contre elle avec toute vigueur : que d'aller aussy en Flandre, il seroit sans doute tout-à-fait estrange et mal receu de toute la France, où elle devoit conserver quelque réputation, elle-mesme ayant plusieurs fois dit, comme une chose tout-à-fait impossible et qui ne pouvoit jamais arriver, que qui l'auroit perdue ne l'allast pas chercher dans les terres du roy d'Espagne. De sorte qu'elle demeura long-temps en suspens, et sans sçavoir à quoy se résoudre : mais enfin, forcée par la nécessité d'aller en quelque part, et ne voyant point d'autre lieu où elle peust estre en seureté que celuy là, elle s'y résolust, et fust coucher dans un village des despendances de la Flandre, et le lendemain à Avennes, où elle n'avoit garde d'estre mal receue, puisqu'on tient pour certain qu'un des trois carrosses qui l'attendoient à Sein estoit au gouverneur d'Avennes. L'Infante en ayant esté promptement avertie, luy envoya des gens et des carrosses pour la mener à Bruxelles, où on la traita comme il appartenoit à une sy grande reine.

Quand le Roy le sceust, il en fust extraordinairement touché, ne pouvant supporter que sa mere eust mieux aymé se jetter entre les bras des Espagnols que de s'accommoder à ce qu'il vouloit, et qui estoit sy raisonnable; croyant qu'il y alloit de son honneur, et que tous ceux qui ne seroient pas bien informés des grands subjects qu'il avoit eus de se séparer d'elle pour quelque temps, et ne verroient pas qu'il ne pouvoit faire autrement sans mettre toutes ses affaires en très grand péril, le condamneroient comme ayant manqué de naturel pour celle qui l'avoit mis au monde : ce qui luy donnoit une extreme peine. Mais considerant enfin que ceste démarche montrant le fond du cœur de la Reine sa mere (ce qu'il ne s'estoit point voulu jusques là imaginer, tant il le trouvoit hors d'apparence), et que la croyance qu'elle avoit donnée aux mauvais esprits en qui elle se fioit, l'ayant portée à traverser autant qu'elle avoit peu tout ce qui s'estoit fait de plus glorieux et de plus avantageux pour luy et pour la France, luy avoit encore fait faire des cabales dedans et dehors la cour, et fomenter les prétendus mécontentements de Monsieur, qui n'avoit rien fait que de concert avec elle (en quoy, bien qu'ils prissent pour prétexte le cardinal de Richelieu qu'ils vouloient faire chasser, on ne pouvoit pas néanmoins douter que ce n'estoit qu'à luy qu'ils s'adressoient, puisque ce ministre ne faisoit rien qu'avec sa participation et par ses ordres); et voyant encore que, quelques avances qu'il eust faites pour essayer de la regagner et de la retirer de ses intrigues pour s'accommoder à ce qu'il desiroit, et, continuant d'assister à ses conseils, vivre avec luy comme elle avoit accoutumé, elle n'en avoit voulu rien faire, choisissant plustost de s'en aller avec ses plus grands ennemis: il jugea qu'estant dans une sy estrange disposition, il valoit mieux pour luy qu'elle fust en Flandre qu'en quelque autre lieu de France que ce fust, estant très assuré que beaucoup de gens qui n'auroient pas fait difficulté de la servir, croyant que ce ne seroit que de ces sortes de cabales qu'ils avoient accoutumé de voir, et qui se terminoient ordinairement par de ces petites guerres civiles de peu de durée, sy conformes au génie des François, ne le feroient pas quand ils y verroient les Espagnols meslés, et qu'ils en pourroient tirer tout l'avantage. Il se résolust de prendre patience, et de donner cependant sy bon ordre à ses affaires qu'il n'y peust arriver de mal, espérant que Dieu ou changeroit l'esprit de la Reine, ou, en luy continuant son assistance, luy donneroit moyen de se garantir de tout ce qu'on voudroit faire contre luy.

Quant au cardinal de Richelieu, il y trouva tout-à-fait son compte; car cela vérifiant tous les pronostics qu'il avoit faits de ceux qui conseilloient la Reine mere, et que ne pouvant souffrir ny l'autorité que le Roy s'estoit acquise dans son Estat, ny ses prosperités au dehors, ils chercheroient à la troubler par quelque autre biais que ce fust, il s'affermist de telle sorte dans l'esprit du Roy, que rien despuis ne le peust esbranler.

Et pour ce qui regardoit la Reine mere, il se montra sy moderé et sy désintéressé, que bien loin de chercher à la tenir tousjours eslongnée pour s'en venger, ou comme y croyant trouver plus de seureté, il conseilla continuellement au Roy de faire tout ce qu'il pourroit pour l'obliger à revenir; faisant envoyer vers elle expressement pour cela, avec offre de tous les bons traitements qu'elle pourroit desirer, sans autre condition que d'oster d'auprès d'elle le pere Chanteloube, et tous les autres mauvais esprits qui l'avoient portée à ce qu'elle avoit fait.

Mais elle le refusa tousjours, et pouvant estre la plus heureuse du monde, se rendist par son opiniastreté la plus malheureuse ; car sy voyant le Roy vouloir gouverner ses affaires à sa mode, et n'estre plus sous sa tutelle, elle ne s'y fust point opposée, et n'eust pensé qu'à se reposer, et jouir paisiblement des grands avantages qui lui fussent demeurés d'avoir gouverné le royaume pendant sa régence et despuis encore avec tant de bonheur et de gloire, il est très certain que le Roy l'auroit tousjours parfaitement honorée et respectée ; et que le cardinal de Richelieu mesme, quoyqu'elle ne l'eust plus aimé, auroit néanmoins contribué de tout son pouvoir pour la tenir satisfaite, et montrer par là sa reconnoissance.

Mais, soit que la souveraine autorité ait de tels charmes qu'on veuille tousjours la conserver à quelque prix que ce soit, ou qu'elle y fust poussée par ceux en qui elle avoit trop de croyance, et qui pensoient tout gouverner sous son nom ; tant y a qu'elle ayma mieux entrer dans tous les embarras où on l'a veue, et n'en sortir pas, comme on luy offroit, que de céder, et souffrir que le Roy gardast le cardinal de Richelieu après qu'elle ne l'aimoit plus, et, s'accoutumant à se servir de gens qui ne luy seroient pas agréables, ne fist plus tout ce qu'elle voudroit : n'ayant point fait de difficulté de prendre pour cela toutes les plus estranges résolutions qu'il se pouvoit, comme de s'entendre avec tous les mécontents du royaume, et les porter à la révolte; de participer à tout ce que faisoit Monsieur; et enfin de se retirer avec les Espagnols pour leur demander secours, les assurant qu'elle seroit assistée d'une infinité de gens qui despendoient d'elle. D'où, concevant de grandes espérances de voir une guerre civile dans la France, ils ne manquerent pas de luy promettre toute sorte d'assistance, et de luy faire le meilleur traitement qu'ils peurent.

Mais ils furent tous trompés; car les Espagnols avoient tant d'affaires ailleurs, qu'au lieu de luy donner moyen de faire la guerre, ils ne peurent bailler qu'un très chetif secours à Monsieur lorsqu'il entra en armes dans la France, en l'année 1632 ; et pour le grand nombre de gens qui se devoient déclarer pour la Reine, il n'y eust que le seul duc de Montmorency qui le fist, lequel ayant esté défait et pris despuis mesme s'estre joint avec Monsieur, rendist les autres sy sages que pas un ne branla.

De sorte que les Espagnols voyant qu'elle leur apportoit une grande despence et nulle utilité, ne songerent plus qu'à s'en desfaire, l'ayant contrainte de sortir de chez eux, et d'aller chercher ailleurs une retraite; laquelle n'ayant peu trouver en Hollande ny en Angleterre mesme, quoyque la Reine fust sa fille, elle fust enfin forcée de se retirer à Coulongne, où elle finist ses jours fort misérablement, laissant un bel exemple du danger qu'il y a, mesme pour les plus grands, de suivre ses passions, de s'abandonner à leur conduite, et de n'avoir pour conseillers que des flatteurs ou des gens intéressés; car tout cela ensemble la réduisist en l'estat qu'on a veu.

Au reste, sy ce que je viens de dire se trouve escrit en quelque autre lieu d'une maniere différente, et particulierement du jour que se fist la derniere rupture d'entre la Reine mere et le cardinal de Richelieu (qu'on appela *la journée des dupes,* parcequ'on creust au commencement le cardinal descredité, et il se trouva enfin que ce fust la Reine mere), c'est assurement pour favoriser quelqu'un des partis; car j'ai appris ce que j'ay mis icy de gens qui le sçavoient sy bien, et qui n'avoient aucun subject de me le desguiser, que je crois pouvoir assurer qu'il est véritable.

# RELATION

DE

## LA CAMPAGNE DE LORRAINE,

EN 1635.

---

[1635] Bien qu'on eust tenu à M. de Puy-Laurens tout ce qu'on luy avoit promis pour l'obliger à faire revenir M. le duc d'Orléans de Flandre, et que son mariage avec une cousine du cardinal de Richelieu le deust rendre assuré des bons traitements qu'il recevroit à l'avenir, il avoit si longtemps vescu dans le désordre, et estoit sy accoutumé à ne suivre que ses fantaisies, les Espagnols ne le contredisant en rien (tout ce qu'il faisoit de plus mal à propos allant tousjours ou contre la France, qui estoit ce qu'ils demandoient, ou servant à décrediter Monsieur parmy les Flamands, ce qu'ils ne vouloient pas moins), qu'il se lassa incontinent de se voir en lieu où il falloit vivre avec plus de régularité et de contrainte. De sorte que, par une légereté qui n'a guere d'exemples, il ne fust quasy pas plustost à Paris qu'il eust envie de retourner à Bruxelles et d'y remener Monsieur, ne craignant point ce qui en pourroit arriver, et que les Espagnols l'ayant une autre fois entre leurs mains, ne l'en laissassent pas sortir comme ils avoient fait; dont le Roy ayant esté averty, et voyant le péril où il mettroit la personne de Monsieur, et le mal que luy et le royaume en pourroient recevoir, il le fist prendre prisonnier par M. de Gordes, capitaine des gardes, comme il estoit venu au Louvre pour estudier un ballet avec luy, envoyant au mesme temps arrester messieurs Du Fargy, Du Coudray-Montpensier et autres de ceste cabale, et despendants de luy.

Ceste prise s'estant faite sans que Monsieur en eust tesmoigné tout le ressentiment qu'on appréhendoit, et n'y ayant plus personne auprès de luy qui parust assés accrédité pour le pouvoir porter à une chose sy desraisonnable et sy honteuse pour un fils de France et un présomptif héritier de la couronne (car il faut noter que le Roy n'avoit point encore d'enfants) que de retourner sous la puissance des Espagnols, comme eust fait M. de Puy-Laurens ; le cardinal de Richelieu creust que rien ne pouvant plus troubler le dedans du royaume, le Roy pourroit penser au dehors en toute liberté.

C'est pourquoy il luy représenta, à ce qu'on disoit alors, le mauvais estat où la perte de la bataille de Norlingue avoit réduit les Suédois, et le grand interest qu'il avoit de les secourir plus fortement que par le passé, afin qu'il y eust tousjours en Allemagne un party assés puissant pour empescher l'Empereur de s'en rendre maistre : ce qui ne se pouvoit faire qu'en y envoyant toutes ses forces pour les joindre à eux, ou, par diversion, rompant avec le roy d'Espagne, et faisant une guerre de couronne à couronne.

Que l'envoy de toutes ses forces en Allemagne leur pourroit sans doute beaucoup aider ; mais qu'il seroit à craindre que le roy d'Espagne, qui n'appréhenderoit plus la France en nulle autre part, envoyant aussy toutes les siennes à l'Empereur, cela ne servist tout au plus qu'à les maintenir en l'estat qu'ils estoient, et non pas les relever, comme il estoit nécessaire.

Qu'il n'en pourroit tirer aucun avantage particulier, tous les Allemands, mesme ses alliés, ne voulant point qu'il prist d'establissement en Allemagne, parcequ'estant tous protestants et luy catholique, ils craignoient que l'interest de la religion ne le fist estre contre eux quand il verroit n'en avoir plus affaire, et causeroit peut-estre à la fin quelque mésintelligence, ou mesme de la division avec les Suédois, estant bien malaisé que de sy grandes armées, composées de gens sy differents de religion, de mœurs et quelquefois d'interests, peussent estre long-temps ensemble, et s'accorder tousjours bien.

Que la rupture avec le roy d'Espagne feroit des effets tous contraires ( car, luy ostant le moyen de secourir l'Empereur aussy puissamment qu'il avoit fait jusques là, elle produiroit apparemment le restablissement des Suédois, pourveu qu'on leur continuast les secours accoutumés, comme il se pourroit faire aisement); ne donneroit aucune crainte aux Allemands, quelques conquestes qu'on fist en Flandre ; et tiendroit sy eslongné des Suédois, qu'il n'y pourroit point arriver de division.

Qu'il devoit néanmoins s'attendre que ceste proposition seroit contredite et désapprouvée de beaucoup de gens, tant parceque, ne voyant pas clair dans de telles affaires, ils n'en connoistroient pas bien le besoin ny les avantages, que parcequ'ils feroient peut-estre scrupule de rompre une paix sy solemnellement jurée, sans un subject, à ce qu'il leur sembleroit, assez apparent, et en appréhenderoient mesme les suites, à cause des exemples passés.

Mais que rien de tout cela ne luy devoit faire peur,

parcequ'entre les princes les traités ne sont jamais sy religieusement observés qu'ils ne trouvent tousjours de quoy les rompre justement quand il leur en prend envye; et que les temps où on avoit eu de grands désavantages contre les Espagnols estoient sy différents de ceux-cy, qu'on n'en pouvoit tirer aucune consequence pour l'avenir, attendu que pendant les regnes de François premier et de Henry second l'empereur Charles-Quint, qui vivoit alors et estoit aussy roy d'Espagne, avoit toute l'Allemagne en sa disposition; l'interruption qu'il y avoit quelquefois eue s'estant aussytost réparée, ainsy qu'il se vist au siege de Metz et ailleurs. Qu'il avoit, outre cela, les Pays-Bas tout entiers, l'Angleterre le plus souvent favorable; et, à la réserve des Vénitiens, qui furent quelquefois d'un costé et quelquefois de l'autre, quasy tousjours toute l'Italie pour luy; joint que les Indes ayant esté nouvellement descouvertes, il en venoit alors bien plus d'or et d'argent qu'en ce temps-cy; et pour la guerre qui se fist du temps de Henry IV, qu'il falloit considérer que la France ayant esté presque toute ruinée par la Ligue, elle n'estoit pas encore tout-à-fait finie.

Que presentement l'Espagne et l'Allemagne estoient sous divers princes, et l'Empereur si foible, que s'il vouloit donner de grands secours au roy d'Espagne, l'avantage qu'en pourroient tirer les Suédois, trouvant ses armées fort affoiblies, ne luy permettroit pas de continuer longtemps; que les Pays-Bas estoient divisés, et que ce qui en restoit aux Espagnols n'estant pas suffisant pour résister aux Hollandois, ils estoient forcés d'y faire venir la pluspart de ce qu'ils tiroient d'ailleurs, tant en hommes qu'en argent.

Que l'Angleterre ne pouvoit nuire ny aider à personne; que le duc de Savoye seroit pour luy, et le reste de l'Italie au moins neutre; qu'il estoit bien plus demeuré de l'or et de l'argent venu des Indes dans la France que dans l'Espagne; qu'il avoit outre cela chez luy tant d'hommes propres pour faire la guerre, qu'il ne seroit pas contraint, comme on estoit autrefois, à n'avoir quasy point d'infanterie qui ne fussent Suisses ou Allemands, qui estoient d'une despense excessive, et causoient souvent par leurs mutineries la ruine des meilleures entreprises.

Et enfin qu'il devoit regarder lequel il aimeroit le mieux, ou de rompre avec le roy d'Espagne pendant qu'il en pourroit vraysemblablement tirer de l'utilité, ou d'attendre que ce fust luy qui le fist quand il verroit l'Empereur maistre de l'Allemagne, et qu'il pourroit avoir toutes les forces de ce pays-là pour joindre aux siennes et les porter dans la France; bien assuré que le scrupule de manquer à sa parole ne l'en empescheroit pas, puisque les Espagnols n'ont accoutumé de la tenir qu'autant qu'il leur est avantageux de le faire, et qu'ils croiroient trouver dans la conqueste de la France celle de tout le reste du monde.

Ces raisons, jointes à plusieurs autres que la sublimité de l'esprit du cardinal de Richelieu luy firent trouver, ayant tout-à-fait persuadé le Roy, il ne fust plus question que de penser aux moyens de l'exécuter en la meilleure maniere qu'il se pourroit; et d'autant qu'on voyoit les grandes difficultés qu'avoient les Espagnols à se deffendre dans les Pays-Bas contre les Hollandois tout seuls, on espera que le surcroist des armes de France y arrivant, et se joignant à eux dans le cœur du pays, elles y porteroient un tel effroy que rien ne leur résisteroit : ce qui sembloit d'autant meilleur qu'il estoit conforme aux desseins qu'on disoit qu'avoit Henry-le-Grand quand il mourust; et M. de Charnacé fust à l'heure mesme envoyé en Hollande, pour y disposer les Estats et le prince d'Orange.

Ils furent tout ravis d'entendre parler de la rupture, mais non pas de la jonction ; et le prince d'Orange particulierement en faisoit de grandes difficultés : car encore qu'on luy offrist le commandement de l'armée du Roy et de luy donner un pouvoir pour cela, il craignoit, connoissant l'humeur des François, qu'ils ne l'engageassent dans des choses qui ne luy plairoient pas, et qui seroient contraires à ses interests et à sa conduite ordinaire.

Le grand avantage néanmoins qu'ils pensoient tirer de ceste rupture, qu'ils desiroient il y avoit sy longtemps, leur ayant enfin fait donner les mains à tout ce qu'on voulust, il fust résolu, afin que les Espagnols n'eussent que le moins de temps qu'il se pourroit pour se préparer, que l'on se mettroit en campagne dès que la saison le permettroit, et que l'armée du Roy seroit de vingt-cinq mille hommes, laquelle se trouveroit à Mezieres au commencement du mois de may; et passant par le Luxembourg et le pays de Liege, se rendroit vers le quinze ou vingtieme du mois à ........, où l'armée de Hollande se trouveroit aussy.

Quelques uns disoient qu'il se fist alors une séparation du pays, et que tout le Brabant devoit estre pour les Estats; la partie de Flandre qui parle allemand, pour le prince d'Orange; et le reste pour le Roy. Mais, soit qu'il ne fust pas vray, ou que les choses n'ayant pas réussy comme on pretendoit, il n'y eust pas lieu de le faire esclater; tant y a que despuis cela il ne s'en parla plus.

M. de Charnacé estant revenu avec la responce qu'on desiroit, le Roy, pour ne manquer pas à ce qu'il avoit promis, envoya des ordres bien exprès à toutes les troupes destinées pour la Flandre de se trouver à Mezieres au jour arresté. Le commandement en fust donné aux mareschaux de Châtillon et de Brezé, pour obéir toutefois au prince d'Orange quand ils seroient ensemble, à cause de sa grande experience et capacité; et les mareschaux de camp furent le marquis de Tavannes, et messieurs de Lambert, Chastelier, Berlot et Charnacé.

Mais afin de donner tout d'un coup tant d'affaires aux Espagnols qu'ils ne sceussent ausquelles entendre, on fist au mesme temps partir toutes les troupes destinées pour l'Italie sous la charge du mareschal de Créquy, lesquelles se devoient joindre à celles de M. de Savoye, et entrer dans l'Estat de Milan; et on renforça celles que commandoit le mareschal de La Force en Lorraine, pour tenir les Imperiaux qui estoient en Alsace sy occupés qu'ils ne peussent pas aller autre part; ensuite de quoy un héraut partist pour aller sur la frontiere de Flandre déclarer la guerre.

Or parceque ceste déclaration ne fust pas seulement causée par le besoin présent, mais comme par une suite nécessaire de toutes les choses qui s'estoient faites despuis que les Espagnols avoient usurpé la Valtoline et assiegé Casal, appartenant aux alliés du Roy; et mesme encore de la division née longtemps auparavant entre les roys de France et d'Espagne, nonobstant qu'après que don Henry, frere bastard du roy don Pedre de

Castille, ayant par les secours du roy Charles cinquieme obtenu la couronne de Castille, il y eust eu une sy grande amitié et liaison entre les François et les Castillans, qu'on disoit n'y en avoir point au monde de pareille, estant de roy à roy, et de royaume à royaume.

Je crois qu'il ne sera pas mal à propos de dire ici comment ceste grande correspondance et union, qui dura jusques à ce que la reine Elisabeth de Castille eust espousé le roy Ferdinand d'Aragon, s'est rompue au point où nous la voyons ; et de montrer comme ce n'a point esté par l'envye que les François ont eue de la grandeur des roys d'Espagne, ainsy que les Espagnols le veulent faire croire, mais par divers subjects qu'ils en ont donnés, rompant tous les traités qu'on avoit faits avec eux, ou abusant de la bonne foy avec laquelle on les gardoit, ou enfin se rendant tousjours les agresseurs, et cherchant à destruire la France en quelque façon que ce fust.

Le royaume de Naples fust ce qui en donna le premier subject ; car le roy Charles VIII ayant rendu à ce roy Ferdinand le comté de Roussillon autrefois engagé au roy Louis XI son pere, et mesme sans restitution de l'argent qui avoit esté presté, à condition de ne point secourir directement ny indirectement le roy de Naples en la guerre qu'il luy vouloit faire, il luy donna néanmoins de telles assistances dès qu'il vist le Roy party pour retourner en France, que ce fust principalement par son moyen qu'il se restablist dans son royaume, et en chassa les François.

Le second fust que l'empereur Charles-Quint, qui fust aussy roy d'Espagne, ayant hérité avec les Pays-

Bas des desseins que les ducs de Bourgongne avoient autrefois eus contre la France, et par lesquels ils avoient failly à la perdre, s'alliant avec tous ses ennemis, et s'y joignant encore (ce qu'elle estoit seule capable d'empescher) l'establissement de la monarchie (*universelle*), à laquelle il aspira dès qu'il se vist empereur et maistre de tant de pays, il rompist le traité de Noyon fait avec le roy François, manqua à toutes les promesses qu'il y avoit faites tant pour le royaume de Naples que pour celuy de Navarre, et donna commencement, assiegeant Mouzon et puis Mezieres, à des guerres qui continuerent mesme après eux, et jusques en l'année 1559.

Le troisieme vint des grandes sommes d'argent que le roy Philippe II donna à M. de Guyse et à tous ses partisans, pour leur aider à se souslever, et à faire une ligue contre le roy Henry III, quoyqu'il eust la paix avec luy, et qu'il eust refusé, aussy bien que le roy Charles IX son prédécesseur, de recevoir les Flamands, qui se vouloient donner à luy; l'excuse de la religion qu'il en prenoit n'estant pas recevable, le roy Henry III estant très bon catholique, et la succession du roy de Navarre, qui estoit huguenot, trop eslongnée; ny mesme ce que fist M. le duc d'Alençon, puisque le Roy n'y eust aucune part, et n'y ayant point eu en effet d'autre raison que le desir qu'il avoit de voir ruiner la France, qui pouvoit faire trop d'obstacle à sa grandeur et à tous ses desseins.

La quatrieme, de ce que le roy Henry-le-Grand ayant faict la paix avec ce mesme roy Philippe II, luy et son successeur, le roy Philippe III, porterent tellement M. de Savoye, par les promesses qu'ils luy firent de le secourir, à ne point rendre le marquisat de Saluces, qui estoit une pure usurpation, qu'il en falust venir à la force; d'où le Roy se creust en droit de secourir les Hollandois qui estoient ses alliés, aussy bien que M. de Savoye du roy d'Espagne, mais dont il avoit encore un autre plus grand subject, puisqu'on vist, par le procès du mareschal de Biron, que les Espagnols avoient commencé à le desbaucher de son service, et à conspirer contre sa personne et son Estat, dès lors mesme qu'il fust jurer la paix à Bruxelles; et qu'ils continuerent despuis, gagnant Mairargues pour leur livrer Marseille, n'y ayant rien de sacré pour eux, ny à l'espreuve de leur mauvaise volonté pour la France.

Et la derniere, l'usurpation de la Valtoline sur les Grisons alliés du Roy, faite despuis les mariages, et devant que la treve de Hollande fust finie, et qu'ils peussent dire qu'on leur en eust donné aucun subject; de sorte que le renouvellement de la mauvaise intelligence estant venu de là, et s'estant encore beaucoup augmenté par ce qu'ils firent à Casal et ailleurs contre le duc de Mantoue, sans autre subject que d'estre né François, toutes les autres raisons qu'ils en alléguoient n'estant que des prétextes empruntés et sans fondement, on ne peust pas dire qu'ils n'ayent esté la cause principale de tout ce que le Roy a fait despuis contre eux pour s'en ressentir, et maintenir ses alliés tant en Hollande qu'en Allemagne, et enfin de la guerre qui leur fust alors déclarée.

Quand les Espagnols sceurent ce que le héraut avoit fait, et tout ce qui leur alloit tomber sur les bras, ils présumoient tellement de la grandeur de leurs forces jointes à celles de l'Empereur, de qui ils estoient assurés de tirer tous les secours qu'ils voudroient, et se

fioient sy fort que n'y ayant point d'argent en France
qui ne vinst des Indes, et par eux, ils n'auroient qu'à
en empescher le transport, comme ils présupposoient
qu'il leur seroit aisé en y prenant garde, pour y en
faire manquer, qu'ils ne s'en estonnerent nullement; et
envoyant au mesme temps en Allemagne pour en tirer
le plus de troupes qu'ils pourroient, ils ne douterent
point de réduire le Roy à la guerre deffensive, au lieu
de l'offensive qu'il pensoit faire, et qu'on ne le vist
bientost forcé à leur demander la paix, et eux en pouvoir de la refuser, comme il est bien apparent qu'ils
eussent fait, l'ambassadeur d'Espagne l'ayant ainsy
voulu faire entendre au cardinal de Richelieu, lorsqu'en s'en allant il luy dit que pour faire la guerre il
ne falloit à la vérité estre qu'un, mais qu'il verroit
un jour que pour faire la paix il faudroit estre deux.

Or, s'il n'y a pas de quoy s'estonner que des estrangers connussent si mal les forces de la France, qu'ils
ne la jugeassent pas capable de leur pouvoir longtemps
résister, il est sans doute tout-à-fait surprenant que
des François, et mesme des plus entendus, y ayant
esté trompés; estant très veritable qu'ils ne le croyoient
point, et que M. le prince en particulier, qui ayant
un très grand esprit, avoit peu prendre tant de connoissance du royaume pendant la minorité du feu Roy
et despuis, ne s'imaginoit point ce qui s'en est veu,
ainsy qu'il le tesmoigna au marquis de Fontenay (qui,
estant envoyé servir de mareschal de camp dans l'armée du mareschal de La Force, eust charge de passer
par Nancy, où il estoit allé régler les affaires de la
Lorraine, pour l'informer de tout ce qui se devoit
faire après la déclaration, et de la grandeur des ar-

mées qui iroient tant en Flandre qu'en Italie), luy disant qu'il ne s'estoit véritablement jamais rien fait de pareil en France, et qu'il produiroit vraysemblablement quelque chose de bien grand; mais qu'il en seroit aussy besoin, ce grand effort ne se pouvant pas continuer plus d'une année ou deux, à toute extremité; après quoy il faudroit faire la paix ou succomber, estant impossible que l'Estat supportast plus longtemps de semblables despenses.

Et il en jugeoit ainsy parceque tous ceux de ce temps là qui avoient le plus de connoissance des finances et du commerce, tenant pour certain qu'il n'y avoit que treize ou quatorze millions d'or qui eussent cours dans le royaume, il ne voyoit pas qu'on en peust tirer longtemps de quoy fournir aux frais excessifs de la guerre, et à tout ce qu'il faudroit envoyer au dehors. Que s'estant consommé dans les guerres précédentes tous les moyens extraordinaires dont on pouvoit facilement tirer de l'argent, il n'en restoit plus que de sy mauvais et de sy difficiles à establir, qu'il ne se trouveroit personne qui en voulust traiter; et enfin que les tailles estoient desja si hautes, quoyqu'elles ne fussent à guere plus de la moitié de ce qu'elles ont esté despuis, que le peuple en crioit, et n'en souffriroit pas l'augmentation sans se souslever.

Mais luy et tout le monde furent bien estonnés quand il se vist que la guerre s'estant continuée fort longtemps, et quasy tousjours offensive, s'estant pris plusieurs places en Flandre et ailleurs, il restoit néanmoins tant d'argent en France au dessus de ce qu'on s'estoit imaginé, que quand, au commencement de l'année 1641, on fist ceste sorte de monnoye qui a cours aujourd'huy, il s'en fabriqua pour plus de quatre vingt millions de livres de pieces légeres, qu'on avoit descriées et commandé de porter à la monnoye, sans toucher à celles de poids, dont il y en eust assés pour attendre patiemment et sans incommodité que la nouvelle fust faicte (1); qu'on ne trouvoit nulle difficulté à se défaire des moyens extraordinaires, en les faisant vérifier au parlement, et donnant aux traitants un peu plus qu'on n'avoit accoutumé, ny à augmenter les tailles, le peuple le souffrant de tous costés sans y faire résistance. De sorte qu'on pourroit tousjours fournir à toutes les despenses nécessaires, quelque grandes qu'elles peussent estre.

Et il falloit bien veritablement, pour sauver le royaume, que cela fust ainsy, et que le Roy y eust une autorité assez absolue pour y faire tout ce qu'il luy plairoit, puisqu'ayant affaire au roy d'Espagne, qui a tant de pays où il leve tout ce qu'il veut, il est très certain que s'il eust fallu assembler les Estats comme il se fait en d'autres lieux, ou despendre de la bonne volonté du parlement pour avoir tout ce dont il estoit besoin, on ne l'auroit jamais eu; et il se seroit veu dès les premieres années les mesmes désordres qui commencerent sur la fin de 1648, et qui eussent esté alors bien plus dangereux, les Espagnols n'ayant pas encore esté affoiblis par les batailles de Rocroy et de Lens, ny par la perte du Portugal et de la Catalongne.

Le seul mal qu'il y a eu en cela a esté que les favoris et ceux qui despendoient d'eux ne se sont pas contentés de lever seulement ce qui estoit nécessaire pour

(1) *Voyez* le Traité historique des monnoies de France, de Le Blanc.

le service du Roy; mais, par une avarice insatiable et qui crie vengeance, ils ont encore voulu qu'il y en eust pour eux, dont ils ont acheté des terres, basti des maisons, et fait des trésors sy grands qu'il ne s'estoit veu rien de pareil dans tous les autres temps : ce qui sans doute a accablé le peuple, et causé la ruine d'une infinité de pauvres familles, en tirant jusques au sang.

Je ne doute point que beaucoup de gens ne trouvent estrange et presque impossible qu'on creust y avoir sy peu d'argent en France en l'année 1635, et qu'après de sy grandes despences faites dans les années suivantes, il s'y en soit néanmoins tant trouvé en 1641; mais il est pourtant très véritable, et que c'estoit tellement l'opinion commune de ces temps là, qu'on n'en parloit point autrement.

Ceste ignorance venant vraysemblablement de ce que comme il n'y en entroit que peu à peu et fort secretement, les Espagnols ayant tousjours essayé de l'empescher, aussy bien pendant la paix que durant la guerre (ce qu'ils n'ont pourtant jamais peu faire, leurs marchands y trouvant trop de profit), il s'augmentoit aussy insensiblement, et presque sans qu'on s'en apperceust; joint qu'il n'y avoit pas eu d'occasions qui eussent contraint de pousser les choses jusques au bout, ny de gens propres dans le gouvernement pour le faire quand il n'en estoit pas besoin, ceste augmentation s'estant, par la longueur du temps, montée à une très grande somme.

Mais une autre chose y en apporta encore beaucoup, qui fust qu'un homme qui avoit la principale autorité dans les finances pendant que M. de Bullion estoit surintendant, se trouvant, à ce qu'on disoit, chargé de plus de soixante mille pistoles légeres dont il craignoit de ne se pouvoir desfaire sans beaucoup de perte, fist ordonner par édit de recevoir l'or et l'argent sans peser. Dont tous les estrangers ayant esté avertis, et voyant le grand profit qu'ils y pourroient trouver, ils ne se contentoient pas de ce qu'ils en avoient de léger, mais rongnoient celuy de poids pour l'y envoyer : ce qui en fist entrer, pendant quatre ou cinq ans que cela dura, une telle quantité, qu'on ne voyoit plus que des pieces estrangeres et légeres ; lesquelles estant demeurées (quand le cardinal de Richelieu ayant esté averty du désordre que cela causoit dans le commerce par les changes excessifs qu'il falloit payer lorsqu'on faisoit tenir de l'argent au dehors, les fist deffendre, et commander de les porter à la monnoye, ainsy que j'ay desja dit), causerent sans doute une grande perte à ceux qui les avoient, mais non pas au Roy ny au royaume, qui s'en trouva d'autant plus enrichy, et a beaucoup aidé à y faire trouver ceste grande abondance qu'on y voit aujourd'huy.

Toutes les troupes estant arrivées à Mezieres au jour nommé, Deschapelles, capitaine au régiment de Picardie, et gouverneur de Sirk, fust condamné par le conseil de guerre à avoir la teste tranchée pour s'estre rendu mal à propos, et mesme lorsque les ennemis vouloient s'en aller, et lever le siege. Après quoy l'armée estant partie, elle entra dans le Luxembourg, et le traversant par Rochefort et Marche en Famine, sans trouver résistance nulle part, arriva enfin dans le pays de Liege, où pendant qu'on traitoit avec les desputés de la ville de Liege des choses qu'on leur demandoit pour la subsistance de l'armée (dont ils faisoient de grandes difficultés, tant la cabale des Espagnols y estoit forte), les generaux eurent avis que les ennemis estant partis de Namur sous la conduite du prince Thomas de Savoye, vouloient le mettre derriere eux pour leur couper les vivres et empescher la communication avec la France; et qu'ils venoient à ceste fin loger à Avein, dont ils ne faisoient que partir, comme ils firent en effet, et par un très mauvais conseil passerent après une petite riviere qui les pouvoit couvrir, et oster le moyen d'aller à eux.

Les généraux douterent du commencement s'ils se devoient arrester pour les combattre, quelques uns croyant que, veu les ordres du Roy de joindre le prince d'Orange, et qu'il pourroit estre fort avantageux de le faire promptement, on ne devoit s'arrester à rien qui en destournast. Mais l'approche des ennemis faisant croire aux autres que ce seroit leur donner trop de gloire, et trop d'assurance à ceux du pays, qui penseroient qu'on les fuiroit, il fust résolu qu'on retourneroit à l'heure mesme sur ses pas pour aller à eux, et les combattre s'ils attendoient.

Le combat ne fust point opiniastre, l'inégalité estant sy grande qu'aussytost qu'ils l'eurent veue la peur les prist; et ayant fait leur premiere descharge, ils tournerent le dos. La pluspart de la cavalerie partist de sy bonne heure qu'elle se sauva; mais l'infanterie y demeura presque toute, le canon et les bagages, avec quantité de drapeaux et de prisonniers, qui furent envoyés au Roy; et les drapeaux portés en grande cérémonie à Nostre-Dame, et offerts à Dieu comme les prémices de la guerre.

Ceste defaite, dont on eust vraysemblablement tiré de grands avantages sy on eust sceu s'en prévaloir, allant promptement à Namur ou à quelque autre place importante, qui, dans l'estonnement où tout le pays estoit, n'auroit pas fait grande résistance, devint tout-à-fait inutile, parceque les généraux n'osant pas changer les ordres du Roy quoyqu'ils vissent l'avantage qu'on en pourroit tirer, ayant continué leur route vers le prince d'Orange, et (ce qui fust de pis) l'ayant attendu près de trois semaines au rendés-vous, les ennemis pendant cela reprirent cœur, et les secours d'Allemagne eurent moyen de s'avancer, et d'arriver devant qu'on eust rien fait; l'Empereur oubliant tellement ses propres interests pour songer à ceux du roy d'Espagne, qu'il luy envoya la pluspart de ses principales forces.

Cependant M. de Lorraine ayant joint à ses troupes toutes celles que l'Empereur avoit en Alsace, les voulust mener contre la ville de Montbelliard, où le duc de Virtemberg, qui ne se sentoit pas assés fort pour la deffendre sy on l'attaquoit, avoit fait entrer une garnison françoise, et s'estoit mis sous la protection du Roy; les Espagnols, qui se trouvoient incommodés de ceste place, qui estoit entre l'Alsace et la Franche-Comté, luy ayant promis de grands secours pour luy aider à la prendre. Mais afin de le faire plus seurement, et sans qu'elle peust estre secourue, il envoya par toute la Lorraine pour exciter la noblesse et le peuple à faire un souslevement general, s'imaginant qu'après cela le mareschal de La Force n'oseroit pas en sortir.

Mais il ne s'y fist point d'autre mouvement que de quelque peu de paysans, lesquels se cachant dans les bois dévalisoient tous ceux qui alloient sans escorte; de sorte que le mareschal de La Force, mettant de bonnes garnisons dans toutes les villes, ne laissa pas d'aller diligemment à Montbelliard pour le secourir, et y apporter tout l'ordre nécessaire.

Le duc de Lorraine et le mareschal de La Force estant arrivés en mesme temps auprès de Montbelliard, ceux qui alloient pour faire les logis se rencontrerent dans un village où toutes les deux armées prétendoient loger : mais le colonel Hebron, mareschal de camp, qui y estoit avec quelques compagnies de cavalerie, chargea sy brusquement les Lorrains et sans leur donner loisir de se recónnoistre, qu'ils se retirerent, et ne parurent plus depuis.

Le cardinal de La Valette, qui, ne voulant pas demeurer inutile dans Metz, dont il avoit le gouvernement, estoit allé un peu auparavant dans l'armée avec sa compagnie de cavalerie, s'y rencontra et s'y signala fort, ayant mesme receu un coup de pistolet, mais qui ne fist que percer ses chausses sans le blesser. Ce fust en ce voyage où l'envie luy vint de commander une armée, comme il fist bientost après.

M. de Lorraine voyant, par l'arrivée de M. de La Force, son coup manqué, retourna dans l'Alsace, ne pouvant pas faire subsister ses troupes sy près de celles du Roy; et M. de La Force alla à Montbelliard, où il fortifia suffisamment la garnison, et mist le comte de La Suse, que le Roy y avoit envoyé pour y commander, hors d'appréhension de pouvoir estre attaqué.

La ville de Montbelliard est petite, mais assés belle, avec un chasteau basti à l'antique, l'un et l'autre mal fortifiés. L'on n'y parle que françois; tout le peuple y est huguenot, et hait fort les Comtois, mais plus encore les Lorrains ; les ducs de Lorraine ayant plusieurs fois essayé de s'en rendre maistres, et ruiné le pays. Et comme ils ne pouvoient estre secourus contre ces deux ennemis que de la France, ils receurent M. de La Force avec une grande joye, et traiterent tousjours fort bien tous ceux qui y furent en garnison.

Assez près de Montbelliard il y a une petite ville nommée Beford, des despendances de la maison d'Austriche, de laquelle le comte de La Suse se sentoit fort incommodé, parcequ'on y tenoit tousjours une grosse garnison. Or le desir de s'en deslivrer luy ayant fait faire dessein de la surprendre (car autrement il ne pouvoit pas l'avoir, estant assés forte, et en une assiette avantageuse), il en parla à M. de La Force, le priant de luy vouloir aider : ce qu'il refusa, ne le croyant pas faisable. Mais ne se decourageant pas pour cela, il le voulust tenter aussytost que l'armée fust partie ; et l'ayant failly ceste fois là et une autre encore, il s'y opiniastra tellement qu'à la quatriesme il l'emporta. Le Roy luy en donna le gouvernement, et tout le revenu de la terre, qui est fort considerable, et qu'il meritoit bien.

Le duc de Veymar ayant sceu le voyage de M. de Lorraine à Montbelliard, craignant que M. de La Force ne se trouvast pas en estat d'y aller, luy envoya deux mille chevaux, sous la conduite du landgrave de Hesse. Mais M. de Lorraine s'estant desja retiré quand ils arriverent à Espinal, M. de La Force les fist retourner, et n'en retint que deux régiments commandés par des François, qui ne faisoient que deux ou trois cents chevaux. Les troupes du landgrave, qui estoient accoutumées de vivre partout à discretion, firent de grands ravages en Lorraine, contre ce qui s'estoit pratiqué jusques là, ne s'y prenant rien sans payer.

Le mareschal de La Force voulant, devant que de s'en retourner, prendre le chasteau de Montjoye et la ville de Porentru, demeure ordinaire de l'évesque de Basle, qui estoient assés près de Montbelliard, et qui luy faisoient la guerre, il commença par Montjoye; et s'estant dès la premiere nuit logé au pied du chasteau, parcequ'il n'y avoit aucun dehors, il fist faire au mesme temps une batterie de quatre canons, lesquels ayant tiré despuis le matin jusques sur les cinq ou six heures du soir, l'esbranlerent de telle sorte, n'estant qu'une grosse masse de pierres fort anciennes, que le baron de Montjoye qui s'estoit enfermé dedans, voyant qu'elle commençoit à s'ouvrir, demanda à capituler.

Il n'auroit eu que des conditions fort rudes, pour avoir obligé à tirer le canon, sans que M. de Nettancourt, qui avoit un régiment dans l'armée et estoit fort de ses amis, pria tant pour luy, qu'on le laissa enfin aller les vies et bagues sauves. Dès la nuit suivante, la moitié de ce chasteau tomba; de sorte que le reste demeurant tout ouvert, il ne fust point nécessaire d'y laisser de garnison.

On fust de là à Porentru, qui ne dura pas davantage, quoyque le chasteau fust très bon, et capable d'arrester quelque temps une armée mieux pourveue de toutes choses pour faire un siege que n'estoit celle du Roy; mais on pensoit au moins prendre la ville, et y trouver de quoy se rafraischir. Les approches en ayant esté faites le mesme jour qu'on y arriva, et le canon, qui fust mis en batterie pendant la nuit, ayant tiré dès le matin contre les murailles de la ville qui joignoient les maisons, il s'y trouva sur les cinq heures du soir une breche qui paroissoit assés raisonnable : de sorte qu'on se préparoit à donner l'assaut, quand il parust un tambour, qui ayant fait une chamade, fust amené au marquis de Fontenay, qui commandoit ce jour là dans la tranchée; auquel il dist que M. de La Vergne, gouverneur de la ville, l'avoit envoyé pour sçavoir sy on luy voudroit donner composition.

Sur quoy le marquis de Fontenay, qui craignoit qu'il ne voulust parler que de la ville, laquelle, bien qu'elle eust peut-estre peu soutenir l'assaut qu'on luy vouloit donner, pouvoit aussy estre emportée, et au pis aller ne durer qu'un jour ou deux davantage, demanda s'il n'entendoit pas aussy parler du chasteau. A quoy ayant respondu qu'ouy, il le manda au mareschal de La Force, lequel estant à l'heure mesme venu à la tranchée, le tambour retourna querir des desputés.

La composition fust bientost faite, car on leur accorda tout ce qu'on a accoutumé de donner à ceux qui n'attendent pas l'extremité; eux aussy s'obligeant de livrer la place dès le lendemain, et que pour seureté on pourroit dès ce jour là loger autant de gens qu'on voudroit sur la breche, pourveu qu'ils n'entrassent point dans la ville jusques au jour suivant. Ce qui fust ponctuellement executé de part et d'autre.

Les officiers de ces deux régiments du duc de Veymar, qu'on avoit retenus, voyant que l'escorte qu'on vouloit donner à ceux qui sortoient estoit foible, firent dessein de les aller attendre sur le chemin pour les dévaliser. Mais M. de La Force en ayant esté averty, l'augmenta de telle sorte qu'il leur en fist perdre l'envyé; et ils furent reconduits en toute seureté dans la Franche-Comté, où ils se retirerent.

Il n'y eust personne qui voyant le chasteau ne s'estonnast qu'il se fust sytost rendu, estant sur un haut, avec des fossés sy profonds et sy bien accommodés, qu'il eust sans doute fallu beaucoup de temps pour les passer, ne manquant d'aucune chose, sinon que la garnison n'estoit pas trop forte; mais il y en avoit pourtant assés pour obliger d'y aller par les regles : ce qui eust esté difficile, faute de poudre, de boulets et de vivres, qu'on n'avoit que malaisement.

Le mareschal de La Force y ayant mis une bonne garnison, reprit le chemin de la Lorraine, costoyant la Franche-Comté, comme il avoit fait en allant. Il séjourna un jour à l'abbaye de Leure, où il y avoit garnison françoise, pour traiter avec les desputés de Luxeul et autres petites villes du Comté, ausquelles on demandoit du pain de munition, en vertu de la neutralité de tout temps establie entre eux et le duché de Bourgongne. A quoy ils satisfirent en quelque sorte, mais non pas sans montrer bien de la mauvaise volonté, et mesme davantage qu'ils n'avoient fait en allant, le cœur leur estant revenu par le peu de suite qu'avoit eu la bataille d'Avein : ce qui contribua beaucoup à la rupture qui se fist l'année suivante. Ce fust des environs de Leure d'où le cardinal de La Valette partist de l'armée, pour aller à la cour poursuivre l'employ qu'il eust bientost après.

L'on entra dans la Lorraine par le costé de Plombiere, où sont les bains; et quelque soin qu'on en prist, on ne peust empescher les soldats de vivre à discretion, comme ils avoient fait dans le voyage, ny de continuer, la Lorraine, que l'on avoit sy bien conservée, ayant esté depuis ce temps là aussy ruinée que l'Allemagne : ce dont on s'excusoit sur les paysans, qui ne faisoient point de quartier à tout ce qui tomboit entre leurs mains.

Pendant qu'on séjourna à Lunéville, le marquis de Gamache, qui avoit une compagnie de cavalerie, estant allé à la chasse avec quelques autres dans une grande plaine qui est devant la ville, ainsy qu'on faisoit assez souvent, le lievre qu'il courust le mena jusques auprès d'un bois qui termine ceste plaine, qui a environ une lieue de long, où il y avoit une embuscade, de laquelle on n'avoit point esté averty, qui sortist en deux escadrons aussytost qu'ils les virent assez près; et les enfermant entre eux afin qu'il ne s'en sauvast pas un, ils furent tous pris, excepté le marquis de Gamache, lequel, avec le jeune Meromble son cornette, et son mareschal des logis, resolust de ne se point rendre, et allant tous trois à l'escadron qui leur bouchoit le passage, le percerent, sans estre arrestés ny blessés; de sorte qu'il se fust infailliblement sauvé, sans que quelques uns des ennemis qui les suivirent, désesperant de les pouvoir attraper parce que la garde du camp estoit montée à cheval et venoit à son secours, voulurent, devant que de s'en retourner, tirer leurs pistolets; un desquels porta sur le marquis de Gamache, et quoyque ce fust de fort loin, luy donna dans la teste, et le tua sur-le-champ : ce qui fust un fort grand dommage, car il n'avoit que vingt ans, et donnoit de grandes esperances de luy, ayant un très grand cœur.

Cependant les Hollandois, après s'estre bien fait attendre, arriverent au rendés-vous; et ayant joint l'armée du Roy, en firent une sy grande, qu'il ne s'estoit encore rien veu de pareil ny en Flandre ny en Allemagne; de sorte qu'il ne fust plus question que de la bien employer, et faire quelque chose qui correspondist à de tels preparatifs.

Plusieurs entreprises furent proposées, mais celle de Louvain préférée à toutes, parceque c'estoit un lieu capable de loger tant de gens, que quand bien mesme on ne prendroit pas Bruxelles ny Malines, comme il se feroit pourtant apparemment, on les pourroit tenir et tout le pays en telle subjection, qu'elles seroient enfin contrainctes de se rendre; joint que n'estant pas trop eslongné de Boisleduc, Grave, et autres places des Hollandois, on en pourroit aisement tirer toute la subsistance nécessaire.

En y allant on prist Diest et Tillemont, et celle-cy d'assaut, où on dist qu'il fust fait de fort grands désordres, les uns s'en excusant sur les autres. Louvain n'en estant pas eslongné, on y arriva aussytost après. Mais les Espagnols, soit qu'ils eussent esté avertis du dessein ou qu'ils l'eussent preveu, y avoient desja fait entrer cinq ou six mille hommes, lesquels, aydés des bourgeois, qu'ils y interesserent par l'exemple de Tillemont, qui avoit esté sy mal traité, firent tant de sorties et troublerent tellement tous les travaux qu'on faisoit, qu'ils donnerent temps à Piccolomini, que l'Empereur y envoya avec plus de dix mille chevaux, d'y arriver devant qu'on eust presque rien avancé.

De sorte que le prince d'Orange et les deux mareschaux voyant que la cavalerie des ennemis, devenue sy forte, les pourroit empescher d'aller au fourrage, qu'ils estoient contraints de prendre fort loin, ceux des environs de Louvain estant desja consommés, et de faire venir des convois de vivres, ceux qu'ils avoient estant prets de finir; ils jugerent impossible parmy ces difficultés de continuer le siege, et se resolurent de le lever devant que d'y estre forcés, comme ils firent; et ils se retirerent vers la Meuse.

A ce malheur sy peu attendu il s'en joignit un autre à quoy on pensoit encore moins, qui fust la surprise du fort de Scheink, faite par les Espagnols; lequel estant une porte pour entrer dans le Betau, et ensuite dans toute la Hollande, estoit de telle importance aux Hollandois, que le prince d'Orange quitta toutes choses pour y courir, et y apporter les remedes qu'il pourroit; et comme l'armée du Roy ne pouvoit pas entreprendre de repasser toute seule en France par la terre, ny faire aucune entreprise, les Espagnols estant alors trop puissants, elle fust contrainte de le suivre, et travailla conjointement avec lui pour la reprise du fort.

Ce qui ne fust pas sy difficile qu'on avoit pensé; car ayant pris, aussytost qu'il y fust arrivé, un chasteau nommé Bilan, lequel l'eust fort embarrassé sy les Espagnols y eussent jetté assés de monde pour le defendre quelque temps, il commença de là à faire une tranchée qui, allant despuis le val jusques au Rhin, fust sy grande et sy profonde, qu'elle estoit plus forte que le fort mesme, et le separoit entierement de la terre. Après quoy ayant pourveu la circonvallation de gens pour la deffendre, et sy bien fermé le passage de l'eau par une infinité de bateaux qu'il y fist venir, et dont ce pays là abonde, que rien n'y eust peu entrer, il mist encore, dès que les mauvais temps commencerent, son armée à couvert dans toutes les villes voisines, afin de la pouvoir promptement rassembler, et empescher que les ennemis ne secourussent le fort, s'ils le vouloient entreprendre.

L'armée françoise entra aussy en garnison, mais dans des places proches de la mer, afin de se pouvoir plus facilement embarquer quand le temps le permettroit. Elle estoit fort diminuée, s'estant bien perdu sept ou huit mille hommes pendant la campagne.

Quant aux Espagnols, ils ne penserent point à secourir le fort, ny à faire mille autres entreprises; mais se tenant fort heureux d'avoir peu garantir leur pays d'un sy grand peril, ils renvoyerent les Allemands, afin de n'en demeurer pas chargés, et firent rentrer tout le reste de leurs troupes en garnison.

Or comme ce fust vraysemblablement les trois semaines qu'on demeura à attendre le prince d'Orange qui furent cause qu'on ne fist rien, les Flamands ayant pendant cela repris cœur, et les troupes de l'Empereur eu le temps d'arriver, beaucoup de gens ont creu qu'un sy long retardement ne s'estoit pas tant fait parceque les troupes des Hollandois n'avoient peu estre plustost mises ensemble, que parceque voyant la declaration faite (qui estoit ce qu'ils cherchoient), ils ne vouloient point que le Roy chassast les Espagnols de tout le pays, ny qu'il fust sy voisin, le craignant bien plus que le roy d'Espagne, et ne se souciant pas trop du Brabant quand bien il leur pourroit demeurer, parceque ne consistant qu'en de grosses villes, qui les eussent obligés à y tenir de grandes garnisons, elles leur auroient donné plus de peine que de profit; joint que plusieurs disoient que ceux d'Amsterdam appréhendoient la prise d'Anvers, craignant que tout le commerce ne s'y fist plustost que chez eux, l'assiette y estant bien plus propre, et que le prince d'Orange mesme, voyant de grandes difficultés pour ce qui le regardoit, n'y avoit point eu d'égard.

Le mareschal de La Force, estant, comme j'ay desja dit, arrivé en Lorraine, se logea à Lunéville avec une partie de l'armée, et envoya le reste dans les petites villes et les gros bourgs du pays, pour se rafraischir : mais ils n'y furent pas longtemps sans estre visités des ennemis; car aussytost que Jean de Vert, qui estoit venu en Alsace avec un grand nombre de cavalerie pour se joindre au duc de Lorraine et luy donner moyen d'entrer en Lorraine, en eust esté averty, il y alla pour enlever ceux qui feroient mauvaise garde.

Il commença par les régiments de Vineuil et de ......, qui estoient dans Saint-Dié; et les environnant de tous costés afin que personne n'y peust entrer, et leur dire qu'il n'avoit que de la cavalerie, il les fist sommer, et menacer que s'ils attendoient que l'infanterie et le canon fussent arrivés, ils n'auroient point de quartier. Ils en eurent tant de peur, qu'ils capitulerent à l'heure mesme, sortant avec leurs hommes et leurs équipages, mais laissant leurs drapeaux, qui furent portés en triomphe à Vienne : dont le Roy fust en telle colere, qu'il fist mettre deux les mestres de camp à la Bastille.

Ensuite de cela, il alla au régiment de Gassion, où les officiers (car luy estoit allé à la cour) faisoient faire sy mauvaise garde, qu'ils furent enlevés. De sorte que le mareschal de La Force se trouva obligé, pour empescher qu'on en fist davantage, de resserrer les troupes, et les mettre dans des lieux plus assurés.

Or, soit parceque le cardinal de Richelieu n'ayant pas assez de confiance en tous ceux à qui on pouvoit donner le commandement des armées, creust qu'estant plusieurs ils seroient moins subjects à faillir, ou à manquer aux ordres qui leur seroient donnés; tant y a qu'il faisoit presque tousjours mettre plusieurs généraux en chaque armée. C'est pourquoy il fist encore aller M. d'Angoulesme en celle de M. de La Force. Il n'amena quasy personne avec luy, quoyqu'on eust souvent demandé un renfort de cavalerie, le duc de Lorraine en ayant desja beaucoup en Alsace, et l'augmentant encore tous les jours, afin de pouvoir venir en Lorraine.

Dans ce mesme temps le duc de Veimar ayant esté contraint par Galas de se retirer derriere Mayence, le Roy craignant qu'il ne fust enfin tout-à-fait chassé d'Allemagne, envoya le cardinal de La Valette avec les compagnies de gens d'armes et de chevaux-legers de sa garde, celles de gens d'armes et de chevaux-légers du cardinal de Richelieu, et plusieurs autres troupes de cavalerie et d'infanterie nouvellement levées, pour se joindre avec luy, et luy aider à retourner à son ancien poste, comme il fist. Le colonel Hebron, M. de Turenne et le comte de Guiche furent les mareschaux de camp de ceste armée là, et M. d'Arpajon et le marquis de Sourdis furent envoyés en celle de Lorraine.

Or, comme on avoit avis de toutes parts que le duc de Lorraine y vouloit venir et y faire un grand effort, l'armée alla à Espinal, dont on disoit qu'il se vouloit saisir, et qui n'eust pas fait grande résistance sy on n'y eust point esté. De sorte que Jean de Vert, qui y vint peu de jours après avec plus de deux mille chevaux pour le reconnoistre, ayant vu, quand il en fust à un quart de lieue, que toute l'armée du Roy y estoit et alloit à luy, il s'arresta; et se couvrant d'un bois et d'une petite colline, il envoya seulement quelques gens sur le bord de la Moselle, où on estoit pour escarmoucher, et se retira aussytost après.

Cependant l'argent de la montre qui estoit deue il y avoit desja quelque temps (car on payoit encore alors les armées réglément) estant arrivé à Nancy, les généraux eurent tant de peur que s'il passoit plus avant avec la seule escorte qu'il avoit, il fust rencontré et pris par les ennemis, que laissant une bonne garnison dans Espinal, et le marquis de Fontenay pour y commander, ils allerent au devant; et l'ayant joint sans aucun obstacle, retournerent à Espinal.

Ce que les ennemis ayant veu, et perdant espérance de le prendre, ils firent semblant d'aller à Darnay et à Chatay; mais parcequ'on se mist en estat de les aller secourir, ils tournerent tout court à Rambervillers, qui est de l'evesché de Metz, sçachant qu'il y avoit peu de gens de guerre, et que les habitants n'estoient pas mal intentionnés pour M. de Lorraine, comme ils le montrerent en effet, s'estant rendus devant qu'on y peust estre, quoyqu'on fust party pour y aller aussytost qu'on eust avis qu'on les vouloit attaquer.

Les généraux ayant appris la reddition de Rambervillers, s'arresterent à Magnieres pour les empescher de faire d'autres progrès. Ce que Jean de Vert voyant, il ne pensa qu'à faire des courses, par lesquelles il peust surprendre quelqu'un, et rendre les convois des vivres et les fourrages plus difficiles, venant souvent charger les fourrageurs, dont beaucoup de gens furent fort incommodés, perdant de leurs chevaux et de leurs valets : et ayant avis qu'on tenoit les chevaux des vivres à Saint-Nicolas sans grande garde, comme estant entre Nancy et l'armée, il y alla, et les prist devant qu'on y peust estre.

Le Roy ayant esté averty que l'Empereur vouloit grossir sy fort son armée qu'elle peust chasser le duc de Veymar et les François, non seulement de l'Allemagne, mais de la Lorraine mesme, creust n'y pouvoir envoyer un plus grand secours que celuy de l'arriereban, lequel estant tout composé de noblesse, seroit bien d'une autre considération que toutes les nouvelles levées qu'on pourroit faire. Il le fist donc convoquer pour se trouver à ......... le ...... du mois de ........., et le vist passer auprès de Paris, au nombre de plus de trois mille chevaux, tous bien armés : ce qui estoit alors d'autant plus considerable que toute la cavalerie de l'armée n'avoit point d'armes. M. de Longueville en eust le commandement, et M. de La Meilleraye sous luy. M. de Longueville fust aussy général d'armée avec messieurs d'Angoulesme et de La Force, et M. de La Meilleraye, mareschal de camp, avec les autres. Ils joignirent l'armée durant qu'elle estoit à Magnieres.

Pendant le temps qu'on y demeura, le marquis de Sourdis fust envoyé avec quelques troupes attaquer le chasteau de Moyen, lequel, s'estant un peu auparavant révolté et déclaré pour le duc de Lorraine, incommodoit fort et l'armée et Nancy. Il ne dura que deux ou trois jours; après quoy le Roy voulant qu'on s'approchast plus près de la frontiere d'Allemagne, pour en cas de besoin soutenir le cardinal de La Valette et le duc de Veymar, on fust loger à Bacara; et dès le jour mesme messieurs d'Arpajon et de Fontenay furent envoyés avec cinq cents chevaux à Radonvillers, pour en chasser quelques Lorrains qui s'y estoient retirés.

Aussytost qu'ils l'eurent pris, ils allerent vers l'estang de Lindre, pour nettoyer tout ce pays là des voleurs, et le rendre libre; mais ayant au mesme temps envoyé quelques gens jusques à Sarbourg, ils apprirent comme Galas avoit tellement pressé le cardinal de La Valette et le duc de Veymar, que craignant que, pour leur oster toute retraite, il ne se mist enfin entre eux et la Lorraine, ainsy qu'il tesmoignoit vouloir faire, ils avoient esté contraints de se retirer, et de prendre le chemin de Metz.

Mais comme ils partirent de bonne heure, et qu'ayant quelques journées devant luy il eust peur de ne les pouvoir pas joindre avec toute son armée qu'ils ne fussent en lieu de seureté, il les fist suivre par les troupes qu'il avoit les plus propres à faire diligence, comme les Cravates et autres, afin qu'ils leur fissent tant de charges par les chemins que cela les retardast, et luy donnast moyen d'y arriver. Mais ils furent sy heureux, que, sans estre contraints de s'arrester, ils battirent ces gens là toutes les fois qu'ils s'approcherent d'eux, et prirent mesme trois ou quatre petites pieces d'artillerie qu'ils avoient.

Quand ils furent à Saverne, où il y avoit garnison françoise, ils se creurent hors de tout péril, ne s'imaginant point que Galas osast le laisser derriere, ny que ceux de dedans ne se deffendissent assés de temps pour leur donner moyen d'estre à Metz les premiers : mais ils s'espouvanterent sy fort dès qu'ils virent Galas s'approcher, et qu'il les eust fait sommer et menacer de ne leur donner point de quartier s'ils attendoient le canon, qu'ils se rendirent à l'heure mesme avec le chasteau d'Aubay, qui estant separé de Saverne, se pouvoit bien conserver tout seul, et donner quelque incommodité aux ennemis.

Saverne ne l'ayant donc point arresté, il s'en fallust sy peu qu'il n'attrapast les François devant qu'ils fussent à couvert, que ses coureurs trouverent les compagnies de cavalerie du cardinal de Richelieu qui faisoient la derniere retraicte, qui n'y estoient pas encore, lesquelles ils chargerent, et les eussent entierement défaites, sans qu'elles se retirerent bien viste au gros de l'armée, qui n'estoit pas loin. Messieurs de Mouy et de Cœusac, qui les commandoient, avoient tant de jalousie l'un pour l'autre, que, disputant à qui seroit le dernier, ils se firent tuer fort mal à propos, et sans que cela peust servir de rien.

Ceste retraite fust faite avec tant d'ordre, qu'on n'y perdist quasy que ces deux hommes là, trois pieces de canon qu'il fallust abandonner pour sauver les autres en doublant les attelages, et quelque peu des équipages, lesquels estant mal attelés ne peurent pas faire une sy longue traite sans s'arrester que pour repaistre (1).

Or, le salust de ceste armée, qui estoit de plus de quatre à cinq mille chevaux et cinq ou six mille hommes de pied, estoit tellement important, que sy elle eust esté défaite, Galas, qui avoit plus de dix mille chevaux et guere moins de gens de pied, ne trouvant plus rien qui luy eust peu faire teste, ne seroit pas demeuré à Marimont comme il fist; mais passant plus outre,

---

(1) Voyez les détails sur la retraite de Mayence dans les *Mémoires d'Arnauld d'Andilly*, t. 34, p. 68, deuxième série de cette Collection.

eust vraysemblablement peu prendre des quartiers d'hiver en Lorraine et sur la frontiere de Champagne, et jetter la guerre dans ces pays là, d'où il eust esté difficile de les chasser, veu les choses qui arriverent l'année d'après.

Messieurs d'Arpajon et de Fontenay ayant appris la nouvelle de ceste retraicte, et jugeant important qu'on en fust promptement averty à l'armée, y retournerent à l'heure mesme, et en donnerent le premier avis; sur quoy le conseil ayant esté assemblé, il fust résolu de retourner à Lunéville pour estre plus proche de Nancy, et plus en estat de soutenir ceux qui estoient à Metz en cas qu'ils fussent poussés plus avant.

Mais on n'y fust pas plustost arrivé qu'on sceust tous les Allemands auprès de Nancy et quasy sous les bastions, tant ils avoient peur de tomber entre les mains de Galas. De sorte qu'on alla à Moyenvic pour empescher qu'il n'y vinst, et que les mettant derriere luy il n'en rendist le secours fort difficile; les généraux mandant au mesme temps au duc de Veymar et au cardinal de La Valette, qui estoient encore à Metz, qu'ils croyoient nécessaire qu'ils se vinssent joindre à eux avec tout le reste de leurs troupes.

Or il est très vray que le dessein de Galas estoit de venir entre Nancy et Moyenvic, croyant qu'en mettant ceste derniere place derriere luy et l'empeschant d'estre secourue, il la pourroit prendre; et ensuite des quartiers d'hiver dans toutes les petites villes de Lorraine, où il rafraischiroit son armée, et la mettroit en estat d'entrer par ce costé là dans la France dès que la saison le permettroit. Mais ayant eu avis que les armées du Roy y estoient venues, et qu'elles avoient esté fortifiées d'un grand nombre de noblesse, il eust sy peur d'estre forcé de combattre (ce qu'il ne vouloit point faire tant qu'elle y seroit), qu'il prist un autre chemin et se logea à Marimont, où il trouva un poste avantageux, tant pour sa situation, estant sur une montagne, que pour la commodité des vivres, tout le pays de derriere luy estant favorable; et encore que la montée fust assés droite, et qu'il y eust au bas un petit ruisseau qui en rendoit l'avenue difficile, il ne laissa pas de s'y retrancher.

Toutes les armées estant jointes auprès de Moyenvic, elles partirent pour aller trouver Galas, et essayer de l'attirer au combat, ne doutant point que, fortifiées de ceste noblesse de l'arriere-ban, elles n'eussent la victoire. Mais Galas, qui ne vouloit rien hasarder tant qu'elle y seroit, demeura sur la montagne sans en faire descendre un seul homme tant que l'armée du Roy y fust, ne tenant hors de ses retranchements que les Cravates, qui estoient campés sur le bord du ruisseau, et qui s'y pouvoient facilement retirer.

Et parcequ'on y alla quasy jusques à la portée du canon, en bataille, et comme sy on eust voulu passer outre et forcer les retranchements, le tenant impossible, il s'en rejouissoit, et disoit à ceux qui estoient auprès de luy, ainsy qu'un prisonnier le rapporta, qu'on alloit voir une autre bataille de Norlingue, et qui ne seroit pas moins glorieuse pour l'Empereur, puisqu'elle abattroit tout d'un coup toute la puissance des François, comme celle là avoit fait celle des Suédois.

Mais on ne pensoit qu'à luy donner envye de descendre de son fort, et en cas qu'il ne le fist pas, de l'y tenir assiégé, ne doutant point qu'ayant en peu de temps consommé tous ses vivres et ses fourrages, il ne fust contraint de desloger, et qu'on ne le peust faire retourner en Allemagne plus viste qu'il n'en estoit venu, et qu'il n'en avoit ramené les François.

Ce qui seroit infailliblement arrivé, sans que ceux de l'arriere-ban ne permirent pas qu'on y demeurast autant qu'il en eust esté besoin; car dès qu'ils y eurent esté seulement trois jours, quoyqu'ils n'y manquassent ny de vivres ny de fourrages, il fust impossible de les y retenir davantage, et ils voulurent qu'on s'en allast plus près de Nancy, afin que la Saint-Martin, qui approchoit, arrivant, ils peussent sans difficulté se retirer chez eux : ce qui obligea les généraux, pour n'abandonner pas le dessein qu'ils avoient eu d'empescher Galas d'entrer dans la Lorraine, de prendre le logement de Chasteau-Salins, qui est proche de Moyenvic, et d'où ils couvroient Nancy, et pouvoient facilement secourir le Pont-à-Mousson sy on le vouloit attaquer, laissant ceste noblesse en liberté de s'en aller dès l'heure mesme, sy elle eust voulu.

Et enfin on fust bien aise qu'elle le fist sans attendre la Saint-Martin, voyant qu'elle consommoit une grande quantité de vivres et de fourrages qui pourroient estre nécessaires à ceux qui demeureroient, sy on estoit obligé d'y estre longtemps, sans qu'on peust esperer qu'elle rendist aucun service s'il falloit seulement retourner deux lieues plus avant; ne se pouvant pas néanmoins dire, quoyqu'elle ne fist pas tout ce qu'on vouloit et qu'elle eust peu faire, qu'elle n'eust beaucoup servy, puisque certainement elle avoit empesché Galas de s'avancer, l'avoit forcé d'aller à

Marimont, où l'air et peut-estre l'incommodité des vivres engendrerent bientost tant de maladies en son armée, qu'elle n'estoit plus en estat de rien entreprendre, ny de venir chercher celle du Roy, quand il la sceust partie.

Anciennement, quand on avoit la guerre, on faisoit venir tous les ans de ces arriere-bans, et c'estoit la principale force qu'on eust pour la cavalerie; de sorte qu'il ne faut pas s'estonner sy on a souvent perdu des batailles ou des occasions de faire de grands progrès: car dès que l'envie de s'en retourner leur prend, rien ne les peust arrester, demandant, ou qu'on les mene au combat, ou qu'on les laisse aller; comme ils firent devant Marimont, où, sy on les eust voulu croire, on auroit attaqué les ennemis jusques dans leur fort; mais personne n'en fust d'avis.

Le Roy estant pendant cela en de grandes inquietudes de ce que produiroit ce voyage de Galas, s'estoit avancé avec ses Gardes françoises et suisses, quelque peu d'autres régiments, et tout ce qu'il avoit peu ramasser de cavalerie, jusques en Barrois, afin d'en estre plus près, et de pouvoir faire secourir ses gens s'ils en avoient besoin, le cardinal de Richelieu estant demeuré à Châlons pour luy envoyer d'autres troupes qu'on y attendoit, et tout ce qui seroit nécessaire pour sa subsistance. M. le comte estoit lieutenant général, et le comte de Cramail et M. d'Arpajon, que le Roy avoit fait venir auprès de luy devant qu'on allast à Moyenvic, mareschaux de camp.

Il attaqua Saint-Mihiel, que M. de Lemon, envoyé par le duc de Lorraine en ces quartiers là, avoit surpris, et contraignist M. de Lenoncourt, qui y estoit demeuré, de se rendre à discretion ; ensuite de quoy ayant chassé tous les gens du duc des autres lieux qu'ils avoient occupés, remis le pays dans l'obéissance, et veu Galas retiré, il retourna à Paris.

Aussytost que les armées furent à Chasteau-Salins, on voulust enlever quatre régiments de Cravates que Galas, pour s'eslargir et les faire subsister, avoit envoyés à Vergaville, qui n'estoit pas fort loin de luy. Le cardinal de La Valette et le duc de Veymar en prirent la commission avec une partie de leurs Allemands, soutenus de cinq cents chevaux françois de l'armée de messieurs d'Angoulesme et de La Force, que le marquis de Fontenay commandoit.

Le duc de Veymar marchoit le premier ; et ne voulant point y arriver qu'il ne fist jour, il fist faire halte pour l'attendre à une petite lieue de Vergaville, et derriere un bois qui le couvroit, et dont la sortie n'en estoit qu'à un quart de lieue, disant qu'ils se gardoient bien mieux la nuit que le jour : comme on le vist ; car ayant tenu des gardes, tant que la nuit avoit duré, à l'entrée de ce bois de leur costé, on les trouva retirés. De sorte qu'ils n'eurent avis qu'on alloit à eux que par une sentinelle qu'ils tenoient au clocher.

Mais, quelque diligence que peussent faire quatre ou cinq cents chevaux que le duc de Veymar envoya à toute bride dès qu'il eust passé le bois, le cardinal de La Valette et luy marchant plus doucement avec le reste des troupes, ils n'y peurent pourtant arriver qu'ils ne fussent tous à cheval et desja hors du village, pour se retirer en un autre quartier de leurs gens qui n'en estoit pas eslongné. Il est vray que tout leur équipage y demeura, dont les Suédois se saisirent sans en faire aucune part aux François, qui en firent de grandes plaintes.

Pendant que le pillage se faisoit, on fist passer de l'autre costé du village une partie des troupes, afin de n'estre pas surpris sy les ennemis revenoient; comme ils firent en effet avec les gens du quartier où ils s'estoient retirés, et s'avancerent assés près pour voir qu'on les attendoit, et qu'ils n'y pourroient rien faire; de sorte qu'ils s'arresterent. Mais quelques uns des leurs, qui vouloient sçavoir qui les avoit attaqués, s'estant avancés jusques sur le bord d'un petit ruisseau qui les séparoit de nous, s'informerent s'il n'y avoit point de gens du duc de Veymar. Sur quoy le colonel Hebron, qui sçavoit l'allemand, s'estant avancé, il leur parla assés long-temps, et ils luy avouerent d'avoir perdu en ceste occasion tout ce qu'ils avoient gagné en plusieurs années.

Les maladies qui avoient empesché Galas de s'avancer dès qu'il sceust l'arriere-ban party l'obligerent enfin de se retirer en Alsace, dont la prise de Saverne, qui luy avoit esté sy laschement rendue, luy donnoit une grande commodité; car sans cela il n'y eust pas esté en grand repos, à cause de Bonnefeld tenu par les Suédois. Mais n'y ayant pas trouvé de quoy passer tout l'hiver, il s'en alla enfin plus avant dans l'Allemagne.

Les généraux de l'armée du Roy voyant que, luy party, leur séjour à Chasteau-Salins seroit inutile, voulurent prendre des quartiers d'hyver. De sorte qu'ayant mis de bonnes garnisons dans toutes les places de la Lorraine, ils logerent le reste de leur armée à Neuf-Château sur Meuse, et aux environs; et y ayant laissé le marquis de La Force pour la commander, s'en allerent à Paris, excepté le duc de Veymar, qui ayant mené ses gens dans le Barois, y demeura encore quelque temps.

La principale cause de ce retardement fut que le duc de Parme, qui s'estoit sur ce temps là declaré pour la France, estoit venu trouver le Roy; et on fust bien aise de ne les voir que l'un après l'autre, pour éviter le soin qu'il eust fallu prendre de les traiter de telle sorte tous deux qu'ils n'en prissent point de jalousie. Ils furent logés et défrayés pendant qu'ils demeurerent à Paris, et l'on résolust, avec le duc de Parme, d'entrer l'année suivante dans l'Estat de Milan avec une armée assés puissante pour y attaquer quelque place; et avec le duc de Veymar, qu'il retourneroit en Allemagne, suivant les propositions qu'il en fist, qui furent fort approuvées, mais qu'on ne peust pas entierement exécuter, le Roy ayant esté obligé de le rappeler, et de le faire demeurer dans le Barois.

[1636] L'année 1636 commença par quelques désordres qui se firent dans le parlement; ceux qui n'aimoient pas le cardinal de Richelieu ayant, sous prétexte du bien public, voulu empescher la vérification des édits qu'on y envoyoit, pour avoir de quoy fournir aux frais de la guerre, esperant de le décréditer en faisant manquer d'argent; et ils pousserent les choses sy avant, ayant attiré la pluspart de ceux des enquestes dans leur opinion, qu'ils alloient tous les jours dans la grand'chambre prendre leurs places, et demander l'assemblée des chambres, mesme après plusieurs defences qui leur en furent faites. De sorte qu'on fust à la fin forcé, pour rompre ceste cabale et les faire obéir, d'en exiler quelques uns des principaux, comme le président Barillon, M. Lainé, et autres.

Or, de ces prétentions de ceux du parlement de pouvoir réformer le gouvernement toutes les fois qu'il s'y fait quelque chose qui leur desplaist, faisant pour cela des assemblées, y prenant des résolutions contraires aux volontés des roys, et excitant tout le monde à se joindre à eux, arrive de très grands maux, comme de servir de prétexte à ceux qui veulent troubler l'Estat, et leur donner la hardiesse de faire des guerres civiles, ainsy qu'il s'est veu en 1615, en 1649 et autres.

Il en résulte aussi qu'on cherche à retrancher l'autorité légitime qu'ils ont, quelque bonne et necessaire qu'elle soit, voyant qu'elle leur sert pour s'en attribuer une qui ne leur appartient pas, et qui mettroit tout en une estrange confusion, personne ne pouvant plus sçavoir à qui il devroit obéir, du Roy ou du parlement; et qu'ils se trouvent après ces fautes là moins hardis pour faire, quand il en est besoin, des remonstrances (qui est tout le pouvoir qu'ils ont) aux roys qui se laissent trop gouverner par leurs favoris, ou emporter à leurs passions, et leur faire connoistre des choses que nuls autres qu'eux n'oseroient leur dire.

Et il est mesme quelquefois arrivé qu'ils ont peu dans leurs remonstrances faire voir aux plus habiles, et qui se conduisoient le mieux, des choses auxquelles ils n'auroient pas pensé; comme ils firent quand on leur envoya l'édit de Nantes pour le vérifier, ayant esté cause qu'on y retrancha ou modifia divers articles qui en avoient besoin, et que le roy Henry-le-Grand et tous ceux qu'il avoit employés pour le dresser avoient néanmoins accordé.

Et d'autant que ce désordre doit estre principalement attribué à ce que les voix y estant comptées et non pas pesées, la multitude inconsidérée des jeunes gens l'emporte souvent par dessus les plus sages, cela fait croire que personne n'y en devroit avoir pour les affaires publiques, qu'ils n'eussent esté en charge dix ans entiers tout au moins, et encore à les compter des vingt-cinq ans prescrits par les ordonnances; et qu'il faudroit, afin qu'il se peust bien exécuter, que le pouvoir leur en fust osté par les lettres de provision qu'on leur donne, estant bien vraysemblable qu'il s'en trouveroit peu, dans un âge sy avancé, qui voulussent contribuer au renversement de l'Estat, qui attireroit inévitablement leur ruine et celle de leurs familles.

Les Espagnols ayant donné à toutes leurs troupes les meilleurs quartiers d'hiver qu'ils avoient peu, afin de les avoir en bon estat quand il faudroit se remettre en campagne, firent lever quatre ou cinq mille chevaux poulonnois, qui sont gens accoutumés à faire la guerre en hiver; et les envoyerent au commencement de l'année dans le Luxembourg, pour essayer de les faire entrer par là dans la Champagne, ou du moins obligeant le Roy à y tenir la pluspart de ses forces, empescher qu'elles ne se peussent reposer, comme faisoient les leurs. Mais il n'y envoya que cinq ou six mille hommes, desquels M. le comte, qui estoit gouverneur de Champagne, eust le commandement.

Ces Poulonnois firent diverses tentatives pour entrer dans ce pays, dont pas une ne leur réussist; s'estant mis sy bon ordre partout, qu'ils furent tousjours repoussés, et mesme une fois où ils vinrent tous ensemble attaquer M. le comte, et s'y fist un petit combat, après lequel désespérant, parcequ'ils n'y eurent pas d'avantage, d'y pouvoir rien faire à l'avenir, et ayant faute de vivres et de fourrages, dont le Luxembourg n'est pas fort rempli, ils voulurent se retirer en leur pays, quoy que peussent faire les Espagnols pour les arrester.

Quelques uns l'ont attribué à l'adresse du cardinal de Richelieu, qui avoit gagné les chefs en leur représentant l'ancienne amitié des François et des Poulonnois, et leur faisant donner une grande somme d'argent. Mais peut-estre qu'il n'en fust pas besoin, parcequ'ayant extremement pasty tout l'hiver, où ils avoient presque tousjours esté à cheval, il n'estoit pas possible qu'ils peussent demeurer encore tout l'esté en campagne. Quoy qu'il en soit, leur retraite se fist fort à propos pour le Roy; car s'ils eussent attendu l'arrivée de Picolomini, qui vint bientost après, il auroit esté difficile de faire teste partout.

Le duc de Veymar ne pouvant pas rentrer en Allemagne tant que Saverne seroit entre les mains des Impériaux, le cardinal de La Valette et luy allerent l'attaquer aussytost que la saison le permist, espérant l'emporter aussy aisement qu'avoit fait Galas; et veritablement ils n'y eussent pas esté fort longtemps, sy le duc de Veymar eust voulu donner une composition ordinaire à celuy qui y commandoit. Mais parcequ'il voulust se venger de ce qu'il avoit autrefois quitté son party et pris celuy de l'Empereur, y portant mesme une place qu'il luy avoit donnée à garder, et ne le recevoir qu'à discrétion; ce gouverneur faisant de nécessité vertu, se deffendit sy bien, disputant les maisons les unes après les autres, qu'il fust contraint au bout de trois semaines, craignant qu'à la fin il ne luy vinst du secours, de luy accorder la mesme capitulation qu'il luy avoit refusée au bout de huit jours. Le colonel Hebron y fust tué (qui fust un fort grand dommage), et le duc de Veimar et M. de Turenne légerement-blessés.

# RELATION

DE CE QUI SE PASSA

**DEPUIS LA DÉCLARATION DE LA GUERRE CONTRE LES ESPAGNOLS, JUSQU'A LA PRISE DE CORBIE ET DE LA CAPELLE PAR LES TROUPES DE SA MAJESTÉ.**

---

[1636] L<small>E</small> cardinal de Richelieu, qui n'avoit pas esté bien désabusé des grands secours que les Espagnols pouvoient tirer d'Allemagne par ceux qu'ils en avoient desja eus, et qui ne pouvoit pas joindre une seconde fois les troupes qui estoient demeurées en Hollande à celle des Hollandois, pour faire une puissante diversion de ce costé là, ny les faire revenir assés promptement en France pour y estre au commencement de la campagne, à cause de la saison, qui n'estoit pas propre à passer la mer, non seulement ne pensa pas à y suppléer par de nouvelles levées, peut-estre parcequ'il n'avoit pas alors toute la hardiesse qu'il a eue despuis à se servir des moyens extraordinaires pour avoir autant d'argent qu'il en falloit pour cela, mais se laissa tellement persuader par M. le prince, qui desiroit ardemment d'unir au gouvernement du duché de Bourgongne qu'il avoit celuy du Comté, qu'il fist envoyer les principales troupes que le Roy eust pour assiéger Dôle, sur l'assurance que, n'estant pas forte, elle ne pourroit guere durer, et que comme tout le reste de la province suivroit infailliblement la fortune de la ville capitale, ce seroit un grand soulagement de n'avoir plus rien à craindre de ce costé là, estant très vray que les Comtois, passionnés pour les Espagnols, ne demandoient qu'à rompre la neutralité establic de tout temps par des traités entre eux et ceux du duché, et faire la guerre; n'estant au reste rien demeuré pour la défence de toutes les frontieres qu'environ deux ou trois mille hommes qui y estoient ordinairement, et les cinq ou six mille qui avoient esté tout l'hiver en Champagne sous M. le comte pour s'opposer aux Poulonnois, qu'on avoit trouvé moyen de faire retourner en leur pays.

Mais l'Empereur, qui avoit veu ce que ses gens avoient fait en Flandre l'année précédente, croyant que s'il y en envoyoit davantage en celle cy ils pourroient aisement entrer en France, et y faire de tels progrès que le Roy, occupé à la défence de son propre pays, ne pourroit plus secourir les Suedois (après quoy il en viendroit facilement à bout, et ensuite de la France mesme), ne craignist point de se défaire de la plus grande partie de ses forces, envoyant Piccolomini et Jean de Vert avec plus de douze mille chevaux et six ou sept mille hommes de pied; lesquels ayant passé la Meuse à Givet près de Charlemont sur un pont de bateaux, furent joindre le prince Thomas de Savoye, qui commandoit l'armée de Flandre du costé de la France; et faisant ensemble un corps de dix-sept à dix-huit mille chevaux, et presque autant de gens de pied, entrerent sans perte de temps dans la Picardie. Mais, pour ne laisser rien derriere qui les peust incommoder, ils voulurent, devant que de s'y trop avancer, prendre toutes les petites places qui couvroient les rivieres, et pouvoient empescher la communication avec les leurs, commençant par La Capelle, qui se trouvoit la première sur leur chemin.

Or il faut sçavoir que quand le cardinal de Richelieu vist que le Roy, pour ne laisser pas perdre les Suédois, pourroit estre contraint de rompre avec les Espagnols, il envoya M. des Noyers, secretaire d'Estat, en qui il se fioit fort, pour visiter les places frontieres, les faire réparer, et pourvoir de tout ce qui seroit nécessaire, afin qu'elles fussent en bon estat quand la guerre commenceroit, luy faisant donner un ample pouvoir pour cela.

Mais, soit que, n'estant pas son mestier, il ne s'y connust point, ou que s'en estant remis sur d'autres en qui il se fioit, ils n'y firent pas leur devoir; tant y a que tout y estoit en très mauvais ordre : les fortifications en plusieurs lieux mal restablies, quasy point de munitions de guerre ny de bouche, la pluspart des canons sur le ventre, et avec peu d'affûts sur qui on les peust monter, et enfin les garnisons très foibles, rien de tout cela n'ayant esté réparé par les gouverneurs; car ils se persuadoient tellement que le Roy estoit obligé de pourvoir à tous leurs besoins, que comme s'il n'y eust point esté de leur vie et de leur honneur, s'ils estoient pris faute d'estre en bon estat, ils n'y avoient pas voulu mettre un denier du leur.

Les Espagnols estant bien avertis que tous les manquemens estoient dans La Capelle, et que particulierement il y avoit peu de gens de guerre, penserent, dès qu'ils y furent arrivés, à empescher qu'il n'y en entrast d'autres; et comme ils estoient puissants en cavalerie, ils en envoyerent un grand nombre de tous les costés, pillant et ravageant le pays, et tuant tous ceux qu'ils pouvoient attraper, encore qu'ils ne se missent pas en defence, pour donner tant de terreur que personne n'en osast approcher, comme ils firent en effet; M. de Guébriant, beau-frere du marquis du Bu, qui en estoit gouverneur, et qui voulust s'y jetter avec quelques gens qu'il avoit promptement rassemblés, n'ayant jamais peu trouver de guides pour l'y mener.

Cependant les ennemis, rendus hardis par la foiblesse de la garnison, firent leurs approches en plein jour, et pousserent leur travail sy diligemment, qu'estant en moins de quatre jours arrivés sur le fossé d'une demy-lune et l'ayant percé, ils s'apprestoient pour y faire un logement, quand ceux qui estoient ordonnés pour la garder en eurent sy grande peur qu'ils l'abandonnerent, et porterent une telle espouvante dans la place, que tant les officiers que les soldats, ne pensant plus qu'à se rendre, furent trouver le gouverneur, et le forcerent, nonobstant tout ce qu'il leur peust dire, à faire sortir des gens pour capituler; ausquels ayant esté sur l'heure mesme accordé tout ce qu'ils demanderent, tant les ennemis avoient envie de se despescher pour aller autre part, ils en sortirent le sept ou huitieme jour du siege, sy estonnés, que j'en vis quelques-uns qui vinrent à La Fere, qui ne pouvoient encore s'en remettre; et sembloit, à les entendre parler, que c'estoient des diables qu'ils avoient veus, et non pas des hommes.

Quant au gouverneur, il est très certain que ne voulant point qu'on se rendist, il fist tout ce qu'il peust pour l'empescher, et obliger ses gens à se bien deffendre; de sorte que sa seule faute fust d'avoir signé la capitulation, n'ayant pas considéré, comme jeune et inexperimenté qu'il estoit, qu'en ne la signant point il faisoit voir qu'il n'y avoit point consenty, et se mettoit à couvert de toutes choses, et qu'en le faisant il sembloit, quoyqu'il ne fust pas vray, qu'il eust participé à la lascheté des autres.

Le cardinal de Richelieu, qui, se fiant en ce que M. des Noyers, pour s'en descharger et en rejetter la faute sur les autres, luy disoit, croyoit qu'il n'y manquoit rien, et en craignant peut-estre aussy l'exemple, ne fust pas plustost averty de ce qui s'estoit fait, que s'en prenant principalement au gouverneur, il luy fist faire son procès, par lequel ayant esté condamné à mourir, tous ses biens furent confisqués, et ses maisons et ses bois de haute futaye rasés, ne sauvant que sa teste, parcequ'on ne la tenoit pas.

Quelques jours auparavant, M. le comte estoit arrivé à La Fere avec toutes les troupes qu'il avoit eues tout l'hiver en Champagne, où les mareschaux de Chaulnes et de Brezé, qui devoient servir de lieutenants généraux dans son armée, le vinrent trouver, et luy amenerent tout ce qu'ils avoient peu ramasser d'infanterie et de cavalerie, excepté les douze compagnies du régiment des Gardes qu'on y envoyoit, lesquelles furent menées par M. de Guébriant, qui avoit alors une compagnie à Guise, où on eust avis que les ennemis vouloient aller après avoir pris La Capelle; et dont bien en prist, car la place estant très mauvaise et aussy mal pourveue que les autres, elle ne se fust pas vraysemblablement mieux deffendue. Les mareschaux de camp de ceste armée furent messieurs Du Hallier et de Fontenay. M. de Vaubécourt estoit venu avec M. le comte, pour l'estre aussy; mais il eust commandement d'aller en Champagne prendre garde à la frontiere.

Après que les ennemis se furent un peu reposés autour de La Capelle, ils allerent en effet à Guise, où tous les quartiers furent faits, et toutes choses disposées pour l'attaquer; mais quand ils virent, par une grande sortie que firent ceux de dedans, quelles gens c'estoient, et que mesme, au lieu de les attendre dans les fortifications desja faites, ils en commençoient de nouvelles pour aller à eux (M. de Guébriant s'estant dès lors fait remarquer pour tel qu'il estoit), ils jugerent bien qu'ils n'en auroient pas sy bon marché qu'ils s'estoient imaginés, et que faisant un siege de longue durée, ils perdroient l'occasion qui se présentoit, donnant du temps au Roy de rassembler ses troupes, et de faire une armée assés grosse pour leur tenir teste et empescher leurs progrès. C'est pourquoy ils leverent le siege, et prirent le chemin du Catelet.

M. le comte fust promptement averty de ce changement; mais son armée estant trop foible pour y aller, et y ayant aussy, ce sembloit, assés de gens dedans, il creust ne devoir faire autre chose que d'y envoyer quelqu'un pour exhorter le gouverneur à se bien deffendre; et ayant choisy pour cela un capitaine du régiment de Champagne, il l'assura que pourveu qu'on donnast temps aux troupes qu'on attendoit de Hollande et de Dôle d'arriver, il seroit infailliblement secouru.

Cependant les ennemis, ou pour couvrir leur marche, ou pour faire vivre leur cavalerie et piller le pays, en envoyerent la pluspart à un petit chasteau qui est assez près de La Fere, où ils essayerent d'entrer; mais y ayant trouvé de la résistance, et voyant que, sur l'avis qu'on en avoit eu, toute l'armée du Roy y alloit, le lieu estant assés avantageux pour n'estre pas forcé à combattre sy on ne vouloit, ils se retirerent sans faire de plus grands efforts; et on sceust, à deux ou trois jours de là, que toute leur armée ayant passé à Fonsomme, elle estoit arrivée au Catelet, où ils trouverent encore moins de résistance qu'à La Capelle; car ayant fait leurs approches, et tiré une grande quantité de bombes dans la place qui mirent le feu à quelques maisons, non seulement ceux de dedans en furent sy estonnés qu'ils voulurent se rendre, mais celuy qu'on y avoit envoyé pour les en empescher sortist pour faire la capitulation. Ce qui ayant esté sceu du Roy, le gouverneur (1) fust traité comme celuy de La Capelle; et quant au capitaine du régiment de Champagne, estant allé trouver le cardinal de Richelieu pour se justifier, il fust mis en prison, où il demeura fort longtemps; et peu s'en fallust qu'il n'eust la teste coupée.

Sy ces deux places avoient esté mal deffendues, celle de Dôle, où M. le prince estoit allé, ne fust pas mieux attaquée; car, bien qu'il eust avec luy la fleur des troupes du Roy, que rien ne luy manquast (M. de La Meilleraye, grand-maistre de l'artillerie, qui y servoit de lieutenant général, y ayant fait mener abondance d'artillerie et de munitions), et que M. Lambert, fort entendu dans les sieges, y fust mareschal de camp; toutes choses néanmoins y allerent tousjours tellement de travers, que le cardinal de Richelieu voyant peu d'esperance de le prendre, et grand besoin de fortifier l'armée de Picardie, fist envoyer un commandement à M. le prince de lever le siege, et d'y faire aller dili-

(1) *Le gouverneur.* Il s'appeloit Saint-Léger. (*Voyez* les Mémoires de Montglat; tome 49, p. 128, deuxième série de cette Collection.)

gemment toutes les troupes qu'il avoit. Celuy qui y commandoit, nommé La Vergne, qui avoit sy mal deffendu Porentru, fist là sy bien, qu'il en sortist avec grand honneur.

Aussytost que M. le comte sceust le Catelet assiegé, craignant que s'il se prenoit les ennemis ne voulussent après cela passer la riviere de Somme, et pour retirer aussy les troupes qui estoient dans Guise, il s'avança jusques à Saint-Quentin, croyant, encore qu'il eust peu de gens, qu'il pourroit garder ceste riviere, qui a quasy de tous les deux costés des marais sy larges et sy profonds qu'on ne les sçauroit passer que sur des chaussées faites de longue main, lesquelles estant fort estroites semblent n'estre pas malaisées à deffendre, et mesme avec peu de gens. De sorte que la nouvelle de la reddition du Catelet estant venue trois jours après, il envoya le marquis de Fontenay avec six cents chevaux pour prendre garde aux passages qui sont au dessous de Ham, y faire tenir les paysans qui avoient ordre d'y estre, et les secourir, afin que les ennemis n'en peussent prendre pas un et s'y fortifier; l'assurant qu'en cas qu'ils y allassent avec toute leur armée, il feroit le mesme de son costé, et seroit aussytost à luy. Ensuite de quoy les ennemis ayant envoyé en divers endroits de petits corps pour essayer de passer la riviere, comme on l'avoit préveu, ils n'oserent l'entreprendre, trouvant des gardes partout. De sorte que voyant qu'il n'y falloit pas moins que l'armée toute entiere, elle alla pour cela à Bray.

Or ils pensoient y trouver grande facilité, à cause que le village et la riviere sont au pied de la montagne, et qu'en mettant dessus du canon et des mousquetaires

dans le village, personne n'oseroit se tenir de l'autre
costé sur la chaussée, ny dans des maisons qu'il y a,
pour leur disputer le passage.

Mais le marquis de Fontenay ayant fait mettre le
feu dans le village aussytost qu'il vist paroistre les ennemis, afin qu'ils n'y peussent pas loger, mist aussy
tout ce qu'il avoit de gens de pied dans les maisons les
plus proches de l'eau ; lesquels ayant esté renforcés de
beaucoup d'autres que M. le comte y envoya dès qu'il
fust arrivé sur la montagne qui est vis-à-vis de Bray,
où il se campa, les remplirent de terre et s'y retrancherent, faisant des forts des deux costés de la chaussée,
et une ligne de communication à la vue des ennemis,
et nonobstant une batterie de douze canons qu'ils mirent sur leurs montagnes, qui tira trois jours durant
comme par salves, et (ce qui est estonnant) qui ne tua
pas vingt soldats ; et pour des gens de qualité, que le
comte de Matha, qui avoit une compagnie dans le régiment des Gardes ; et de blessés, que le marquis de
Menneville.

Quelques soldats du régiment de Piémont ayant esté
chassés à coups de canon d'un moulin qui estoit au milieu du marais, où on les avoit mis pour empescher
les ennemis de s'en saisir, M. de Refuge, capitaine au
régiment des Gardes, y mena de ceux de sa compagnie par une chaussée qui avoit plus de deux cents pas
de long, en plein jour et tout à descouvert, bien que
les ennemis tirassent sur eux mille coups de canon et
de mousquet, et le garda jusques à ce qu'il eust esté
entierement rasé par l'artillerie : d'où les ennemis con-
jecturant qu'ils ne pourroient jamais faire quitter des
postes bien plus forts que n'estoit celuy-là, et qu'ils

perdroient le temps de s'y opiniastrer davantage, ils firent enfin chercher un passage ailleurs, et le trouverent en un lieu nommé, ce me semble, Serisay, où on ne les attendoit pas, n'y ayant ny pont ny chaussée; et y envoyant la nuit mille ou douze cents hommes, ils y passerent la riviere, et firent un retranchement au devant pour mettre leurs gens à couvert à mesure qu'ils passeroient, et empescher qu'on ne les en peust chasser (1).

Le matin, toute leur armée y alla (comme fist aussy M. le comte) pour s'opposer à eux; mais il ne luy fust pas sy aisé qu'à Bray, d'autant que la riviere estant au pied de la montagne, et tout le marais de son costé, il estoit impossible de le passer pour aller à eux. Le régiment de Piémont, qui, le voulant faire, s'avança jusques à un bois qui en estoit à moitié chemin, fust arresté par de l'eau qu'il trouva, et presque tout défait devant qu'on l'en peust retirer, le canon ayant rasé tous les arbres de ce bois qui le couvroit. Monsoulins, lieutenant colonel, et dix ou douze autres capitaines ou officiers, y furent tués, et plusieurs blessés, sans néanmoins que ce qui restoit en voulust partir, que M. le comte ne leur eust envoyé dire.

L'armée fust postée le plus près du marais qu'il se peust, mais sans pouvoir nuire aux ennemis ny les incommoder dans leur passage, faute principalement d'artillerie, n'y ayant que six petites pieces de campagne, desquelles on s'estoit voulu servir à Bray : mais comme elles ne portoient pas assés loin pour arriver jusques à eux, ils en firent de tels cris et tant de bruit,

(1) *Voyez* les Mémoires de Montglat, tome 49, p. 126, deuxième série de cette Collection.

que de honte on les retira, sans les oser plus montrer.

À ce défaut il s'en joignoit un autre encore plus important, assavoir celuy de poudre, y en ayant sy peu, qu'on estoit contraint pour la menager de n'en donner qu'à ceux qui estoient de garde; et que s'il eust fallu combattre, on eust esté bien empesché. Ce qui venoit de ce que M. de La Meilleraye, grand-maistre de l'artillerie, avoit fait donner à un partisan nommé Sabatier le privilege d'en pouvoir vendre tout seul, comme il est assez ordinaire en France d'oster la liberté au public pour donner de l'avantage à quelque particulier qui a du crédit : dont tout le monde souffre beaucoup; et peu s'en fallust ceste fois là que le Roy luy-mesme n'en souffrist, car Sabatier ayant mal pris ses mesures, n'en avoit pas eu pour en fournir suffisamment à toutes les armées, et les marchands ausquels l'interdiction avoit esté signifiée, point du tout; de sorte qu'il fallust, pour réparer sa faute, en envoyer acheter en Hollande, laquelle pouvant estre retardée par les mauvais temps assés ordinaires sur la mer, et divers autres accidents, auroit réduit les choses en mauvais estat, celle de l'armée estant presque toute usée, quelque menage qu'on en eust fait, quand il en arriva de Hollande.

M. le comte voyant le retranchement des ennemis achevé, qu'ils pourroient y faire passer autant de gens qu'ils voudroient, et à la faveur de leur artillerie se faire des chemins dans le marais, ou mesme envoyer ailleurs une partie de leur armée pour prendre tel autre passage qu'il leur plairoit, celle du Roy n'estant pas assés forte pour se séparer et faire teste partout, assembla les principaux officiers de l'armée pour voir ce qu'il faudroit faire. Sur quoy les avis furent fort differents; car les uns disoient qu'on devoit demeurer là, ou aller en quelque autre part qu'allassent les ennemis, pour s'opposer à eux, et périr plustost que de lascher le pied et les laisser passer, protestant qu'autrement ce seroit une honte dont on ne se laveroit jamais; les autres, qu'il falloit aller à Corbie pour sauver ceste place qui estoit foible, et empescher qu'Amiens ne peust estre assiegé; représentant de quelle importance il estoit, par l'estonnement qu'eust toute la France quand les Espagnols le prirent du temps de Henry-le-Grand. Mais d'autres disoient que puisqu'on voyoit clairement que le passage ne pouvoit estre empesché, demeurer là seroit vouloir exprès perdre l'armée, veu la grande disproportion d'environ douze mille hommes qu'on avoit, à plus de trente mille qu'avoient les ennemis, et leur abandonner ensuite toutes les villes de l'Isle de France; estant bien vraysemblable que, dans l'estonnement où elles seroient sy l'armée estoit défaite, et n'y ayant dedans que des habitants pour les deffendre, elles ne feroient pas grande résistance : après quoy le chemin de Paris leur estant ouvert, qui estoit tout ce qu'ils desiroient et qu'on devoit appréhender, le Roy seroit nécessairement forcé d'en sortir, pour aller trouver les troupes qui venoient de Dôle et de Hollande, et en faire de nouvelles, avec lesquelles, quand bien il pourroit enfin aller aux ennemis et les contraindre de se retirer, ce ne seroit pas néanmoins sans qu'ils eussent pris auparavant plusieurs places, et laissé de sy bonnes garnisons dans chacune, qu'il seroit difficile de les reprendre toutes devant l'hiver; de sorte qu'ils pourroient tousjours, par le moyen de celles qu'ils auroient conservées, revenir en France l'année d'après, et y establir le siege de la guerre, comme on sçavoit que c'estoit leur dessein. Que de se tenir auprès de Corbie le sauveroit véritablement et l'armée, et empescheroit Amiens d'estre assiegé ; mais qu'à l'esgard de l'Isle de France, de Paris et du Roy, ce seroit quasy la mesme chose, puisque les ennemis estant au devant, on ne pourroit pas les secourir sans prendre un sy grand tour qu'ils auroient du temps de reste pour faire tout ce qui leur plairoit; et sy ce ne seroit peut-estre pas sans pouvoir à la fin assiéger Corbie, et avec plus d'avantage qu'alors, estant couverte des places qu'ils auroient prises. De sorte que le plus expedient seroit d'aller dès ceste nuit-là mesme à Noyon, et y mettre une garnison assés forte pour la bien deffendre, comme la teste de tout ; en envoyer à La Fere, à Chauny, à Guise et à Soissons, et se tenir avec tout le reste à Compiegne, dont l'assiette estoit très-propre pour secourir toutes ces places ; couvrir Paris et y faire subsister les troupes qu'on y tiendroit, n'y ayant rien à craindre pour Amiens, qui estoit une trop grosse ville, et dont le siege pourroit estre trop long pour s'y engager, les ennemis ne doutant pas qu'à la fin du temps, et quand le Roy auroit rassemblé toutes ses forces, il ne peust estre en estat de les combattre, et lorsqu'eux n'y seroient peut-estre pas, par la diminution de leur armée. Et quant à Corbie, qu'il valloit mieux la hasarder que tout le reste, puisqu'enfin ce ne seroit qu'une place, et qui vraysemblablement se pourroit reprendre dans l'année mesme par la force ou par un blocus; lequel avis fust suivy.

Je me suis arresté à desduire particulierement tous

ces differents avis, et les raisons surquoy on se fonda pour se retirer, parceque le cardinal de Richelieu condamna fort, non qu'on ne fust point demeuré à deffendre le passage jusques au bout, jugeant bien que c'eust esté trop hasarder, mais de ce qu'on n'estoit point allé à Corbie; croyant que c'auroit esté avec plus de réputation pour les armes du Roy, que de s'en aller à Noyon, comme on fist; ne se voulant point persuader qu'on eust peu prendre les places de l'Isle de France aussy aisement qu'on l'avoit pensé. Dont ce qui se fist à Corbie deust bien le destromper; car on y avoit mis beaucoup plus de gens que les autres places n'en eussent eu.

Ayant donc esté arresté qu'on se retireroit aussytost que la nuit seroit venue, l'ordre en fust envoyé partout, où il arriva une chose qui faillist à causer un grand désordre; car un malheureux homme de Languedoc qui suivoit le mareschal de Brezé eust une sy grande peur quand il vist partir, qu'il prist le galop, et passant le long des troupes, crioit tant qu'il pouvoit, et comme s'il eust eu les ennemis à sa queue, *Sauve qui peust!* De sorte qu'elles se préparoient toutes à le croire, et faire comme luy, sans que tous les officiers, tant généraux que particuliers, les en empescherent; et les rassurant, leur firent continuer leur chemin dans l'ordre qui avoit esté donné.

M. le comte ne voulant pas se retirer sans laisser Corbie sy bien garny qu'il peust attendre le secours, y envoya deux régiments; et voyant qu'outre M. de Mailly, qui en estoit gouverneur, M. de Saucourt, lieutenant de roy en Picardie, s'y vouloit enfermer, on ne fust pas sans espérance de le pouvoir sauver.

Dès que l'armée fust partie, les ennemis envoyerent Jean de Vert avec quatre mille chevaux pour la suivre, et luy faire tant de charges par les chemins, que ne pouvant pas beaucoup s'avancer, toute leur armée y peust arriver; mais, quelque soin qu'il y apportast, il ne peust leur avoir fait passer la riviere qu'il ne fust jour : de sorte que M. le comte, qui avoit tousjours marché, sans s'estre arresté qu'auprès de Nesle pour faire repaistre, estant desja à Noyon quand il commença à paroistre, il ne trouva qu'environ cent chevaux, qui estoient à la queue de tout avec le marquis de Fontenay, lesquels il fist pousser; mais voyant venir à leur secours sept ou huit escadrons, et qu'ils estoient trop près de la ville pour les pouvoir empescher d'y entrer quand il leur plairoit, il retira ses gens, et despuis ne se monstra plus. Le duc de Beaufort et le marquis de Fosseuse s'y trouverent, et demeurant tousjours derriere, s'y signalerent fort.

Ce fust à Noyon où on commença à descouvrir les mauvaises intentions de M. le comte pour le service du Roy; car estant nécessaire d'y laisser une garnison, il vouloit que ce fussent les Irlandois, lesquels n'estant pas en nombre suffisant, ny d'une fidélité assez assurée pour leur confier une place comme celle là, le mareschal de Brezé fist tout ce qu'il peust pour l'en dissuader, luy représentant qu'elle estoit alors de telle importance, que toutes les meilleures troupes qu'il eust n'y seroient pas trop bonnes. Mais voyant que, nonobstant tout ce qu'il luy disoit, et que la pluspart des principaux officiers luy en parlassent dans le mesme sens, il s'y opiniastroit; il se trouva enfin obligé de luy dire qu'il falloit envoyer au Roy pour sçavoir sa volonté; et que cependant s'il ne vouloit pas attendre sa response, il protesteroit, pour s'exempter du blasme qui en resulteroit sy la place venoit à se perdre. Par où il rendist assurement un très grand service; car y ayant aussy beaucoup d'Irlandois avec les ennemis, et estant naturellement plus portés pour les Espagnols que pour les François, ils y auroient sans doute fait fort mal leur devoir.

M. le comte voyant la résolution du mareschal de Brezé, et jugeant bien qu'estant beau-frere du cardinal de Richelieu il auroit la cour pour luy, outre qu'en effet il avoit raison, il y laissa enfin d'autres gens; mais il luy en voulust tant de mal qu'il ne luy a jamais pardonné; et le mareschal aussy ne voulust plus servir avec luy, et s'en alla trouver le Roy aussytost qu'on fust arrivé à Compiegne.

Or M. le comte y vouloit laisser les Irlandois, tant parcequ'il auroit esté bien aise que les choses eussent mal esté partout où il n'estoit pas, que pour y faire perir M. de Vennes, que le Roy y avoit envoyé pour y commander en l'absence de M. de Montbazon, qui en estoit gouverneur, et auquel il vouloit mal, parcequ'il avoit eu le gouvernement de Valence lorsqu'on l'osta à M. Du Passage, qui s'estoit montré estre de ses amis quand il sortist mescontent de la cour.

La nouvelle de la retraite de l'armée du Roy, et qu'on avoit abandonné la riviere de Somme, donna une telle espouvante dans Paris, que tous ceux qui en pouvoient sortir, petits et grands, ne pensoient qu'à le faire, comme s'ils eussent desja eu l'ennemi à leurs portes. Et d'autant que toute la faute s'en rejettoit sur le cardinal de Richelieu à cause qu'il avoit fait déclarer la guerre, aussy parloit-on tout ouvertement contre luy, non seulement dans les compagnies particulieres, mais dans les rues, où le peuple s'assembloit par troupes comme au commencement d'une sedition, et qu'il a envye de se souslever; de sorte que quand il fallust aller à l'hostel de ville pour y faire résoudre les secours qu'on donneroit, et qu'on jugea nécessaire que le cardinal s'y trouvast, afin qu'on y eust plus d'esgard au service du Roy et aux besoins qu'on en avoit, tous les interessés à sa fortune ne le vouloient point, croyant (tant ils voyoient le peuple esmeu) qu'il n'en reviendroit jamais. Mais luy, qui avoit assurément une ame très grande et très eslevée, mesprisant tout ce qu'ils disoient, y alla, et mesme encore sans ceste multitude de gens qui l'accompagnoient ordinairement, et quasy tout seul, n'ayant dans son carrosse que trois ou quatre personnes, et autant à cheval derriere luy; où l'on vist ce que peust une grande vertu, et combien elle est révérée, mesme des ames les plus basses: car les rues estant sy pleines de gens qu'à peine y pouvoit-on passer, et tous sy animés qu'ils ne parloient que de le tuer; dès qu'ils le voyoient approcher, ou se taisoient, ou prioient Dieu qu'il donnast un bon succès à son voyage, et qu'on peust remedier au mal qu'ils appréhendoient.

Les ennemis n'ayant peu rien entreprendre sur l'armée, et ne doutant point qu'ils ne pourroient rien faire qu'à Corbie, y allerent; et on sceust bientost après que, quelque ordre qu'on y eust donné, on n'y feroit pas mieux que dans les autres places, tout y estant divisé, et mal préparé pour soutenir un grand siege. C'est pourquoy M. de Saint-Preuil y fust envoyé, avec charge de leur représenter ce qu'ils devoient faire pour le service du Roy et pour leur honneur, et de les assurer qu'on ne leur pardonneroit pas s'ils y manquoient; mais qu'en se deffendant, et donnant temps aux troupes du Roy d'arriver et de les secourir, ils en seroient bien récompensés.

M. de Saint-Preuil exécuta bravement sa commission, bien qu'il eust rencontré sur son chemin divers partis des ennemis, et qu'il fust enfin contraint, pour entrer dans la ville, de faire plus de demye lieue à nage le long de la riviere, tant toutes les avenues par terre en estoient bien fermées. Mais quant au fruit, il ne fust pas tel qu'on le devoit espérer, ayant trouvé les choses en sy mauvais ordre, et les gens de guerre aussy bien que les habitans sy mal disposés à faire leur devoir, que, quoy qu'il leur peust dire, il ne les empéscha pas de se rendre plus tost qu'ils ne devoient; dont le Roy fust en telle colere, qu'il fist procéder contre eux en toute rigueur. Par la capitulation, il fust dit que les troupes qui en sortiroient seroient menées à Amiens : ce qui osta tout soupçon qu'on la voulust assiéger.

Corbie rendu, on eust grande apprehension pour Saint-Quentin, le Roy ayant eu nouvelles que M. de Coulombiers, qui en estoit gouverneur, se mouroit; et il n'y avoit alors personne dedans sur qui on se peust reposer pour la deffense d'une place sy importante. C'est pourquoy le Roy escrivist au marquis de Fontenay d'y aller en toute diligence : ce qu'il fist fort heureusement; car y ayant eu plus de mille chevaux dans les postes toute la journée, il passa sy à propos durant la nuit, qu'il n'y avoit pas une heure qu'il estoit entré quand ils y revinrent.

Mais le mal de M. de Coulombiers ne s'estant pas enfin trouvé sy dangereux qu'on croyoit, il fust au bout de huit jours en estat de servir; et le marquis de Fontenay eust ordre d'aller à Beauvais, qui estoit fort menacé, et qu'on craignoit extremement, parceque la place est très mauvaise, et qu'il y avoit dequoy faire subsister l'armée ennemie durant tout l'hiver.

Il avoit trouvé les fortifications de Saint-Quentin en très mauvais estat, y ayant, outre le bastion de Longueville, qui estoit tout vide, un certain creux, à vingt pas du fossé, où les ennemis pouvoient loger dès le premier jour plus de mille hommes à couvert, et plusieurs autres endroits fort défectueux; lesquels ayant fait voir aux habitans, et le péril où cela les mettoit s'ils n'y remedioient, ils y travaillerent dès l'heure mesme avec grande affection. Ce qu'il tesmoigna depuis au Roy et au cardinal de Richelieu, et qu'il les avoit trouvés fort zélés pour la conservation de leur ville et le service du Roy.

Dès que M. le comte fust arrivé à Noyon, il avoit, à la sollicitation de M. de Fontenay, envoyé à Beauvais messieurs de Boufflers, de Tois (1) et de Ligneres, avec leurs compagnies de cavalerie; et quand il y fust, il obligea ceux de la ville de lever deux régimens de douze compagnies chacun, dont messieurs de Montchevreuil et de Bachivillers furent mestres de camp. En quoy il fut fait tant de diligence, qu'en moins de huit jours il y en entra une bonne partie; et ils furent enfin sy forts, qu'ils se trouverent des plus beaux de l'armée quand ils la joignirent pour aller à Corbie. Mais les habitans n'estant pas encore contents de cela,

---

(1) *De Tois*: Ce nom est incertain dans le manuscrit.

arrachoient eux-mesmes leurs vignes, qui estoient du costé le plus foible, afin de s'y fortifier, et de se pouvoir bien deffendre.

Cependant le Roy ayant donné des commissions de cavalerie et d'infanterie à tous ceux qui en avoient demandé, et ordonné que Paris et beaucoup d'autres villes feroient chacune chez elles le plus de gens qu'ils pourroient, il y fust travaillé avec tant d'affection, les villes n'y espargnant rien ( presque tous ceux qui avoient des carosses dans Paris ayant donné chacun un cheval pour monter la cavalerie), qu'il y eust bientost assez de gens (les troupes de Dôle et de Hollande estant longtemps auparavant arrivées) pour aller chercher les ennemis, au lieu de les attendre.

Or ils n'avoient fait depuis la prise de Corbie que penser à la bien conserver, faisant réparer les breches et fortifier de nouveau tout ce qui en avoit besoin; tenant cependant leur cavalerie dans le pays d'alentour, qui estoit fort abondant, pour l'y faire subsister, sans attaquer d'autre place que Roye, qui pouvoit servir à cela, et qui fust aussytost rendue, parceque, comme ils sçavoient sans doute les grands préparatifs qui se faisoient, ils avoient peur, en allant plus avant, de s'engager sy fort qu'ils ne se peussent pas aisément retirer, leur cavalerie, en quoy consistoit leur principale force, estant fort diminuée, soit par les maladies, soit parceque ceux qui s'estoient trouvés pleins des choses pillées avoient déserté. De sorte mesme que quand ils sceurent que le Roy avoit commencé à marcher, ils ne firent autre chose que de mettre une bonne garnison dans Corbie, et de s'en aller avec tout le reste auprès d'Arras.

L'armée estant toute ensemble, se trouva fort grande, et passer douze mille chevaux et trente mille hommes de pied; dans laquelle, pour mettre quelqu'un au dessus de M. le comte, dont on n'estoit pas trop satisfait, le Roy envoya Monsieur, croyant, parcequ'ils avoient tousjours esté mal ensemble despuis son mariage avec mademoiselle de Montpensier, qu'ils ne s'accorderoient pas pour le desservir. Mais il en arriva tout autrement ; car ils ne furent pas longtemps sans se raccommoder, Monsieur estant tousjours près de s'unir avec ceux qui se monstroient mal satisfaits du Roy; et M. le comte aussy (1). Les mareschaux de La Force et de Châtillon furent lieutenants généraux; et messieurs Du Hallier, de La Force, de Fontenay, de Lambert et de Bellefonds, mareschaux de camp.

On prist le chemin de Peronne pour y passer la riviere de Somme; et en passant Roye fust attaquée, qui n'attendist pour se rendre que de voir le canon. L'armée fust près de trois jours à passer dans Peronne, tant il y avoit de gens et de bagages, desquels en demeurant à toute heure quelqu'un, à cause des mauvais chemins, pleuvant quasy tousjours, il estoit aussy-tost pris par les ennemis, ceux qui commandoient les troupes laissées derriere pour leur seureté n'ayant pas voulu attendre que tout fust passé ; et il est certain que s'ils eussent eu plus de cavalerie dans Cambray, ils auroient fait un fort grand butin, tant l'ordre y estoit mauvais.

Peronne passé, on demeura trois jours pour aller

---

(1) *Et M. le comte aussy* : Montrésor et Saint-Ibal, tous deux ennemis du cardinal de Richelieu, réunirent les deux princes dans une commune haine.

jusques à Corbie, parcequ'on marchoit tousjours en bataille. M. le comte menoit l'avant-garde, Monsieur la bataille, et le mareschal de Châtillon l'arriere-garde. Le mareschal de La Force estoit demeuré de l'autre costé de l'eau avec un petit corps pour y faire une attaque, ayant avec luy le marquis de La Force et M. Lambert.

Quand on fust près de séparer les quartiers, M. le comte proposa à Monsieur que, pour se venger des desordres qui avoient esté faits en France, il falloit, en attendant qu'on eust toutes les choses nécessaires pour le siege, et qu'on le peust commencer, faire une course dans le Pays-Bas, laissant cependant quelques gens devant Corbie pour empescher que rien n'y peust entrer : à quoy Monsieur ayant consenty, il fallust nommer quelqu'un pour les commander. Et d'autant que sy les ennemis y vouloient jetter du secours, comme M. le comte le croyoit, la commission pouvoit n'estre pas trop bonne, il persuada à Monsieur de mener avec luy M. Du Hallier, à qui cela appartenoit s'il eust voulu, estant le plus ancien mareschal de camp; et d'y laisser M. de Fontenay, à qui il eust esté bien aisé qu'il fust arrivé quelque disgrace, à cause qu'il le sçavoit amy du mareschal de Brezé, et tout-à-fait despendant du cardinal de Richelieu.

Il y demeura donc avec deux mille hommes de pied et trois cents chevaux, fort peu de munitions, et rien pour se retrancher. Mais M. de La Meilleraye, à qui il envoya demander de la poudre et des pics, luy en ayant aussytost fait porter, il fist travailler tous les soldats à ses despens, et sy diligemment qu'en moins de deux jours (car s'estant logé sur le costeau il ne fallust quasy rien faire dans le penchant) ses retranchemens se trouverent en quelque défence, et qu'au quatrieme il n'eust plus d'apprehension, sachant bien que l'armée du Roy estoit trop proche pour y oser mener du canon.

Monsieur ayant esté cinq ou six jours dans le pays ennemy, pillant et faisant beaucoup de desordre, sans trouver résistance nulle part, receut un ordre du Roy, à qui ce voyage n'avoit pas semblé fort à propos, de revenir et commencer le siege, où le cardinal de Richelieu estant aussy venu pour voir ce qui s'y devroit faire, il fust fort satisfait du travail de M. de Fontenay, et l'assura qu'il le diroit au Roy.

Tous les quartiers ayant esté séparés, on ne peust pas luy oster celuy où il estoit logé, et qu'il avoit gardé pendant l'absence de l'armée; de sorte qu'il y demeura, avec les régiments de Picardie, de ........; et le mareschal de Châtillon en prist un autre assés près de là, avec le régiment des Gardes et autres. Et ayant esté résolu qu'on feroit une circonvallation devant que d'ouvrir la tranchée, on fust près de quinze jours à y travailler sans que les assiégés se missent en devoir de l'empescher, non plus que ceux de leur armée, qui firent seulement une entreprise sur le quartier d'Aiguefel, allemand, et de Gassion, qu'ils enleverent; mais Gassion n'y estoit pas.

On s'estonnera sans doute comment les Espagnols, qui avoient tant estimé la prise de Corbie qu'ils y bornerent toutes leurs grandes prétentions, ne se mirent point plus en peine de le secourir; mais on a dist (et il y a bien de l'apparence) que leur armée se trouva sy desperie, qu'ils n'oserent rien hasarder de ce qui leur en restoit, d'où despendoit en quelque sorte la conservation de toute la Flandre.

Les tranchées furent ouvertes, tant au quartier de M. de Châtillon qu'à celuy de M. de Fontenay, au commencement du mois de novembre, et poussées aussy diligemment que le temps le permettoit; car il pleuvoit fort souvent.

Or, comme le quartier de M. de Fontenay estoit vis à vis de la seule porte qui estoit ouverte à Corbie, et qu'il falloit que tout ce qui y alloit ou en sortoit passast par devant chez luy, cela luy fist prendre quelque connoissance avec celuy qui y commanda, despuis que le gouverneur, qui estoit Italien, eust esté tué d'un coup de canon; et jusqués là mesme qu'un de ses mulets qui alloit à Amiens pour la provision ayant esté pris par des gens sortis de nuit devant que la circonvallation fust achevée, et mené à Corbie, il luy fust aussytost renvoyé; laquelle honnesteté persuada à tout le monde qu'on n'y vouloit pas faire une longue deffence. Et M. le comte mesme en eust une telle jalousie, croyant qu'il s'y traitoit quelque chose à son desceu, qu'ayant trouvé un tambour qui venoit de dire à un habitant que s'il avoit permission de sortir, M. de Fontenay pourroit avoir celle de le recevoir (ne s'estant point imaginé qu'en le disant à Monsieur ou à luy, ils ne le voulussent bien, quand ce n'eust esté que pour sçavoir des nouvelles assurées de la place); il creust que c'estoit pour quelque autre subject qu'on luy cachoit, et s'en piqua de telle sorte qu'il luy dist plusieurs choses fort aigres, et particulierement qu'il en demanderoit justice au Roy comme d'une entreprise faite sur sa charge, sans le vouloir escouter en ses deffenses.

Le huitieme novembre, les tranchées n'estant pas encore sur le fossé d'un dehors, on fust tout estonné (tant l'estoile de ceste année-là estoit mauvaise pour ceux qui avoient à deffendre des places) qu'il parust un tambour des ennemis au travail de M. de Fontenay, qui demandoit à luy parler; lequel luy ayant esté amené, luy dist que M. de ........., qui commandoit dans Corbie, l'avoit envoyé pour sçavoir sy on luy voudroit faire une bonne composition; moyennant quoy il rendroit la place. A quoy le marquis de Fontenay ne pouvant pas respondre, il l'envoya (parceque Monsieur n'y estoit pas, et le quartier de M. le comte fort eslongné) au mareschal de Châtillon, lequel respondist qu'il vinst des deputés, et qu'on les entendroit. Mais le tambour ayant demandé temps jusques au lendemain, parcequ'il estoit tard, et que cependant on fist une treve, il y consentist.

Au mesme temps que le marquis de Fontenay fist mener le tambour au mareschal de Châtillon, il en envoya donner avis à Monsieur, à M. le comte, et au cardinal de Richelieu, lequel en eust une grande joye, car il commençoit à craindre que Corbie ne se pourroit pas prendre à cause des pluyes continuelles qu'il faisoit, qui avoient desja engendré tant de maladies parmy ces nouvelles levées, peu accoutumées à pâtir, qu'elles en estoient quasy diminuées de la moitié, et qu'on n'estoit pas encore sur le fossé du dehors.

Mais Monsieur et M. le comte n'en furent pas de mesme; car ils avoient dès lors résolu, ne croyant pas qu'elle se deust prendre, qu'aussytost qu'on leveroit le siege ou qu'on le convertiroit en un blocus, qui estoit tout le plus de ce qu'ils pensoient qu'on pourroit faire, ils s'en iroient en quelque lieu de seureté pour demander satisfaction sur plusieurs griefs dont ils se plaignoient, ou faire la guerre, se promettant que beaucoup de gens qui n'estoient pas plus contents qu'eux les suivroient, et entre autres M. d'Espernon, ainsy que M. de La Valette leur avoit fait esperer.

Le lendemain, les desputés de la ville vinrent chez M. de Châtillon, où se trouverent M. le comte, le mareschal de La Force, tous les mareschaux de camp, et l'abbé de Saint-Mars de la part du cardinal de Richelieu. Il y avoit parmy ces desputés un capitaine espagnol, lequel porta la parole, et demanda permission d'avertir le cardinal Infant de l'estat auquel ils estoient; et que sy dans huit jours ils n'estoient secourus, ils rendroient la place, pourveu qu'on les laissast sortir tambour battant, enseignes desployées et meche allumée; et qu'on leur donnast deux canons, et des charriots pour porter leurs malades et leurs équipages à Arras; après quoy les desputés se retirerent.

Quand ils furent sortis et qu'on vinst à opiner, la plus grande partie croyoit qu'il n'y avoit rien à disputer que sur les huit jours qu'ils vouloient pour attendre du secours; mais l'abbé de Saint-Mars dist que le cardinal de Richelieu prioit instamment qu'on ne leur donnast point de canons. C'est pourquoy le marquis de Fontenay, qui les avoit amenés, eust ordre de leur aller dire qu'ils n'en auroient point, ny de temps pour avertir le cardinal Infant. A quoy le capitaine espagnol respondit qu'ayant bien pensé avant que de venir à ce qu'ils devoient demander pour sortir avec honneur, on devoit s'assurer qu'ils ne s'en relascheroient pas d'un seul point, ne pouvant se rendre sans le consentement de leur prince, et sans sçavoir qu'il ne les pourroit secourir; et quant aux deux canons, parcequ'il avoit esté accordé la mesme chose à toutes les places qu'ils avoient prises.

Ce que M. de Fontenay ayant rapporté, il y eust de grandes contestations; car M. le comte, qui ne vouloit point qu'ils se rendissent, prenant pied sur ce que le cardinal de Richelieu avoit mandé, ne vouloit point qu'on donnast de canons, ny mesme du temps pour avertir le cardinal Infant, quoyque tous les autres fussent d'opinion contraire, disant que les canons ne faisant nulle conséquence, il les falloit donner; et que sy on disputoit sur quelque chose, ce ne devoit estre que sur les huit jours, bien que, par le peu de bruit qu'ils avoient fait despuis le commencement du siege, on ne vist aucun danger de les donner tous entiers. Mais M. le comte ne se relaschant point, ny l'abbé de Saint-Mars aussy, M. Du Hallier y fust envoyé pour voir s'il les pourroit persuader; mais il n'y gagna rien. De sorte qu'enfin tout le reste jugeant qu'il falloit les sortir de là, et s'oster ceste espine du pied devant que les maladies fissent plus de dégast dans l'armée, les mareschaux de La Force et de Châtillon prierent M. le comte de consentir qu'on leur donnast les deux canons, et trois ou quatre jours pour avertir le cardinal Infant; disant pour ce dernier qu'aussy bien les pourroient-ils avoir, et les huict mesme, quand on ne les donneroit pas, puisque, revenant quand ils seroient passés, on seroit tousjours tout heureux de les recevoir.

Ces raisons néanmoins ne suffisant pas pour M. le comte, qui, ayant d'autres desseins, ne cherchoit qu'à rompre le traité et renvoyer les desputés sans conclusion, sous le prétexte toutefois de ce qu'avoit mandé le cardinal de Richelieu, dont il disoit ne se pouvoir despartir; il fallust que les deux mareschaux luy donnassent par escrit que ce qu'il en faisoit estoit à leur supplication, et qu'ils se chargeoient de tout ce que le Roy et le cardinal de Richelieu en pourroient dire, consentant qu'on s'en prist à eux.

Après quoy M. de Fontenay ayant eu ordre de leur aller dire qu'on leur accordoit tout, excepté les huit jours, qu'on réduisoit à trois; ils en firent de grandes difficultés, disant ne s'en pouvoir relascher sans retourner dans la ville, pour en avoir le consentement de ceux qui les avoient envoyés. Mais leur ayant représenté qu'il n'en falloit qu'un pour aller à Arras, où estoit le cardinal Infant avec toute son armée, et deux pour en venir s'il en avoit envye, et qu'infailliblement on ne leur en donneroit pas davantage : après avoir longtemps consulté ensemble, le capitaine espagnol, qui portoit tousjours la parole, vint dire qu'ils le vouloient bien, pourveu qu'ils y peussent envoyer dès le soir, sans qu'on comptast les trois jours que du lendemain au matin : ce qui leur ayant esté accordé, la capitulation fust signée.

Pendant les trois jours qui furent donnés aux assiégés pour attendre du secours, M. de Fontenay, par le quartier duquel il devoit vraysemblablement venir, fist tenir nuit et jour la moitié de tous ses gens sous les armes, et envoya des batteurs d'estrades de tous les costés, et jusques auprès d'Arras, afin que sy les ennemis venoient, on en peust estre longtemps auparavant averty, et avoir loisir de se préparer. Mais on n'en fust pas en peine, parceque leur armée estant plus d'esperie que celle du Roy, ils ne l'eussent peu faire sans mettre tout leur pays en péril, n'ayant point alors d'autres troupes que celles là.

Le troisieme jour expiré sans qu'il fust venu de secours, les assiegés rendirent la place ainsy qu'ils avoient promis, et il en sortist près de dix huit cents hommes sous les armes, tous bien faits, et qui avoient encore tant de vivres, qu'ils tenoient quasy tous un morceau de pain et de beurre à la main. Ils eurent une escorte pour les conduire à Arras, avec des chariots pour leurs bagages et leurs malades : pour assurance de quoy ils laisserent deux capitaines de leur garnison, qui demeurerent jusques au retour de l'escorte. On y fist entrer deux régiments des meilleurs de l'armée, et le gouvernement en fust despuis donné à M. de Nanteuil.

Le cardinal de Richelieu vint voir la place et ordonner ce qu'il y faudroit faire, Monsieur ny M. le comte n'y ayant pas voulu entrer à cause qu'il y avoit de la peste. Après quoy il retourna à Amiens, où ils estoient desja allés; et ce fust là, et dans un conseil qui se tint chez luy, où on dit que Monsieur et M. le comte avoient resolu de le tuer, et qu'ils le pouvoient faire quand il fust les conduire, ayant force gens auprès d'eux qui n'attendoient que le signal, et tous ceux du cardinal de Richelieu, excepté son capitaine des gardes, estant allés fort loin devant : mais que Monsieur ayant changé de dessein, vraysemblablement par le scrupule de tuer un prestre et un cardinal, la chose avoit manqué. C'est dont je ne puis pas parler assurement, car je n'y estois pas; mais il me semble difficile à croire que les gens du cardinal de Richelieu, qui estoient sy soigneux de l'environner, lors mesme qu'il estoit tout seul et qu'il n'y avoit aucun subject de craindre, l'eussent quitté de sy loin devant tant de monde, et particulierement pendant que M. le comte y estoit, qu'ils sçavoient n'estre pas de ses amis.

Joint que je sçay qu'ils ont aussy dit l'avoir peu faire quand ils vinrent tous disner dans la tente de M. de Fontenay, un peu devant qu'on ouvrist les tranchées; quoyqu'il ne leur eust pas esté aisé, le cardinal ayant eu tant qu'il y demeura tous ses gentilshommes autour de luy, et beaucoup d'officiers du quartier de M. de Fontenay qui ne l'eussent pas souffert (1).

L'ordre de demeurer dans Corbie avec les ostages jusques à ce que l'escorte fust revenue ayant esté donné au marquis de Fontenay, il eust envye de sçavoir pourquoy ils s'estoient sytost rendus, et leur demanda ce qui les y avoit obligés, pouvant bien, ce sembloit, tenir encore quelques jours : ce qu'ils luy avouerent ingénuement, et qu'il n'y avoit personne dans la place qui ne le vist bien; mais qu'ayant esté avertis qu'on ne les pourroit pas secourir, et que les quartiers d'hiver s'alloient faire, ils avoient creu se devoir rendre pour y estre quand on les donneroit; estant bien assurés que sans cela ils en auroient de sy mauvais, que leur compagnie, d'où despendoit toute leur fortune, ne se pourroit remettre. Que cela avoit esté représenté à celuy qui commandoit despuis la mort du gouverneur, nommé, ce me semble, M. de Brimeu, en un conseil où se trouverent tous les officiers de la garnison; et

---

(1) *Voyez* les Mémoires de Montglat, et surtout ceux de Montrésor, qui étoit entré très-avant dans cette conjuration. Ces deux ouvrages font partie de la seconde série de cette Collection.

que ce seroit peu d'avantage au roy d'Espagne quand ils tiendroient huit ou dix jours de plus, et à eux une ruine totale; et que partant ils le supplioient de trouver bon qu'on se rendist, sans attendre plus longtemps. Sur quoy l'avis du capitaine espagnol fust demandé; lequel ayant respondu que puisque c'estoit celuy de tous les autres, c'estoit aussy le sien, le tambour avoit à l'heure mesme esté envoyé. Ce qui doit apprendre aux princes à bien regarder quels gens ils mettent dans leurs places, afin qu'elles soient tousjours deffendues jusques au bout, peu de temps faisant quelquefois grand bien, comme le roy d'Espagne l'auroit vraysemblablement esprouvé sy ces gens ne se fussent pas sy tost rendus; car il n'y a gueres d'apparence que le Roy l'eust prise, ou de longtemps : ce qui luy eust fait avoir beaucoup d'autres affaires fort dangereuses, ausquelles ceste sy prompte reddition donna moyen de remedier, ainsy qu'il sera dit cy-après.

L'Empereur n'estant pas encore content de ce que Piccolomini avoit mené en Flandre pour attaquer la Picardie, envoya Galas avec une fort grande armée, pour se joindre à M. de Lorraine et entrer conjointement dans la Bourgongne, où ils jugerent plus à propos d'aller qu'en Lorraine, parcequ'elle n'avoit point encore ressenty aucune des incommodités de la guerre, et qu'on y pourroit estre assisté de ceux du Comté (¹), qui ne demandoient qu'à se venger du siege de Dôle.

Mais n'y estant arrivés que dans le mois d'octobre, les pluyes y furent sy grandes, et rompirent tellement les chemins et la campagne mesme, dont on a tousjours grand'peine à se retirer quand il a beaucoup

(¹) *Du Comté* : de la Franche-Comté.

pleu, que leur artillerie et leurs bagages demeuroient à toute heure embourbés, et que ne trouvant quasy point de vivres dans le pays, il ne leur en pouvoit pas aussy venir suffisamment de la Franche-Comté. De sorte que M. de Lorraine n'ayant peu prendre Saint-Jean-de-Laune d'emblée, quoyque ce soit une fort meschante place (parceque M. de Rantzau et quelques autres s'y estoient jettés), ny Galas, qui s'estoit avancé jusques à Mirebeau, aucune chose qu'il peust garder, ils n'oserent attendre que le cardinal de La Valette et le duc de Veimar, qu'on avoit fait revenir en Barrois pour avoir l'œil à tout ce qui viendroit d'Allemagne dans ces costés là et s'y opposer, eussent joint M. le prince, qui avoit assemblé toutes les forces de la Bourgongne; et ils s'en retournerent sans avoir rien fait que ruiner leurs armées. Et il est de plus très certain que sy le cardinal de La Valette et le duc de Veimar eussent peu y arriver trois jours plus tost, tous leurs canons et leurs équipages y seroient au moins demeurés, tant ils eurent de peine à les emmener, quoyque personne n'y fust pour les en empescher.

Or les Espagnols, pour ne rien oublier de tout ce qu'ils pouvoient faire, avoient dans ce mesme temps envoyé un bon nombre de vaisseaux sur la coste de Bretagne pour y faire une descente; et ayant assemblé le plus de gens qu'ils peurent dans les provinces proches de Bayonne, furent à Saint-Jean-de-Luz, qu'ils pillerent; et puis se retrancherent au Socoua (¹), qui est sur la mer et en une situation avantageuse, croyant s'y pouvoir maintenir comme dans les isles Sainte-Margue-

(¹) *Au Socoua*: Ce fort est appelé Sacoué dans les Mémoires de Montglat.

rite et Saint-Honorat, qu'ils avoient prises quelque temps auparavant, et dont on ne les avoit encore peu chasser. Mais il ne leur réussit pas mieux qu'en Bourgongne; car ceux qui allerent en Bretagne furent repoussés, et contraints de se rembarquer diligemment, tant ils voyoient venir de gens contre eux. Et quant à ceux du Socoua, on mist sy bon ordre pour empescher qu'ils n'eussent des vivres du pays, que n'en pouvant aussy tirer d'Espagne qu'avec grande peine, ils l'abandonnerent volontairement.

Il a semblé à beaucoup de gens que les Espagnols firent une grande faute de faire venir à leur secours Piccolomini et Galas, avec la plus grande partie des troupes de l'Empereur, devant qu'il eust achevé de se rendre maistre de l'Allemagne : ce qui ne paroissoit pas alors fort difficile, les Suedois ne tenant quasy plus qu'à un filet; après quoy ils en auroient peu, et sans rien hasarder, faire tout ce qu'ils eussent voulu, et s'ils avoient receu quelque mal le réparer avec usure, ayant de sy grandes armées en leur disposition : au lieu qu'en luy faisant diviser ses forces comme ils firent, il n'y en eust pas assés pour faire en France tout le mal qu'ils prétendoient, et s'opposer au mesme temps aux Suédois, lesquels ayant battu ce qui estoit demeuré contre eux à ............ et en divers autres endroits, se releverent, et se fortifierent tellement de tous costés, qu'encore que l'Empereur eust rappelé Piccolomini et Galas, et rejoint toutes ses troupes sans plus les séparer, estant bien plus en estat de demander secours que d'en donner, il ne peust jamais retrouver l'occasion qu'il avoit perdue. Ce qui a beaucoup contribué à tout le mal que les Espagnols ont receu, ayant esté contraints de manquer à leurs propres besoins pour ne le laisser pas périr. De sorte qu'on peust dire avec verité que les Espagnols n'ont pas esté plus malheureux dans toutes les entreprises qu'ils ont faites contre la France, en ce qu'ils n'y ont pas réussy, qu'en ce qui est arrivé de mal à cause de cela chez eux ou chez leurs alliés, n'y ayant point de doute que le restablissement des Suédois en Allemagne ne soit venu de ces voyages de Piccolomini et de Galas, ainsy que la révolte du Portugal et de la Catalongne de la continuation de la guerre; et pour en donner des exemples plus anciens, l'affermissement principal de la republique de Hollande, des secours que le duc de Parme mena à la Ligue.

Monsieur et M. le comte ne furent pas plus tost à Paris, que songeant à leurs consciences, et craignant que le Roy estant averty de ce qu'ils avoient voulu faire, parcequ'ils s'en estoient descouverts à beaucoup de gens, on ne les mist en prison, ils s'en allerent, Monsieur à Orléans et puis à Blois, et M. le comte à Sedan; car M. de Bouillon estoit de la partie.

Or M. le comte fist tout ce qu'il peust pour mener Monsieur à Sedan; mais il ne le voulust point, ny M. le comte le suivre, quoyqu'il le connust sy foible que, n'estant pas avec luy, il pourroit estre regagné par ceux de sa maison qui despendoient de la cour; ayant peur, s'il s'engageoit sy avant dans le royaume, de n'en pouvoir pas sortir quand il voudroit, ne doutant point que s'il estoit pris on ne luy pardonneroit pas, et que tout le fardeau tomberoit sur luy. Ce qui aida beaucoup à l'accommodement, estant très certain qu'il avoit un tel pouvoir sur Monsieur, que s'il y eust esté il ne se seroit pas fait facilement.

Une autre chose y contribua encore, qui fust qu'ayant fondé leurs principales espérances sur la déclaration de M. d'Espernon, dont M. de La Valette les avoit comme assurés, et qui leur estoit tout-à-fait nécessaire pour donner de la réputation à leurs affaires, tant à cause de son gouvernement, qui estoit sy grand et où il avoit tant de crédit, que des places qu'il tenoit, et de son exemple, qui en eust peu attirer beaucoup d'autres; on ne trouva personne plus propre pour luy estre envoyé et l'obliger à se déclarer, que M. de Montresor, lequel devant estre médiateur entre Monsieur et M. le comte, avoit plus de crédit sur l'esprit de Monsieur que ceux qu'il laissa en sa place, et eust peu l'empescher de faire certains pas qui le conduisirent insensiblement où on vouloit. Car il estoit de ceux qui avoient tousjours porté Monsieur à s'eslongner de la cour, comme s'il n'y eust peu demeurer avec honneur sans y avoir tout crédit, et qu'il luy eust esté plus honteux de se soumettre en quelque sorte à ceux dont le Roy se servoit, qu'aux ministres d'un roy estranger; ne le pouvant pas éviter tant qu'il seroit chez luy, bien que ce roy fust ennemy de sa maison, et qu'il n'en demandast que la ruine et de son pays, où il avoit tant d'interest, le Roy n'ayant point encore d'enfant. Ou peut-estre parceque, pensant ne pouvoir trouver de place à son gré que dans le désordre, il cherchoit à y jetter Monsieur, et à le sacrifier pour ses passions et ses intérests, comme font ordinairement ceux qui ont quelque crédit auprès des princes : ce qui eust assurement fort embarrassé les affaires.

Aussytost que le Roy sceust Monsieur à Blois, il partist pour y aller, et empescher par sa présence tout le mal qu'il voudroit faire; envoyant au mesme temps M. Du Hallier, capitaine des gardes et lieutenant de ses gens d'armes, en qui il se fioit fort, avec une partie de la compagnie de gens d'armes, sur le chemin de la Bourgongne, où on craignoit qu'il n'allast comme l'autre fois, pour passer de là dans la Franche-Comté, avec ordre de l'arrester, quand bien il se mettroit en deffense, ainsy qu'il promist de faire. Et on despescha au mesme temps vers luy ......... (1), pour savoir les raisons qui l'avoient obligé à s'en aller, luy representer sa faute, et l'assurer que s'il vouloit revenir il seroit très bien receu, et traité selon sa qualité.

Or, sa maison, comme sont ordinairement celles des princes, estoit fort divisée; les uns voulant qu'il retournast auprès du Roy, et les autres qu'il sortist du royaume. Luy-mesme se trouvoit l'esprit fort partagé, son inclination le portant à suivre ce dernier avis, et à continuer ce qu'il avoit commencé. Mais les difficultés qu'il s'y représentoit et auxquelles il n'avoit pas pensé auparavant, jointes à l'offense qu'il avoit faite aux Espagnols d'estre party de chez eux sans leur sceu, luy faisoient grande peur, craignant qu'en pensant éviter d'un costé des choses qui ne luy plaisoient pas, il n'en receust de pire de l'autre, et avec moins de remede, puisqu'il n'en pourroit peut-estre pas revenir quand il voudroit. Ce que M. Goulas son secrétaire, et l'abbé de La Riviere, qu'on avoit fait sur ce temps là sortir de la Bastille pour l'envoyer auprès de luy, exageroient fort.

Mais ce qui y donna le plus grand coup fust le re-

---

(1) *Vers luy* ...... : Ce nom est en blanc dans le manuscrit; on voit dans les Mémoires de Montrésor que Bautru fut envoyé à Monsieur.

fus de M. d'Espernon, lequel ne voulust point estre de la partie, soit parcequ'il la creust mal faite et qu'il avoit mal pris son temps, le Roy estant en liberté d'aller où il luy plairoit, et avec la gloire d'avoir repris Corbie; chassé les ennemis hors du royaume, et rendu inutiles tous leurs grands efforts; ou encore parcequ'il voyoit ne pouvoir fomenter ceste rebellion sans mettre l'Estat en compromis, et hasarder en mesme temps tous les grands establissements qu'il y avoit, pour se venger de choses dont le mal n'esgaloit pas la perte qu'il pourroit faire; car enfin la France n'eust peu périr sans qu'il en eust beaucoup souffert. La part qu'il avoit prise dans ce qu'avoit autrefois fait la Reine mere, qui donnoit esperance qu'il ne feroit pas moins, puisque Monsieur y estoit de plus, n'avoit point de rapport avec celle-cy, les estrangers n'en pouvant alors profiter. De sorte que M. de Montrésor fust contraint de revenir sans avoir rien fait, M. d'Espernon luy voulant mesme faire passer pour une grande grace de ne le pas retenir pour l'envoyer au Roy [1].

[1637] Ne s'estant pendant cela rien oublié de tout ce qui pouvoit regagner Monsieur, le Roy fust aussy sy bien servy par ceux qui estoient auprès de luy et par ceux qu'on y envoya, qu'il se disposa enfin à rentrer dans son devoir. M. le comte, qui ne voulust pas estre compris dans son traité, demeura à Sedan, dont il n'est point revenu. Il en fust principalement empesché par son humeur naturelle, qui le rendoit incompatible avec tous ceux qui avoient plus de pouvoir que luy, et quy luy venoit de race; ceux de qui il estoit

---

[1] *Voyez* dans les Mémoires de Montrésor le détail de cette négociation.

descendu ayant tousjours, comme j'ay dit ailleurs, esté contre la cour et contre les favoris, et l'ayant nourry et eslevé dans cest esprit là. Joint qu'il croyoit que le cardinal de Richelieu voulant qu'il espousàst madame d'Aiguillon sa niece, il ne pourroit jamais sans cela estre en seureté dans la cour; et il ne le vouloit point, estant infiniment au dessous de celles à qui il avoit autrefois prétendu, comme la reine d'Angleterre et madame de Montpensier, et de mesdemoiselles de Guise et de Rohan, qu'il pouvoit alors avoir. A quoy s'ajoustoit, pour l'en desgouter tout-à-fait, qu'elle estoit veufve d'un capitaine de gens de pied; car le connestable de Luynes, oncle de M. de Combalet son mary, estoit mort devant que de luy avoir fait donner autre chose qu'une compagnie de gens de pied dans le régiment de Normandie.

Qui considerera le danger où le Roy se trouva, attaqué de tant d'ennemis, et jusques à des gens de son propre sang qui conspiroient contre luy, verra sans doute que c'a esté une des occasions où Dieu luy a donné de plus grandes marques de sa protection; car, outre qu'il résista heureusement en tant de divers endroits, et reprist Corbie, par où les ennemis avoient une sy grande entrée dans la France, Monsieur et M. le comte ne trouverent, de tous ceux de qui ils pensoient estre assistés, que M. de Bouillon qui le voulust faire : ce qui força Monsieur de s'accommoder.

Quand il fust revenu auprès du Roy, on ne pensa qu'aux préparatifs de la prochaine campagne; le Roy faisant faire de tous costés tant de nouvelles levées de cavalerie et d'infanterie, qu'il eûst deux grandes armées, et (ce qui estoit de plus important) sans que le roy d'Espagne en fist de mesme; car ne luy estant point venu d'Allemands, il n'en peust faire qu'une, et qui ne fust pas fort grande, tant les despenses des deux années précédentes l'avoient espuisé, estant quasy tousjours arrivé que, nonobstant tous les grands Estats qu'il a, et toutes les richesses qu'il tire des Indes, quand il fait des efforts extraordinaires une année ou deux, il est forcé de se reposer quelque temps, ainsy qu'il s'estoit desja veu quand il fist la treve de Hollande après le siege de Breda, et autres.

L'on donna le commandement de l'armée qui devoit aller en Flandre au cardinal de La Valette et à M. de Candale, son frere; et celle du Luxembourg au mareschal de Châtillon. Le cardinal de La Valette ayant assemblé toutes les troupes qu'on luy avoit destinées à Chasteau-Portien, fust à Landrecy, qu'il attaqua par les regles, et prist à la fin; les Espagnols n'ayant point pensé à le secourir parcequ'ils furent à Venloo et à Ruremonde, que les Hollandois avoient pris quand le comte Henry de Bergues se retira chez eux mal satisfait des Espagnols, et qui leur estoient plus importantes.

Après la prise de Landrecy, le cardinal de La Valette fust à Maubeuge, pour entrer par là plus avant dans le Hainaut, et essayer d'y faire quelque progrès; mais s'y estant trouvé plus de difficulté qu'on ne s'estoit imaginé, M. de Candale y demeura avec une partie de l'armée pour en donner tousjours quelque soupçon, et le cardinal fust avec le reste à La Capelle, qui se deffendist fort mal, s'estant rendue devant que d'estre fort pressée, et lorsque le secours arrivoit; car les ennemis ayant pris Venloo et Ruremonde bien plustost qu'on ne pensoit, venoient à grandes journées à La

Capelle, croyant assurement qu'elle tiendroit encore, et que le cardinal de La Valette n'ayant avec luy qu'une partie de son armée, pourroit estre défait s'il les attendoit; et que s'il se retiroit, ne pouvant pas aller à Maubeuge à cause qu'ils seroient entre deux, M. de Candale ne leur pourroit eschapper. Mais ils trouverent à Emeric sur la Sambre le gouverneur de La Capelle avec toute sa garnison, et sceurent que le cardinal de La Valette avoit envoyé avertir M. de Candale de revenir diligemment, et estoit mesme party pour aller au devant de luy; de sorte qu'encore que toutes leurs troupes eussent passé la riviere fort promptement, ils ne peurent pourtant empescher que la jonction ne se fist.

Les François croyoient devoir donner ce jour là une bataille, et s'y estoient préparés; mais les Espagnols n'oserent la hasarder, les voyant tous ensemble; et s'estant seulement fait quelques petites escarmouches, où il y eust peu de gens tués de part et d'autre, ils laisserent aller le cardinal de La Valette à La Capelle, où il fist réparer les breches, et mist des vivres et une bonne garnison.

Le mareschal de Châtillon ne fust pas moins heureux; car ayant assemblé toutes ses troupes aux environs de Châlons, il entra dans le Luxembourg, où il assiégea Damvillers, dont la Champagne estoit fort incommodée, sa garnison passant souvent la riviere de Meuse en plusieurs gués qu'il y a, et faisant contribuer un grand pays; joint que c'estoit une très bonne place assise dans un marais, et qui se pouvoit aisément garder.

Le gouverneur se défendist fort bien; mais comme

il faut que toutes les places qui ne sont point secourues se rendent, quand il vist qu'on avoit passé le fossé, et que s'estant fait jouer une mine sous un des bastions de la ville, on avoit commencé à y faire un logement, il capitula.

Or les Espagnols craignant extremement de perdre ceste place, non seulement pour les contributions que j'ai desja dit qu'elle leur faisoit venir, mais parcequ'elle couvroit une grande partie du Luxembourg, envoyerent André Cantelme avec un petit corps pour essayer d'y jetter du secours, et de la faire durer jusques au temps des pluyes, pendant lequel il sembloit impossible que le siege se peust continuer. Mais craignant de n'y pouvoir pas arriver assez à temps avec le gros de ses troupes, il envoya devant trois cents hommes des meilleurs qu'il eust, et qui pouvoient marcher le plus diligemment, leur donnant un ordre par escrit de se jetter dedans, ou de mourir. Ce qu'ils executerent hardiment, y estant entrés la nuit de devant qu'elle se deust rendre, ne s'estant pas fait assez bonne garde, sur la confiance qu'on avoit à la capitulation, aux ostages, et à l'eslongnement de l'armée des ennemis.

Cela n'empescha pas toutefois le gouverneur de tenir sa parolle, ne trouvant pas ce secours suffisant pour le sauver et lui faire hasarder la garnison, qui vraysemblablement après cela n'eust point deu esperer de quartier. De sorte qu'il sortist au temps qu'il avoit promis, et n'en fust point châtié comme celuy de La Capelle, qui fust retenu prisonnier, et eust la teste coupée aussytost qu'il fust arrivé à Bruxelles.

# RELATION

DE

CE QUI S'EST PASSÉ A ROME ENTRE LES AMBASSADEURS D'ESPAGNE ET DE PORTUGAL, LE 20 AOUST 1642.

[1642] LE marquis de Los Velès estant arrivé à Rome au mois d'avril de l'année 1642, il pretendist signaler son ambassade par l'enlevement de l'evesque de Lamego, ambassadeur de Portugal, comme le marquis de Castel Rodrigue avoit fait la sienne par celuy du prince de Sense; et il s'en tint presque assuré quand il le vist desloger de chez le marquis de Fontenay, ambassadeur de France, et aller par la ville dans ses carosses, et sans autre suite que de quelques Portugais. Mais comme pour l'executer il avoit besoin de plus de gens que n'ont accoutumé d'en avoir les ambassadeurs, il luy falloit aussy un prétexte pour en prendre.

Or il le chercha dans une chose que peu d'autres auroient imaginé, qui fust de faire brusler la nuit la porte de derriere de son palais, pour dire après, quoyqu'enfin il la fist refaire, qu'estant ouvert, il avoit besoin de gens pour garder les papiers et les lettres de son roy, qui autrement ne seroient pas en seureté. De sorte qu'il prist beaucoup de nouveaux domestiques, qu'il logea chez luy et aux maisons voisines, et leur fist donner à tous des armes.

Avec ces préparatifs, il mist des espions après l'évesque de Lamego; et ayant sceu qu'il disoit la messe le

20 may à la *Madona de gli Angeli*, il y alla pour l'enlever; mais il y arriva trop tard. De quoy l'ambassadeur de France ayant esté à l'heure mesme averty, il le fist dire au cardinal Barberin, afin qu'il y donnast ordre; mais, quoyqu'il en eust eu aussy d'autres avis, il n'en tesmoigna rien au marquis de Los Velès. De sorte que, quelques jours après, l'evesque de Lamego ayant feint de vouloir aller l'après disnée à Sainte-Marie Major, on vist aussytost l'eglise, les hostelleries voisines, et la vigne du cardinal Montalte, pleines de Napolitains; et au commencement de juin le carrosse du cardinal Antoine, qui remenoit monseigneur Cernare, évesque de Padoue, qui avoit soupé avec luy, estant pris pour celuy de l'evesque de Lamego, il fust arresté et visité par douze hommes masqués, lesquels n'y trouvant pas ce qu'ils cherchoient, le laisserent aller.

Le cardinal Barberin ne pouvant plus dissimuler, à cause de l'esclat qu'avoient ces deux dernieres tentatives, et voyant qu'on en murmuroit dans Rome comme s'il y eust eu de la connivence de sa part, et qu'il eust bien voulu qu'on eust enlevé l'évesque de Lamego, pour estre deschargé de la presse qu'on luy faisoit de le faire recevoir par le Pape, il se resolust d'y mettre quelque ordre, envoyant premierement sur les confins du royaume de Naples pour faire arrester tous ceux qui voudroient entrer dans l'Estat ecclesiastique, ouvrir leurs lettres et mesme celles du nonce, afin que s'il y en avoit qui le meritassent, elles luy fussent promptement envoyées.

Il fist aussy faire garde aux portes de la ville; et parceque nonobstant cela il ne laissoit pas de venir quelques Napolitains par la mer, il commanda au gouverneur de s'informer diligemment de tous les estrangers qu'il y avoit à Rome, d'où ils estoient venus, où ils logeoient, et le temps qu'ils y vouloient demeurer; d'ordonner à leurs hostes de luy dire quelle sorte de vie ils menoient, et de faire au mesme temps publier un ban par lequel il fust ordonné à tous vagabons et gens sans aveu de sortir de Rome dans vingt-quatre heures. Après quoy on vist sortir quantité de Bourguignons et de Napolitains, et il fust pris à Ripa-Grande six cents mousquets venant de Naples, dans un bateau chargé d'oranges.

Le marquis de Los Velès voyant par ces ordres son entreprise rendue plus difficile, luy manquant beaucoup de ceux qu'il avoit arrestés, il prétendit y remedier en demandant permission au cardinal Barberin d'avoir des gens pour sa garde. Mais le cardinal luy ayant dit qu'estant de son devoir de faire que les ambassadeurs peussent vivre à Rome en toute seureté, et sans avoir besoin de gardes, il le prioit aussy de s'en reposer sur luy, et de croire qu'il y mettroit tout l'ordre nécessaire. L'ambassadeur luy respondit qu'il croistroit donc le nombre de ses estafiers; et le cardinal n'ayant point montré de le désaprouver, il le mist aussitost de seize à quarante, tous Napolitains qu'il avoit fait venir, et qui avoient porté les armes; et il se fist, outre cela, suivre par trente officiers reformés, qui alloient deux à deux, un peu loin de son carosse, et sans estre vestus de livrées.

Mais afin de ne pas mettre le cardinal Barberin tout-à-fait contre luy s'il faisoit quelque esclat, il pria le cardinal Albornos de luy dire que s'il rencontroit l'evesque de Lamego et qu'il ne s'arrestast pas devant luy, qu'il le feroit arrester par force. A quoy le cardinal Barberin respondant que le Pape le trouveroit fort mauvais, et l'autre s'y opiniastrant, ils prirent enfin ce temperamment que l'evesque de Lamego n'iroit point par la ville qu'inconnu, et avec deux carosses et quatre estafiers seulement; de sorte qu'il ne pourroit pas trouver à redire s'il ne s'arrestoit pas devant luy, puisque ce n'estoit pas la coutume. Dont le marquis de Los Velès, qui creust que par ce moyen il ne luy pourroit eschapper, s'estant contenté, il redoubla ses soins pour estre averty de tout ce qu'il feroit.

L'ambassadeur de Portugal ayant sceu ce qui avoit esté arresté avec le cardinal Albornos, et estant allé le mercredi vingtieme d'aoust, à vingt-deux heures, chez l'ambassadeur de France, il avoit au mesme temps envoyé l'inquisiteur de Portugal au cardinal Barberin pour se plaindre, et luy représenter que de le faire aller ainsy tout seul seroit proprement le livrer entre les mains de son ennemy, qui marchoit par la ville avec autant de gens qu'il vouloit.

Mais comme le cardinal Barberin, qui prétendoit par là l'obliger à ne point sortir, pour éviter les embarras où leur rencontre le pourroit mettre, demeuroit ferme à dire que le Pape ne pouvoit faire que cela, et qu'ils disputoient là-dessus, l'inquisiteur luy ayant dit qu'il estoit allé chez l'ambassadeur de France pour en avoir son avis, et qu'il croyoit qu'il ne l'aprouveroit pas non plus que luy, le cardinal lui demanda s'il estoit desja party; et l'inquisiteur luy ayant dit qu'ouy, il en entra en telle colere et se monstra sy en peine, que l'inquisiteur connust bien qu'il y sçavoit quelque chose qu'il ne disoit pas; et craignant que ce ne fust, comme il estoit vray, de l'ambassadeur d'Espagne, et qu'il voudroit attaquer celuy de Portugal, il s'en alla vistement pour l'en avertir, et il trouva qu'une personne digne de foy estoit desja venu dire au marquis de Fontenay qu'un homme du marquis de Los Velès avoit suivy le carosse de l'evesque de Lamego jusques chez luy, et que l'y voyant entrer, il estoit allé l'en avertir.

La rencontre de ces deux avis, qui venoient de lieux sy differents, y faisant voir beaucoup de vraysemblance, le marquis de Fontenay ne creust pas néanmoins se devoir mettre en estat de rien faire de son costé qu'il ne fust plus assuré de ce que feroit l'ambassadeur d'Espagne du sien; mais il sceust bientost après qu'il avoit fait prendre les armes à tous ses amis, ses domestiques et soldats, et qu'il estoit chez le cardinal Roma, d'où il n'auroit qu'un pas à faire pour se mettre dans le chemin que l'ambassadeur de Portugal devroit necessairement tenir pour s'en retourner chez luy.

Surquoy se croyant obligé de ne pas abandonner le ministre d'un prince allié de la France, et qui estoit venu à Rome sous sa protection, il voulust néanmoins, pour ne hasarder rien mal à propos, en avertir le cardinal Antoine, et le prier d'y mettre ordre; mais ne s'estant point trouvé, parcequ'il estoit allé se baigner assez loin hors de la ville, on fust chez le cardinal Barberin, lequel envoya monseigneur Fachinetti au marquis de Los Velès pour luy persuader de retourner chez luy, et l'assurer que le Pape se tiendroit grievement offensé s'il entreprenoit quelque chose contre l'ambassadeur de Portugal. Il fist aussy monter à cheval le

Barisel; mais il n'y voulust point envoyer les Corses, logés assés près de là, et qui pouvoient seuls empescher le désordre; et puis s'en alla par la ville.

Le marquis de Fontenay se voyant ainsy abandonné de ceux du palais, creust qu'il falloit promptement renvoyer l'evesque de Lamego, et que plus il différeroit, plus il y trouveroit de difficulté, le marquis de Los Velès pouvant plus aisement que luy grossir sa troupe. C'est pourquoy il fist prendre des armes à tous ceux de ses domestiques qui se trouverent chez luy, qui estoient en petit nombre, à cause que n'estant point avertis de la venue de l'evesque de Lamego, et sçachant qu'il vouloit sortir inconnu, la pluspart avoient pris ce temps là pour aller à leurs affaires. Et bien que quelques autres qui se rencontrerent lors dans ses antichambres, et des Portugais, en prissent aussy, ils ne faisoient néanmoins en tout que trente hommes, qui estoit peu, à la vérité, pour s'opposer à ceux qu'avoit avec luy l'ambassadeur d'Espagne, qui estoient plus de cent, disposés de longue main à cest attentat, mais qui estoient toutefois necessaires, puisque l'evesque de Lamego estoit sans armes, et n'avoit avec luy que les deux carosses et les quatre estafiers qu'il luy estoit permis de mener.

Le marquis de Fontenay commanda donc à ce peu de gens qu'il avoit d'aller avec l'evesque de Lamego, de se mettre à pied autour de son carosse, et de mourir plustost que de souffrir qu'il luy fust fait aucune violence; leur recommandant surtout de prendre tousjours les petites rues, et que mesme, pour éviter la place Navone où il estoit logé, ils entrassent dans son palais par la porte de derriere.

L'ambassadeur de Portugal sortist donc avec ceste

suite, qu'il estoit près de vingt-quatre heures; et l'ambassadeur d'Espagne, qui attendoit dans la place Colonne, en estant averty par ses espions, sans s'arrester aux conseils de monseigneur Fachinetti, auquel il parloit, ny au Barisel, fist tourner tout court par la rue des Estuves, proche du palais du comte Spada, et estoit presque desja à l'autre bout de ceste rue qui tourne vers Sainte-Marie *in via,* quand ceux qui accompagnoient l'ambassadeur de Portugal commencerent à paroistre, ausquels les estafiers de l'ambassadeur d'Espagne crierent qu'ils s'arrestassent, et que c'estoit l'ambassadeur d'Espagne. Mais les autres ne laissant pas de marcher, les Espagnols tirerent aussytost un coup de pistolet : ce qui obligea les François et les Portugais d'en faire de mesme.

Or, bien qu'ils fussent en sy petit nombre, comme ils virent avancer les lansepesades de l'ambassadeur d'Espagne couverts de leurs rondaches, le pistolet et l'espée à la main, ils allerent néanmoins à eux avec tant de courage et de résolution, que, malgré la résistance des Espagnols, ils joignirent le carrosse de l'ambassadeur d'Espagne, et l'obligerent, voyant ses chevaux morts, à se retirer à pied chez le cardinal Albornos avec une partie des siens, qui furent bientost suivis de tout le reste, laissant sept ou huit des leurs sur la place, et ramenant trois fois autant de blessés, n'estant demeuré de l'autre costé qu'un gentilhomme portugais et deux estafiers, et n'y ayant eu de blessés qu'un page et un valet de chambre de l'ambassadeur de France, qui moururent un peu après; et trois autres qui ne sont point en danger.

Il n'y a point de doute que sy le marquis de Los Velès ne fust party de bonne heure, il auroit eu peine à se sauver; car un page de l'ambassadeur de France, après avoir tué un des principaux officiers réformés, alla le chercher jusques dans son carosse.

Les François et les Portugais voyant qu'ils ne pouvoient faire passer le carosse de l'ambassadeur de Portugal par ceste rue, qui estoit embarrassée par celuy de l'ambassadeur d'Espagne, et ses deux chevaux tombés morts dans le milieu, jugerent à propos de le faire tourner, et de le ramener chez l'ambassadeur de France. Après quoy ils allerent trouver celuy de Portugal, qui avoit mis pied à terre pour se mieux deffendre, et puis avoit esté forcé par les siens de se retirer chez un gentilhomme proche de là, et l'y remenerent aussy. Les sieurs de Lusarches, maistre de chambre, et de Grainville, escuyer du marquis de Fontenay, ont tesmoigné tant de cœur en ceste action, qu'ils sont particulierement cause de l'avantage qu'on y a eu.

Quand le marquis de Fontenay vist l'ambassadeur de Portugal en son logis, il creust qu'il devoit à l'heure mesme le renvoyer au sien; car, bien que tout l'avantage eust esté de son costé, le marquis de Los Velès ne l'ayant enlevé ny fait arrester, comme il s'en estoit tant de fois vanté, mais que bien au contraire ses chevaux de carosse eussent esté tués et luy contraint de s'enfuir, laissant plusieurs morts sur la place, il luy sembloit néanmoins qu'ayant entrepris de le remener en son logis, il ne falloit pas que cela manquast; et il en fust d'autant plus persuadé qu'il sceut que l'ambassadeur d'Espagne s'estoit enfin retiré au sien. De sorte qu'il se préparoit desja à le faire partir, et avoit commandé à ses gens de l'escorter comme auparavant, quand il sceust que le cardinal Barberin avoit fait mettre des corps de garde et des sentinelles tout autour de son palais pour l'empescher de sortir, croyant par là donner quelque satisfaction à l'ambassadeur d'Espagne, qu'on avoit laissé retourner chez luy.

Il ne peust donc faire autre chose que de s'adresser au cardinal Antoine, auquel, comme camerlingue, on avoit laissé la conduite de ceste affaire, le suppliant de permettre à l'evesque de Lamego de s'en aller. Ce qu'ayant refusé, quelques instances qui luy en fussent faites, et donnant au contraire des ordres très exprès de ne laisser passer personne, mais particulierement l'ambassadeur de Portugal, le marquis de Fontenay luy fist représenter que comme il avoit grand interest de voir ledit ambassadeur en son logis, aussy bien que le marquis de Los Velès, et de n'avoir pas encore de nouvelles batailles à donner pour l'y remener, le Pape avoit aussy subject de desirer qu'il y fust, pour montrer que la liberté estoit toute entiere dans Rome, et ne donner pas ceste satisfaction aux Espagnols, après le peu de respect qu'ils luy avoient porté, de tenir à cause d'eux l'evesque Lamego comme prisonnier dans une maison estrangere.

Mais tout cela fust inutile, le cardinal Antoine donnant en mesme temps des ordres plus estroits que les précédents de ne laisser sortir qui que ce fust des maisons des ambassadeurs : ce qu'on vouloit encore faire valoir au marquis de Fontenay comme une grande grace, parceque les cardinaux Albornos et Montalte s'estant trouvés chez le marquis de Los Velès quand les gardes y furent mises, ils y estoient aussy arrestés.

On luy envoya donc le comte de Château-Vilain

pour luy faire comprendre cela, et que l'evesque de Lamego n'avoit pas beaucoup à se plaindre d'estre traité à l'égal de deux cardinaux. A quoy il respondit qu'il ne demandoit point qu'ils fussent arrestés, et que ce n'estoit point luy donner satisfaction que d'en mécontenter d'autres avec luy. Mais voyant bien que ce retardement ne procédoit que de quelques négociations qu'ils vouloient faire avec les cardinaux avant que de les laisser sortir, et présupposant qu'on ne le pourroit pas faire sans laisser aussy l'evesque de Lamego, il n'en parla pas davantage; et pria seulement le comte de Château-Vilain d'obtenir des cardinaux neveux que ce fust le plustost qu'il se pourroit, comme il se fist peu de temps après.

Le lendemain au matin, le marquis de Fontenay envoya demander audience, afin que s'il se pouvoit Sa Sainteté sceust par sa bouche, plustost que par celle de l'ambassadeur d'Espagne, ce qui s'estoit passé. Mais, comme il vist que, quelques instances qu'il en fist, on ne luy vouloit point donner ny pour ce jour là ny pour le lendemain, qui estoit celui de son audience ordinaire, et qu'il sembloit que ce fust pour gratifier l'ambassadeur d'Espagne, et afin que l'y laissant aller le samedi, qui estoit son jour, il peust voir le Pape plustost que luy; il se résolust de ne la demander plus, et de faire mesme connoistre qu'il ne se soucioit pas de l'avoir : en quoy il se confirma encore davantage quand il sceust que le marquis de Los Velès n'en prenoit point aussy; et qu'il n'avoit pas seulement voulu voir le cardinal Barberin.

Cependant ny l'ambassadeur d'Espagne, ny les cardinaux neveux, ne demeurerent pas sans rien faire.

Celuy là depescha au viceroy de Naples un homme desguisé, qui fust arresté en prenant des chevaux sans permission, qu'on fouilla, et qui se trouva chargé de diverses lettres, qui luy furent néanmoins renvoyées sans estre ouvertes; et ceux-cy envoyerent au nonce de Naples une relation de toute l'affaire, le chargeant d'en informer le viceroy, et de le porter à ne prendre aucune résolution qu'il n'en eust eu l'ordre d'Espagne, afin que la longueur du temps en diminuast les ressentiments.

C'est ce qui se passa le jeudi. Le vendredi, on apprist que le marquis de Los Velès, pour couvrir en quelque sorte la honte d'avoir esté battu par les François, publioit que le cardinal Barberin avoit tenu la main à ceste action; que les sbires s'estoient joints à eux et aux Portugais pour l'assassiner; et qu'il vouloit partir de Rome, n'y pouvant plus demeurer en seureté.

Ce discours, qui devoit davantage irriter le cardinal, l'ayant au contraire estonné, et la crainte qu'il avoit de son partement le portant à chercher toutes sortes de moyens de le satisfaire, il résolust de faire tenir l'après-disnée une congregation extraordinaire devant le Pape, pour voir sy on ne pourroit pas le contenter, et mesme pour cela obliger l'evesque de Lamego de se retirer pour quelques jours à Viterbe.

Surquoy le marquis de Fontenay croyant qu'il y alloit trop de la réputation du Roy et de son propre interest pour ne se point remuer, et souffrir que l'evesque de Lamego, qui n'avoit rien fait que de fort juste, ayant conservé sa vie et repoussé la violence de ses ennemis, fust forcé de se retirer, pendant que le marquis de Los Velès triompheroit dans Rome pour l'avoir voulu assassiner; il fist aussytost sçavoir au cardinal Barberin qu'ayant appris qu'il vouloit faire assembler une congrégation, il avoit grand subject de douter de toutes les procédures qui s'y feroient, puisqu'elles seroient entre les mains du gouverneur, qui estoit déclaré contre la France, et du capo-notaro, qui ayant autrefois esté privé de sa charge à l'instance de Sa Majesté, n'y pouvoit avoir esté remis dans ceste conjoncture qu'en faveur des Espagnols, et afin qu'il escrivist tout ce qu'il leur plairoit. C'est pourquoy il estoit obligé de l'avertir qu'en cas qu'il s'y fist quelque chose au désavantage de l'evesque de Lamego, il ne devoit attendre de luy d'autres résolutions que celles qui devoient partir d'un homme de cœur, et du ministre d'un prince puissant et victorieux comme le Roy; et qu'il le supplioit d'y faire réflexion. Il fist aussy porter les mesmes paroles au cardinal Antoine, y ajoutant quelques légeres plaintes de ce qu'il sembloit l'avoir un peu négligé en ceste rencontre.

Les offices qu'il fist faire au mesme temps qu'ils entroient dans la congrégation réussirent sy bien, que les résolutions qui s'y prirent de contenter l'ambassadeur d'Espagne ne furent point aux dépens de celuy de Portugal; car on ne fist que luy envoyer les cardinaux Roma et Sachetti pour le visiter, et le prier de demeurer jusques à ce que l'information fust faicte, parce qu'il n'estoit pas possible de luy donner satisfaction auparavant. Mais il ne laissa pas de montrer qu'il s'en vouloit aller, jusques à faire emballer ses meubles, et faire tenir le samedy au soir les carosses de campagne deux ou trois heures à la porte de son logis.

Le dimanche, bien que le deuil du marquis de Fontenay pour la Reine mere (¹) ne fust pas encore prest, et qu'il eust résolu de ne paroistre point en public avant cela, il luy sembla pourtant qu'il ne devoit pas laisser passer l'occasion de la chapelle qui se devoit tenir le lendemain pour la feste de saint Louis sans se monstrer; croyant qu'il tireroit plus d'avantage de le faire, les Espagnols demeurant ainsy cachés, qu'il ne recevroit de préjudice de passer par dessus ceste formalité, qu'autrement il eust deu observer.

Il fist donc, selon la coustume, prier tous les cardinaux, et s'y trouva accompagné de tous les François qui estoient lors à Rome : ce qui assura bien peu toutefois ceux qui y furent invités, puisque, hors le cardinal Lanti, il n'y en eust presque pas un qui eust la hardiesse de luy parler, tant ils avoient peur de fascher le Pape et le cardinal de Barberin, qu'ils croyoient mal satisfaits de luy.

L'après-disnée, le cardinal Antoine le vint visiter, où, après luy avoir montré la nécessité en laquelle il s'estoit trouvé d'en user comme il avoit fait, il fist au marquis de Fontenay tant de protestations d'amitié et de sy grandes offres, qu'il creust luy devoir tesmoigner qu'il estoit satisfait, et ne se souviendroit plus du passé.

Il se jetta ensuite sur les propositions qu'il avoit faites autrefois de quelque traité avec la France, que le marquis de Fontenay ne receust ny n'eslongna, n'ayant aucun ordre sur ce subjet, et promit seulement d'en escrire, l'assurant que, pourveu qu'ils en eussent tout de bon quelque envye, il ne manqueroit pas d'y contribuer de ses offices auprès de Sa Majesté; mais qu'à dire le vray il croyoit que le cardinal Barberin

(¹) *La Reine mere* : Marie de Médicis mourut le 3 juillet 1642.

desiroit seulement se servir de ceste ouverture pour donner jalousie aux princes qui estoient entrés en ligue, et les pouvoir par ce moyen là désunir; mais que cela ne luy réussiroit pas, et qu'il n'y en avoit point d'autre moyen que de s'accorder avec M. de Parme, pour la querelle duquel la Ligue s'estoit faite.

Il fust le mercredi chez le cardinal Barberin, qui luy en parla aussy; et luy ayant fait de grandes plaintes de l'evesque Lamego, et du peu qu'il avoit déféré à ses conseils, il luy dist encore celles de l'ambassadeur d'Espagne, qui prétendoit avoir esté assassiné; des réparations qu'il en attendoit, et ses menaces s'il n'estoit satisfait, ne voulant plus entre autres choses demeurer à Rome, dont le Pape et l'Eglise pourroient recevoir beaucoup de préjudices; et enfin qu'on devoit tenir le lendemain une congrégation devant Sa Sainteté, afin de voir s'il y auroit moyen de l'appaiser.

Sur quoy le marquis de Fontenay luy respondit les mesmes choses qu'il luy avoit fait sçavoir avant la premiere congrégation; et, sans luy dire formellement qu'il s'en iroit, s'il se prenoit quelque résolution au préjudice de l'evesque de Lamego, il luy fist bien connoistre qu'il le feroit, et pis encore s'il luy estoit possible. Ce qu'il dist encore aux cardinaux Antoine et Bentivoglio, qui le vinrent voir après cela, et qui estoient de la congrégation, les assurant qu'il n'y avoit point d'extremités où les moindres satisfactions qu'on voudroit donner à l'ambassadeur d'Espagne, aux despens de celuy de Portugal, ne le portassent.

Ce qui ne réussist pas moins bien en ceste congrégation qu'en la premiere, puisqu'au lieu d'y résoudre le despart de l'ambassadeur de Portugal comme on avoit creu, on y arresta seulement que le Pape tesmoigneroit au marquis de Los Velès que, bien loin de penser à donner satisfaction à aucun des ambassadeurs, il pensoit avoir grand subject de s'en plaindre, chacun ayant contribué de sa part à troubler la paix publique, et exciter dans le milieu de Rome un fort grand désordre; et que l'on ne pouvoit prendre aucune résolution contre l'ambassadeur de Portugal, que l'information n'eust esté achevée : ce qui ne se pouvoit pas faire sy promptement. Cependant que Sa Sainteté ne contribuoit en aucune façon à son despart, et qu'il croyoit qu'il feroit mieux de ne s'en pas aller; mais que comme elle estoit bien eslongnée de le contraindre de partir, elle ne jugeoit pas aussy à propos de le forcer à demeurer. Le cardinal Antoine donna avis de tout cela au marquis de Fontenay; et que cest ambassadeur devoit, le matin du jour suivant, prendre audience du Pape, et puis s'en aller, comme il a fait.

Ce mesme cardinal ayant fait dire au marquis de Fontenay, par le pere Mazarin [1], que le Pape desiroit de le voir, il y alla le vendredy au matin; et d'autant qu'il avoit esté résolu dans la congrégation qu'il se montreroit mal satisfait de tous les ambassadeurs, il trouva qu'il se plaignoit de luy aussy bien que des autres, mais toutefois un peu moins; et quant à l'ambassadeur de Portugal, il condamna sy absolument sa conduite, et s'emporta tellement, qu'il est fort à craindre qu'ils n'ayent dessein de prendre quelque résolution à son désavantage. Ils n'en ont pourtant encore rien tesmoigné; et on pense qu'ils y songeront plus d'une

---

[1] *Le pere Mazarin* : frère du cardinal, et depuis cardinal lui-même, du titre de Sainte-Cécile.

fois, s'ils se souviennent de la part que la France prend à ses interests, et de l'union qu'elle a avec le roy de Portugal.

Le cardinal Antoine avoit aussy voulu qu'en ceste audience le marquis de Fontenay assurast le Pape de ce que feroit le Roy, au cas que les Espagnols l'attaquassent : dont il ne fist point de difficulté, luy promettant bien qu'il ne seroit pas abandonné. Et il prist de là occasion de luy faire voir combien il estoit nécessaire qu'il accommodast l'affaire de Parme, dans laquelle tous les princes d'Italie se trouvoient si interessés, qu'il estoit difficile qu'il en eust contentement d'autre façon. Mais il s'en montre encore fort eslongné, ne s'imaginant peut-estre pas que les Venitiens soient sy près de signer la Ligue, comme messieurs de Lionne et de Braque me l'escrivent.

# RELATION

DU

DESMESLÉ QUI ARRIVA ENTRE LE CARDINAL BARBERIN ET LE DUC DE PARME, AINSI QUE DE CE QUI SE PASSA ENTRE LE PAPE URBAIN VIII ET LE DUC DE PARME APRÈS LA PRISE DE CASTRE.

[1642] La guerre d'entre le Pape et le duc de Parme, communement appelée *la guerre de Parme*, est la seule qui se soit faite en Italie, despuis que le roy Charles VIII y passa, entre des princes purement italiens, et sans que les François et les Espagnols y fussent meslés. Elle a cela de commun avec la pluspart des grandes affaires, d'avoir eu de forts petits commencements, puisque ce n'a esté que pour de légers mescontentements arrivés entre le duc de Parme et le cardinal Barberin, durant le séjour qu'il fist à Rome en l'année 1639.

Ils y contribuerent tous deux presque également; car M. de Parme rejeta avec quelque sorte de mespris les propositions d'une alliance entre leurs maisons, qui luy furent faites de la part du Pape; et le cardinal Barberin refusa de rendre à M. de Parme les honneurs qu'il prétendoit luy estre deus par les neveux des papes, et fist voir le prince préfet à Rome durant que M. de Parme y estoit, contre ce qui luy avoit esté promis; car le préfet ne voulant point voir M. de Parme parcequ'il refusoit de luy donner la main chez luy, et

M. de Parme croyant qu'il iroit de sa réputation qu'il fust à Rome sans le visiter, stipula particulierement, avant que d'y aller, qu'il n'y seroit point quand il y arriveroit, et n'y retourneroit point qu'il n'en fust party.

Ils se séparerent donc tous deux avec un mesme desir de se venger; mais le cardinal Barberin en trouva bien plustost les moyens, empeschant la traite de bleds hors de l'Estat de Castre (1), et destournant le chemin de la poste qui passoit par les terres de M. de Parme, dont le revenu estant par là notablement diminué, les fermiers n'eurent pas assés de fonds pour satisfaire à toutes les charges, et principalement à ce qu'ils devoient payer aux montistes, ausquels dès qu'il fust deu quelques arrérages, le cardinal Barberin prist leur interest en main, et fist saisir Castre, se déclarant de le vouloir réunir à l'Eglise.

M. de Parme, d'autre costé, y jetta quelques gens de guerre et le fist fortifier, tant pour empescher l'exécution dont le cardinal Barberin le menaçoit, qu'afin de luy faire peur, et de luy pouvoir encore faire mal sy l'occasion s'en présentoit.

Sur quoy le cardinal Barberin, qui prétendoit que M. de Parme avoit entrepris ces nouveautés contre les conditions de son investiture, creust avoir assés de pretexte pour se saisir de Castre; et s'imaginant qu'il

---

(1) *Hors de l'Estat de Castre* : Le duché de Castro avoit été donné aux Farnése par Paul III. Urbain VIII déclara la guerre au duc de Parme en 1641, et prit possession de ce duché, sous le prétexte des fortifications qui avoient été faites à quelques places. Innocent X fit raser Castro en 1647; et, par le traité de Vienne du 18 novembre 1738, ce duché fut définitivement cédé au Pape.

se présentoit une occasion dans laquelle il pouvoit en mesme temps contenter sa passion en se vengeant de M. de Parme, et faire une action avantageuse à l'Eglise en acquerant une place de laquelle on peust au moins menacer Rome, il leva des troupes en diligence, et les fist avancer vers Castre.

Le Roy n'eust pas plustost nouvelle de ce qui se passoit, qu'il fist partir le marquis de Fontenay, son ambassadeur à Rome, avec les ordres nécessaires pour appaiser ce différent dans sa naissance. Mais avant qu'il s'y peust rendre, la place, qui se trouva mal pourveüe des choses dont elle eust peu avoir besoin, et principalement d'un bon gouverneur, celuy qui y estoit ayant esté soupçonné de s'estre entendu avec le cardinal Barberin, tomba entre les mains de Sa Sainteté.

Sa Majesté l'ayant sceu, envoya de nouveaux ordres pour en demander la restitution : mais bien que le marquis de Fontenay offrist au Pape, pour l'y disposer plus facilement, de changer Castre contre quelque chose de semblable valeur en Lombardie, ou d'y recevoir pour quelque temps une garnison despendante de Sa Sainteté, ou enfin d'en desmolir toutes les fortifications (à quoy pourtant M. de Parme eust difficilement consenty); le Pape, qui ne croyoit pas que les princes d'Italie deussent prendre aucun interest pour un Estat qui estoit de sy peu d'importance qu'il ne pouvoit pas accroître la puissance du Saint-Siege, et qui sçavoit bien que la guerre où Sa Majesté se trouvoit engagée ne luy permettroit pas d'employer autre chose que de simples offices pour l'accommodement de ce différend, demeura tousjours ferme à ne vouloir entendre à aucune de ces conditions.

Les choses demeurerent en cest estat jusques à l'esté de l'année 1642, pendant lequel le marquis de Fontenay voyant le Pape sy fermement résolu à ne rien rendre qu'il n'y avoit point d'espérance de le pouvoir faire changer, et craignant que M. de Parme ne peust pas longuement soutenir la despense qu'il estoit obligé de faire pour l'entretien des gens de guerre qu'il avoit sur pied, et qu'il se trouvast espuisé d'argent et sans aucunes troupes lorsque le Pape viendroit à mourir ou que le Roy pourroit luy donner du secours, il offrit à Sa Sainteté, au nom de Sa Majesté, de faire une treve pour quelques années, durant laquelle Sa Sainteté demeureroit en possession de tout ce qu'elle avoit pris sur M. de Parme, sans autre condition que celle de ne faire point, tant que la treve dureroit, l'incamération de Castre, ny de tous les autres biens dudit sieur duc dont il s'estoit saisy; d'arrester les procédures qui avoient esté commencées sur ce subject, et de suspendre l'excommunication.

Mais le Pape, qui ne peust pas se persuader que le Roy, comme on luy disoit, ne fist faire ces ouvertures que pour la seule crainte qu'il avoit que les choses ne peussent pas longtemps demeurer en cest estat sans en venir à une rupture, et sur l'esperance que le temps pourroit rendre les uns et les autres plus capables d'entendre à un bon accommodement, mais qui s'imaginoit au contraire que Sa Majesté ne le pressoit de cela que parcequ'il connoissoit que M. de Parme ne pouvoit plus supporter les despenses qu'il estoit contraint de faire; il pensa que s'il menaçoit d'entrer avec une armée dans le Parmesan, que M. de Parme apprehenderoit tellement qu'il ne luy arrivast pis, qu'il consentiroit à la treve sans qu'il fust nécessaire ny d'arrester les procédures ny de suspendre l'incamération, ainsy qu'on le luy proposoit; à quoy les princes d'Italie mesme le contraindroient, de peur de voir la guerre dans la Lombardie : de sorte que par ce moyen il assureroit Castre à l'Eglise, et se deslivreroit en mesme temps des frais qu'il estoit obligé de faire pour la subsistance de ses armées.

Il se résolust donc, pour ce subject, de refuser non seulement d'entendre à aucune proposition d'accommodement, mais de demander passage à M. de Modene pour entrer avec son armée dans le Parmesan. Ce que le duc de Modene ne luy ayant accordé que pour un temps limité, et en une maniere qui empeschoit quasy le Pape d'en pouvoir profiter, son armée ne s'estant pas aussy trouvée en l'estat qu'il s'estoit imaginé, il fust obligé, après avoir fait inutilement beaucoup de bruit, de changer de dessein, et de recourir au marquis de Fontenay, lequel il sçavoit avoir des ordres fort exprès d'empescher qu'on en vinst à une rupture, afin qu'il le priast de ne mettre point son armée en campagne qu'il n'eust eu nouvelle de M. de Parme, vers qui il despescheroit un courrier; et qu'il semblast estre plustost arresté par l'intervention du Roy que par son impuissance.

Mais les princes d'Italie, qui avoient veu la prise de Castre sans se remuer, furent plus sensibles à ce nouveau dessein d'aller en Lombardie, quoyqu'il n'eust point esté exécuté. Ils commencerent donc à armer; et bien qu'ils demeurassent dans leurs confins, ils ne laisserent pas de favoriser la sortie de M. de Parme, lequel voyant la foiblesse des troupes du Pape, et voulant donner quelque soulagement à ses Estats, en faisant vivre ses gens aux despens d'autruy, se résolust d'entrer dans l'Estat ecclesiastique, et au lieu d'estre attaqué dans son propre pays, comme on croyoit qu'il devoit estre, se rendre l'aggresseur, et attaquer le Pape dans le sien.

Ce quy luy réussist sy heureusement, que, passant par le milieu des villes de la Romagne, il s'empara sans résistance de Castillon *del Lago*, poste important situé sur le lac de Peruge, et s'avança jusques à Acqua-Pendente, d'où, espaulé par les armes du grand duc, il donna beaucoup de peur à Rome, et s'en fust indubitablement rendu maistre s'il y eust esté : mais s'estant arresté faute d'infanterie, le grand duc ayant refusé de luy prester deux mille hommes de pied seulement ; le cardinal Spada, qui fust envoyé à une maison qu'il a près d'Orviete pour faire quelques propositions d'accommodement, l'amusa sy longtemps par de vaines promesses, et par le project d'un traité qu'on n'eust jamais envye de conclure, comme le marquis de Fontenay l'en fist souvent avertir par M. de Lionne, qui estoit auprès de luy, de la part du Roy, que voyant enfin l'armée du Pape s'estre fort grossie, qu'il estoit abandonné d'une partie de ses gens et manquoit de fourrage pour ce qui luy restoit ; peu satisfait de tout le monde, mais moins du grand duc que de tout autre, puisque n'ayant qu'à faire un pas pour le remettre dans Castre, il ne l'avoit pas voulu, il s'en retourna à Parme au commencement de l'hiver.

Le Pape se voyant deslivré de l'apprehension qu'il avoit eue, commença à ne vouloir plus entendre parler du dépost de Castre, comme il l'avoit offert pendant que M. de Parme estoit à Acqua-Pendente; et, quelques instances que le marquis de Fontenay luy fist continuellement sur ce subject, à peine en peust-on tirer qu'il se porteroit à le récompenser ou en argent, ou par quelque terre de peu de valeur qu'il donneroit en eschange.

Mais durant qu'il se croyoit le plus assuré, le grand duc et M. de Modène faisoient à Venise une ligue avec la république; et bien que M. de Parme n'y fust pas nommé, et qu'on n'y parlast en aucune façon de faire rendre Castre, on jugea bien toutefois qu'elle n'avoit esté faite qu'à ce dessein, et que c'estoit le premier object que les princes avoient eu, n'y ayant guères d'apparence que pendant qu'ils faisoient une ligue pour la conservation des princes d'Italie, ils souffrissent que M. de Parme demeurast despouillé d'une piece qui luy estoit sy considérable comme Castre, et que le grand duc mesme le voulust permettre, puisqu'elle servoit de couverture à ses Estats du costé de Rome.

Cependant la croyance de tout le monde fust que les princes n'avoient pourtant point creu s'engager par là dans la guerre où ils se trouverent despuis, et qu'ils s'estoient imaginés que le premier jour qu'ils prendroient les armes ils obligeroient le Pape et le cardinal Barberin de faire la paix. Mais comme l'un et l'autre s'estoient résolus, dès le commencement de ceste guerre, de ne rendre jamais Castre que quand ils ne le pourroient plus garder, et qu'ils se persuadoient aussy que les Venitiens avoient tant de jalousie des progrès que faisoient les armes du Roy en Italie, qu'ils songeoient bien plustost aux moyens de les arrester qu'à leur faire volontairement la guerre, ils mespriserent tous les avis qu'on leur donna là dessus, et ne firent aucune des choses qui estoient nécessaires pour les empescher d'en venir à une déclaration.

De sorte que les princes voyant qu'ils perdoient le temps, et que toutes autres voyes que celles de la force seroient tousjours inutiles envers le Pape, ils ajouterent au traité qu'ils avoient desja fait quelques conditions pour la restitution de Castre; et en mesme temps M. de Parme se saisist de Boudene et de la Stelate, dans le Ferrarois.

Sur cela, le Pape eust recours aux négociations dont il s'estoit servy sy utilement la premiere fois, et concerta avec le marquis de Fontenay un project de traité par lequel il promist de rendre presentement tout l'Estat de Castre; au lieu qu'il avoit seulement offert de le mettre en despost l'année précédente. Ce projet fust envoyé de tous costés; mais les princes, qui avoient appris de quelle sorte il négocioit, ne laisserent pas de continuer la guerre avec vigueur, les Venitiens s'estant saisis du Polesine, et le grand duc ayant pris Castillon *del Lago*, et toutes les places qui environnent le lac de Peruge.

Cependant le marquis de Fontenay pressoit d'une part les princes de la Ligue de respondre aux propositions qu'il leur avoit fait tenir, par lesquelles on prévenoit leurs demandes, et on leur faisoit recevoir tout le fruit qu'ils pouvoient attendre de la guerre; et de l'autre il agissoit auprès du Pape et du cardinal Barberin, pour les faire relascher encore de quelque chose. Et ayant appris par le cardinal Bichi, que le Roy envoya sur ce temps là en Italie pour travailler aussy à l'aocommodement de ce different, que deux choses empeschoient principalement M. de Parme d'accepter ce qui luy avoit esté offert, la demande, l'absolution, et le payement des créanciers; il pressa y fort le Pape, qu'il tira parole du cardinal Barberin que Sa Sainteté se contenteroit que le Roy demandast l'absolution pour M. de Parme, et que les créanciers fussent remis au mesme estat qu'ils estoient avant le commencement de la guerre, au cas qu'il n'y eust que ces deux choses qui empeschassent de faire la paix. De quoy il donna avis au cardinal Bichi.

Mais parcequ'il trouva que les princes de la Ligue s'estoient engagés à ne faire aucune response au project, quelque presse qu'on leur en eust fait plusieurs fois et par divers moyens, le cardinal Barberin y ayant mesme employé les Espagnols; il s'avisa, pour obliger lesdits princes, d'entrer en négociation d'en former un nouveau, presque le mesme en substance que celuy qui leur avoit esté envoyé, mais qui, estant conceu en des termes tout-à-fait différents, donnoit ouverture aux princes de sortir de leur engagement. Ce qu'il fist avec l'approbation du cardinal Antoine et du sieur Ferragagli qui estoit auprès de luy, de la part du cardinal Barberin, et mist ledit project entre les mains des généraux de la république, afin qu'il fust veu à Venise, et de là envoyé aux autres princes. A la fin dudit project, les parties interessées estoient priées d'envoyer promptement des desputés pour conferer, et avec pouvoir de conclure une bonne paix.

Ceste action, qui devoit estre approuvée de Sa Sainteté, tant parcequ'elle avoit esté faicte avec la participation du cardinal Antoine, et sans exceder ce que le cardinal Barberin avoit tesmoigné au marquis de Fontenay estre de ses intentions, comme aussy parcequ'elle faisoit faire la paix, ou montroit qu'il avoit tenu aux princes de la faire, qui estoit tout ce que Sa Sainteté devoit desirer, fust toutesfois mal receue à Rome. De sorte que le cardinal Barberin osta de son service Ferragagli son secretaire, parcequ'il l'avoit approuvée, et en tesmoigna assés de mescontentement au frere du cardinal Bichi, protestant ouvertement qu'il ne donneroit jamais à ce que de telles propositions fussent executées.

Le cardinal Bichi et le marquis de Fontenay ne se rebutant pas neanmoins pour toutes ces difficultés, ne laisserent pas de presser, l'un les princes de la Ligue, et l'autre le Pape, d'envoyer leurs plenipotentiaires, et de faire choix d'un lieu où ils peussent s'assembler pour terminer tous leurs differents avec plus de facilité. Sur quoy le Pape, pour tesmoigner qu'il ne tiendroit pas à luy que la paix ne se fist, envoya le cardinal Dungni à Ferrare.

Mais le cardinal Bichi ayant esté averty par le marquis de Fontenay du vacarme qu'avoit fait le cardinal Barberin contre le project qu'il avoit donné, et que le cardinal Dungni partoit de Rome sans pouvoir de conclure aucune chose (de sorte que tout ce qu'il traiteroit avec luy seroit inutile, ou auroit besoin d'estre confirmé par le Pape, et voulant aussy faire approuver ce qu'il avoit fait), il vint à Rome, où après avoir demeuré deux mois, le marquis de Fontenay et luy sollicitant continuellement le Pape et le cardinal Barberin de prendre une derniere résolution, ils les obligerent enfin de consentir par escrit à ce qui estoit contenu au dernier project, que l'assemblée pour la paix se tiendroit en un lieu neutre, et qu'on chercheroit les moyens de donner contentement aux princes sur les prétentions qu'ils pouvoient avoir, au cas qu'elles se trouvassent justes.

Cela fait, le cardinal Bichi s'en retourna en Lombardie pour résoudre du lieu de l'assemblée, et la faire tenir ensuite le plustost qu'il se pourroit. Mais voyant qu'il seroit bien difficile de conclure la paix dans ladite assemblée sans de grandes longueurs, et que les Espagnols estoient sollicités par le cardinal Barberin de s'en entremettre pour la traverser, il jugea plus facile de la traiter immédiatement avec les princes, que de la porter dans l'assemblée.

C'est pourquoy il s'en alla à Venise, où après y avoir disposé tous les princes à laisser leurs interests particuliers, pourveu qu'ils eussent satisfaction dans l'affaire de Castre, qui estoit la principale, il revint à Rome, où il fist agréer au Pape et au cardinal Barberin tout ce qu'il avoit fait. Ensuite de quoy le marquis de Fontenay demanda l'absolution au nom de Sa Majesté pour M. de Parme, et le cardinal Bichi s'en retourna à Venise, où estoient tous les desputés des princes, pour y faire signer le traité, qui n'est pas moins à l'avantage du Saint Siege qu'au bien et à l'utilité de toute l'Italie.

Voilà les principales choses qui se sont passées en ceste affaire, pendant que le marquis de Fontenay a esté à Rome, pour ce qui touche la négociation, qui a tousjours esté entre les mains du Roy. Ce n'est pas que les Espagnols n'ayent essayé, autant qu'il leur a esté possible, de s'en entremettre; don Juan d'Arasse ayant esté trouver pour cela le grand duc, et le comte de

La Roque la republique; et que le cardinal Barberin n'aist offert luy-mesme de remettre Castre en despost entre les mains du roy de Hongrie, ainsy que son ambassadeur en a assuré la république. Mais tout cela a esté fait sans fruit, M. de Parme n'ayant pas voulu se soumettre à un accommodement qui se devoit conclure par la mediation de la maison d'Austriche, ny se résoudre à remettre ses interests entre les mains de personnes qu'il avoit jusques là sy peu cherché d'obliger.

Au reste, plusieurs croyent que le Roy eust tiré beaucoup plus d'avantage de la durée de la guerre que de la paix, tant parceque le grand duc et M. de Modene, ayant besoin de leurs forces pour leur propre conservation, n'eussent pas peu donner du secours aux Espagnols pour la deffense de l'Estat de Milan, ny eux, voyant tout en armes autour d'eux, desgarnir le royaume de Naples d'hommes et d'argent, pour les envoyer en Flandre ou en Allemagne, ainsy qu'ils ont accoutumé de faire.

Mais Sa Majesté a mieux aimé que la paix se fist, tant parcequ'il luy est très glorieux que par ses offices la ruine de l'Italie aist esté arrestée, et que cela mesme luy doit estre de quelque mérite auprès des princes qui se trouvoient interessés dans ceste affaire, que parcequ'il y estoit en quelque sorte obligé, puisqu'il s'agissoit principalement des interests du duc de Parme, qui s'est mis sous sa protection. Joint qu'il devroit, ce semble, arriver que les princes d'Italie, se trouvant les armes à la main à la conclusion de ceste paix, se porteroient plus volontiers à les employer contre leur ennemy commun qu'ils n'avoient fait contre eux-

mesmes, ne pouvant jamais avoir un temps plus propre
que celuy-là pour recouvrer leur liberté et chasser les
estrangers d'Italie, puisque la maison d'Austriche a
maintenant des affaires de toutes parts, et que la France,
dans le commencement d'une minorité, ne leur doit
pas donner tant de jalousie qu'ils en avoient du temps
du feu Roy. Mais cest article est une chose qu'on a
plus de subject de desirer qu'on n'a raison de l'attendre, tant ils sont aveugles pour leur propre bien.

Cependant, quoyque les interests de tous les princes
d'Italie soient de faire bientost exécuter ceste paix, et
que la France et l'Espagne, qui ne se trouvent d'accord
en aucunes choses qu'en celles là, concourent à le desirer, on craint néanmoins qu'il ne s'y rencontre quelques difficultés, puisque les princes, qui se desirent
venger de la maison Barberine, feront vraysemblablement tout ce qu'ils pourront pour se trouver armés à
la mort du Pape, qui ne semble pas eslongnée [1],
croyant que son successeur leur aidera de tout son
pouvoir à perdre le cardinal Barberin [2], ne s'en estant
guere veu jusques icy qui n'ayent persecuté les héritiers de leurs prédécesseurs; et que le cardinal Barberin, qui ne voudroit point rendre Castré, et ne le peust
conserver en exécutant, cherchera aussy de differer
jusques à un nouveau pontificat, afin de le laisser faire
à un autre, et avoir ceste gloire de n'estre pas contraint de rendre à M. de Parme ce qu'il croit luy avoir
osté avec raison.

[1] *Qui ne semble pas eslongnée* : Urbain VIII mourut le 29 juillet 1644. — [2] *Perdre le cardinal Barberin* : Les Barberins se réfugièrent en France en 1646, pour éviter les persécutions d'Innocent X.

# RELATION

#### DE CE QUI SE PASSA

#### POUR FAIRE RÉUSSIR L'ÉLECTION D'INNOCENT X, ET POUR OBTENIR UN CHAPEAU POUR L'ARCHEVESQUE D'AIX, FRERE DU CARDINAL MAZARIN.

[1644] Le pape Urbain VIII estant mort, et les cardinaux entrés dans le conclave, il y en avoit deux regardés principalement pour luy succéder, Sachetti et Pamphile, tous deux ses créatures; mais avec ceste différence que le cardinal Sachetti l'estoit du Pape seul, qui l'aimoit devant que d'estre parvenu au pontificat, et le cardinal Pamphile du cardinal Barberin, qui l'ayant pris en affection dans ses légations de France et d'Espagne, où il luy servoit de dataire, le fist nonce en Espagne, et puis cardinal, et luy eust encore donné tout crédit auprès de luy quand il fust de retour à Rome, sy le Pape, qui le connoissoit et apprehendoit son humeur, n'y eust mis empeschement, et en quelque sorte interrompu leur grande intelligence; et parcequ'il craignoit qu'elle ne recommençast quand il n'y seroit plus, et qu'il ne le voulust mesme faire son successeur, il le luy deffendoit sur toutes choses, luy prédisant que s'il le faisoit il ruineroit sa maison, comme en effet il ne tint pas à luy.

Or le cardinal Barberin n'ayant pas profité de cest avis, ne s'en déclara pas néanmoins du commencement, et lorsque les prétentions des cardinaux papables estant les plus vives, et que personne n'est encore las du conclave, les exclusions se donnent librement; mais le gardant pour la fin, il y exposa Sachetti, lequel estant en grande réputation d'homme de bien, avoit pour luy tous les cardinaux bien intentionnés, et la voix publique; et il l'auroit esté sans difficulté, si le cardinal Barberin l'eust bien voulu, et qu'il en eust parlé à toutes ses créatures, ainsy qu'il est accoutumé. Mais s'estant tenu couvert et sans rien dire, tous les Romains qui en vouloient un de leur pays se joignirent aux Espagnols et au grand duc, qui donnoient l'exclusion à Sachetti; ceux-là parceque dans sa nonciature d'Espagne il ne s'estoit pas porté aveuglément dans toutes leurs passions, et le grand duc parcequ'il estoit de Florence, et que ses prédécesseurs et luy ayant esté fort maltraités par Clément et Urbain, aussy Florentins, il craignoit de retomber dans les mesmes inconvénients.

Après que le conclave fust fermé, les Espagnols voyant leur parti assés fort, firent donner l'exclusion au cardinal Sachetti par l'ambassadeur d'Espagne, sans autre raison, sinon qu'il estoit suspect au roy son maistre. Ce qui ayant esté diversement receu des cardinaux, fust néanmoins à la fin approuvé de la pluspart, le pere Valenti, jésuiste, qui estoit dans le conclave pour y servir de confesseur, et en cas de besoin de casuiste, ayant dit que quand quelqu'un des grands roys donnoit l'exclusion à un seul, quoyque sans en dire la cause, son exclusion devoit pourtant estre receué, le mérite de celuy-là, quelque grand qu'il fust, ne pouvant jamais estre sy utile à l'Eglise qu'il luy seroit préjudiciable de mécontenter un tel prince.

Quelque temps despuis, quand plusieurs autres, aussy bien que Sachetti, eurent esté rebutés, et que chacun commençoit à s'ennuyer et mesme à craindre, le cardinal Bentivoglio estant mort et d'autres tombés malades, le cardinal Barberin parla du cardinal Pamphile; mais c'auroit esté inutilement, sy ceux qui ne le vouloient pas se fussent bien entendus, ou que quelqu'un d'eux seulement eust fait tout ce qu'il pouvoit contre luy, comme les Espagnols contre Sachetti, le moindre de trois partis qui s'y opposoient estant suffisant pour cela, et premierement le cardinal Antoine; estant très certain que le cardinal Barberin n'auroit osé s'y opiniastrer, et que mesme pas une de ses créatures ne luy auroit aidé contre son frere, quand il n'en auroit voulu exclure qu'un, et un encore qu'il pouvoit sy justement apprehender, ayant autrefois fait chasser de Rome un de ses neveux, et esté soupçonné par ce cardinal d'avoir contribué à sa mort, arrivée quelque temps après en Allemagne. Le Roy aussy n'y auroit trouvé nulle difficulté, la décision du pere Valenti ne s'entendant pas moins pour luy que pour le roy d'Espagne et pour le cardinal Colonne, qui en avoit onze autres joints avec luy. Il n'y a point d'exemple qu'aucun cardinal aist surmonté une telle opposition.

Mais tout cela ne servist de rien, parceque les François et le cardinal Colonne se reposant sur le cardinal Antoine comme le plus interessé, ne pensant point qu'il peust jamais changer, ne prirent nulles précautions pour cela, et que luy, à ce que quelques uns disoient, se laissa gagner par un artifice assés grossier, mais dont pourtant il ne s'apperceust point, qui fust qu'estant allé un soir chez un cardinal qu'il pensoit fort de ses amis, mais qui, l'estant davantage du cardinal Barberin, vouloit que Pamphile fust pape; ce cardinal avoit auparavant ordonné à ses gens que quand le cardinal Antoine viendroit, on en avertist aussytost le cardinal Pamphile; de sorte qu'estant à l'heure mesme allé dans la chambre la plus proche de celle où estoit le cardinal Antoine, et s'estant mis contre la tapisserie qui en faisoit la séparation (car il y en a quelques unes dans le conclave qui ne sont point séparées d'autre sorte), le cardinal Antoine entendist le cardinal Pamphile dire à celuy chez qui il estoit et qui le pressoit de penser à estre pape, l'assurant qu'il y trouveroit une grande facilité, le cardinal Barberin le voulant, et la pluspart des autres estant disposés à luy aider, qu'il ne le feroit jamais, non seulement tant qu'il auroit le cardinal Antoine contraire, ainsy qu'il s'en estoit déclaré, mais jusques à ce que ce fust luy qui le proposast; ne voulant pas sy mal reconnoistre les obligations qu'il avoit au pape Urbain, que de mettre pour son interest de la division dans sa famille, et en causer peut-estre la ruine; mais que s'il le faisoit, et que ce bonheur luy arrivast, auquel pourtant il ne s'attendoit point et ne pensoit nullement, il pourroit bien s'assurer qu'il auroit plus de pouvoir qu'il n'en avoit eu du temps de son oncle : dont le cardinal Antoine, qui, ne se doutant point de la supercherie, croyoit que c'estoit le fond de son ame et sa veritable intention, demeura sy persuadé, qu'estant encore eschauffé par celuy à qui il parloit, il ne fist point de difficulté de le proposer, et de s'y affectionner autant que le cardinal Barberin mesme.

La seule chose qui à l'abord luy fist de la peine fust

de sçavoir comme il sortiroit de l'engagement où il estoit avec la France pour son exclusion, ayant tant de fois protesté qu'il la vouloit, et tant demandé qu'on luy assistast, qu'il avoit honte de s'en desdire; joint qu'il n'ignoroit pas l'interest que le cardinal Mazarin y avoit, et que c'estoit à son occasion, le cardinal Pamphile croyant qu'il avoit participé à tout ce qui s'estoit fait contre son neveu. Mais se souvenant enfin qu'il luy avoit tousjours fait dire que la France n'entroit dans ceste exclusion qu'à cause de luy, et parcequ'il iroit trop du sien, il creust s'en pouvoir excuser par là, et dire que puisqu'il y trouvoit son compte et en estoit satisfait, elle le devoit estre aussy. Or il est vray qu'encore que le cardinal Mazarin craignist plus l'élection du cardinal Pamphile que le cardinal Antoine mesme, il luy avoit pourtant tousjours tesmoigné n'y prendre autre interest que le sien, et ne s'en estoit point desclaré au marquis de Saint-Chaumont, ambassadeur du Roy, ny aux cardinaux affectionnés à la France, ne leur ayant rien ordonné, sinon de se bien accorder avec le cardinal Antoine, protecteur de France, et de le seconder dans toutes les exclusions qu'il donneroit; s'assurant de trouver par là celle du cardinal Pamphile sans y paroistre, ny que le cardinal Barberin, qu'il vouloit ménager, s'en peust prendre à luy.

Mais comme souvent les petites finesses ne quadrent pas bien avec les grandes affaires, et qu'il faut nécessairement se fier à quelqu'un, ou courir hasard d'estre mal servy, il arriva que l'ambassadeur n'ayant point d'ordre, quand il vist le cardinal Antoine changé, au lieu de faire de nécessité vertu, et, soutenant ce qu'il avoit commencé, de rendre la pareille aux Espagnols, en excluant tout ouvertement Pamphile, qu'il voyoit que les Espagnols vouloient, comme eux avoient exclu Sachetti, que la France vouloit; il prist le party d'envoyer vers le Roy pour sçavoir sa volonté, tirant toutefois parole du cardinal Antoine qu'il luy donneroit le temps d'avoir response, et que jusques là il ne se feroit rien. Mais sy le cardinal Mazarin avoit esté trompé, l'ambassadeur le fust aussy; car les amis du cardinal Pamphile ayant despuis représenté au cardinal Antoine que s'il attendoit le retour du courier, et qu'il aportast un consentement, comme vraysemblablement il feroit, le Roy et le cardinal Mazarin en auroient tout le mérite, et non luy; et que s'ils ne le vouloient pas et qu'il passast outre, comme il le promettoit, il les offenseroit beaucoup plus qu'alors qu'il pouvoit présumer qu'ils ne s'en souçioient pas, puisqu'ils luy avoient tousjours fait dire ne l'exclure qu'en sa considération : il se résolust de prévenir les responses qu'il auroit; et se joignant au cardinal Barberin et à tous les autres amis du cardinal Pamphile, il fust esleu sans contradiction.

La faute que fist le marquis de Saint-Chaumont ne fust pas seulement attribuée au manque d'ordre ou de résolution, car on l'accusa aussy de s'estre laissé gagner premierement par l'amitié qu'il avoit pour le cardinal Pamphile : car ayant esté choisy pour aller à Lyon recevoir de la part du Roy le cardinal Barberin, et l'accompagner jusques à Paris, il avoit pris pendant ce temps là une fort grande liaison avec luy, et puis, par des promesses de faire son jeune fils cardinal, de mettre l'abbaye de Saint-Antoine en commende et de la luy donner, et luy bailler aussy quelque argent; et il se monstra alors des lettres du marquis de Santo-Vite, escrites au ............, qui en tesmoignoient quelque chose. Mais luy protestoit que c'estoit toutes faussetés, et que sy cela avoit lieu, il n'y auroit gueres d'innocents au monde, n'y ayant pas manqué de gens assés meschants pour imposer à ceux qu'ils n'aiment pas des choses encore pires que celles là; et qu'au reste s'il avoit failly, c'estoit pour n'avoir esté aidé de personne, le cardinal Mazarin ne luy ayant point donné d'ordre, ny les cardinaux de Lyon et Bichi avis de ce qui se passoit dans le conclave, et de ce qui se pouvoit et se devoit faire, comme ils y estoient obligés : ce qu'eux-mesmes ne désavouoient pas, s'en excusant sur le serment presté à l'entrée du conclave de ne rien révéler de ce qui s'y fait, qui estoit une pure moquerie, n'estant pas assez scrupuleux pour cela; joint que n'estant point observé par les Espagnols ny par nuls autres, ils n'y estoient point tenus; autrement ce serment seroit un piége pour attraper les gens de bien, plustost qu'une regle contre les meschants. Et il est aussy très certain que le cardinal de Lyon ne le fist que parceque sçachant le cardinal Pamphile ennemy du cardinal Mazarin, il le vouloit plustost que tout autre, pour se venger de son peu de reconnoissance tant envers luy qu'envers tous les parents du cardinal de Richelieu, duquel il tenoit toute sa fortune; et le cardinal Bichi pour complaire au grand duc, duquel il estoit né subject.

L'élection du cardinal Pamphile estant sceue en France, le cardinal Mazarin, quoyqu'en effet ce fust par sa faute et pour ne s'estre pas assés declaré, la rejettant toutefois sur les autres, fulmina premierement contre l'ambassadeur, qu'il fist révoquer et confiner dans sa maison, sans le vouloir ouir dans ses justifications; et puis contre le cardinal Antoine, auquel il osta la protection de France, et fist deffense de tenir les armes du Roy sur la porte de son palais. Dont le Pape, qui vist bien que cela s'adressoit plus à luy qu'au cardinal Antoine ny à l'ambassadeur, se scandalisa fort, s'en plaignant à tout le monde, et disant qu'il ne sçavoit pourquoy ce malheur luy estoit arrivé; estant sorty d'une maison tellement attachée à la France que le cardinal Pamphile son oncle avoit esté nommé par elle pour estre pape, et luy l'ayant tousjours servie en tout ce qu'il avoit peu; dont il prenoit à tesmoing tous les ambassadeurs qui avoient esté à Rome despuis son entrée dans les charges. Mais encore que le cardinal Mazarin et luy fussent bien en colere, ils ne demeurerent pas néanmoins longtemps sans faire une espece de réconciliation, ayant besoin l'un de l'autre : le cardinal Mazarin pour faire son frere cardinal, et le Pape afin que le Roy ne relevast pas le bruit des offres faites au marquis de Saint-Chaumont, pour donner une atteinte à son élection, ou du moins à son honneur.

En suite de quoy le cardinal Mazarin fist donner au cardinal Pamphile, neveu du Pape, l'abbaye de Corbie, qui est de très grand revenu; et M. de Grémonville, qui alloit à Venise comme ambassadeur, eust ordre de passer par Rome pour luy en porter le brevet, et arrester par mesme moyen la promotion du pere Mazarin. Mais ayant, par trop de confiance aux bonnes cheres qu'on luy faisoit, donné le brevet sans estre assuré de rien, le Pape, qui n'avoit voulu ceste abbaye que pour tirer un acte de reconnoissance de la France, en ayant au mesme temps fait prendre une en Espagne, et penchant bien plus de ce costé là que de l'autre, comme l'ayant fait tout ce qu'il estoit, il ne peust se résoudre à donner ce desplaisir aux Espagnols de contenter le Roy et le cardinal Mazarin en une chose de sy grand esclat comme la promotion de son frere, s'en excusant, quand on l'en pressa, sur la bulle qui deffend de faire deux freres; et quand on luy respondoit qu'elle avoit esté plusieurs fois rompue, il disoit que ce n'avoit esté qu'en faveur des neveux de pape, et du cardinal de Richelieu, à cause de la prise de La Rochelle : ce qui ne faisoit point de consequence. Tellement que les voilà plus mal que jamais.

[1645] Cependant le Pape, vérifiant la prédiction du pape Urbain, ne traitoit pas mieux les Barberins; car ne se souvenant plus des obligations qu'il leur avoit, ny de tout ce qu'il avoit dit dans le conclave, il commença à se refroidir du costé du cardinal Barberin, se plaignant qu'il vouloit faire le maistre comme du temps de son oncle : ce que ne permettant pas à son propre neveu, il ne pouvoit pas aussy le souffrir de luy; et puis endurant qu'on informast de la mort d'une religieuse, arrivée à Bologne pendant que le cardinal Antoine y commandoit, et qu'on luy vouloit attribuer, disant qu'il ne pouvoit pas empescher le cours de la justice.

Ce qui donna l'alarme au cardinal Barberin, ne doutant point que cela ne fust fait exprès pour avoir occasion de prendre en un moment ce qu'il auroit bien eu de la peine à amasser pendant un pontificat de plus de vingt années, n'estant pas mal aisé au Pape de faire trouver le cardinal Antoine coupable, et d'y embarrasser ensuite toute sa maison. C'est pourquoy il pensa à l'heure mesme à chercher protection; et ne pouvant avoir celle du roy d'Espagne parcequ'il estoit trop mal avec les Espagnols, et eux trop bien avec le Pape, il tourna du costé de la France, que luy et son frere avoient peu auparavant sy fort mesprisée, et fist sonder le cardinal Mazarin s'il les voudroit recevoir; lequel, ne cherchant qu'une occasion pour se venger du Pape, oublia aussytost tout ce qu'ils avoient fait au conclave, et leur promist plus qu'ils ne demandoient.

Cela obligeant d'envoyer promptement un ambassadeur à Rome pour défendre leurs interests, le cardinal Mazarin en fist parler au marquis de Fontenay, qui ne faisoit que d'en revenir; offrant, pour luy persuader d'y aller, de luy faire donner à son retour la charge de gouverneur de M. le duc d'Anjou. Mais parcequ'il en demanda une assurance plus grande que la parole du cardinal, et que luy, qui ne cherchoit qu'à l'engager pour après en user comme il luy plairoit, ne la voulust pas donner, cela se differa sy fort, que les Barberins ayant eu avis de Bologne qu'on pressoit extrememént les informations, et jugeant bien que s'ils attendoient leur arrivée ils auroient peine à se sauver, ils s'en allerent de nuit à Sainte-Marinelle, qui estoit à eux, où ils s'embarquerent dans des chaloupes pour passer en France.

Le cardinal Antoine toutefois, parcequ'il luy falloit un raccommodement particulier, descendit à Genes pour y attendre qu'il fust fait; mais le cardinal Barberin alla à Paris, où on le receust très bien, le cardinal Mazarin ayant esté au devant de luy, suivy de la plus grande partie de la cour, jusques à Charenton.

Le Pape voyant les Barberins luy avoir eschappé, s'en prist à leurs biens, qu'ils n'avoient peu emporter, et qui estoient aussy ce qu'il desiroit le plus, n'en voulant à leurs personnes que pour se les mieux assurer. Il fist donc faire contre eux toutes les procédures accoutumées en semblables rencontres, et mist outre cela une telle taille sur leurs biens tant qu'ils seroient absens, et sans respondre aux citations qui leur estoient faictes, que sy elles eussent eu leur effet, il n'y en auroit pas eu pour longtemps.

Le cardinal Mazarin pensa arrester ces poursuites en faisant dire qu'ils estoient en la protection du Roy: mais comme le Pape ne laissoit pas de continuer, personne, ce disoit-il, n'ayant droit de se mettre entre luy et ses subjects, et ne devant pas avoir moins de pouvoir sur eux que tous les autres princes en avoient sur les leurs, il creust qu'il falloit y envoyer quelqu'un exprès, pour faire valoir l'autorité du Roy plus fortement que ne faisoient des lettres. Et parceque l'estat présent ne permettoit pas que ce fust un ambassadeur, il choisist l'abbé de Saint-Nicolas (1) pour aller résident; lequel avec le cardinal Grimaldi, qui s'estoit attaché à la France pendant sa nonciature, fist tout ce qu'il peust pour cela.

Mais le Pape, qui se creust en seureté à cause du grand eslongnement, et qu'il estoit d'accord avec les Espagnols, n'y ayant point d'égard, le cardinal Mazarin vist bien qu'il en auroit l'affront, s'il n'y employoit que des paroles. C'est pourquoy il fist diligemment

---

(1) *L'abbé de Saint-Nicolas :* Henri Arnauld, qui fut depuis évêque d'Angers.

armer un bon nombre de vaisseaux et de galeres; et mettant assés de gens dessus pour descendre à terre et faire un siege, il en donna le commandement au prince Thomas de Savoye, avec ordre d'attaquer Orbitelle, qu'on ne croyoit pas trop bien fortifiée, et qui, estant sur la frontiere de l'Estat ecclésiastique, seroit très propre pour faire peur au Pape, et le mettre à la raison.

L'armée partist donc de Toulon le ...... 1646; mais, faute de gens qui sceussent attaquer les places, on demeura sy longtemps à passer une fausse haye qui estoit dans le fossé, que les Espagnols eurent loisir d'y arriver avec leur armée navale, lesquels eurent certainement du désavantage dans le combat; mais ils ne laisserent d'en tirer quasy autant de profit que s'ils eussent eu la victoire; car le duc de Brezé, qui commandoit l'armée navale, ayant esté tué d'un coup de canon, le désordre après cela y fust sy grand, encore que les Espagnols se fussent retirés, que le costé de la terre n'allant pas aussy trop bien, le prince Thomas leva le siege, et se rembarquant, retourna en France.

Ce qui ayant donné une nouvelle hardiesse au Pape, croyant que c'estoit le dernier effort, eust fait tomber les Barberins dans une ruine inévitable, sy le cardinal Mazarin, pour réparer ceste faute, n'eust promptement fait restablir l'armée navale, et ajoutant à celle de terre de nouvelles troupes, ne les eust renvoyées sous la conduite des mareschaux de La Meilleraye et Du Plessis-Praslin, lesquels, au lieu d'Orbitelle où on les attendoit, s'estant arrestés dans l'isle d'Elbe, attaquerent Porto-Longone, et le prirent en fort peu de temps; après quoy ils s'assurerent aussy de Piombino, qui est dans la terre ferme.

Ceste prise sy peu attendue estonna tellement le Pape, que ceux qui vouloient son accommodement avec le Roy eurent alors moyen de l'aborder, et de luy représenter le hasard où il se mettoit sans nécessité, les Espagnols estant de tous costés sy mal en leurs affaires qu'ils ne le pourroient pas secourir. Et le cardinal Spada entre autres, auquel il recouroit tousjours dans toutes les choses espineuses, l'en ayant fort sollicité, il se résolut de céder à la bonne fortune de la France. De sorte qu'il se fist un traité par lequel les Barberins eurent main-levée de tous leurs biens, et furent restablis dans leurs charges, pour les exercer quand ils seroient à Rome; et le Roy promist d'envoyer un ambassadeur, lequel le Pape vouloit sur toutes choses, afin de mettre son élection tout-à-fait à couvert.

Or le nonce ayant fait ensuite entendre que sy on y envoyoit une personne agréable (car le Pape se plaignoit extremement de l'abbé de Saint-Nicolas), ce que le cardinal Mazarin prétendoit s'obtiendroit bien plus facilement; il fist aussy connoistre que le marquis de Fontenay, qui y avoit desja esté, y pourroit mieux servir que tout autre, le Pape l'ayant connu et aymé pendant son ambassade. Mais le cardinal Mazarin croyant qu'il n'y voudroit pas aller sy on ne luy donnoit que des paroles, ne luy en dist rien, jusques à ce que le père Mazarin son frere, auquel le Roy avoit nouvellement donné l'archevesché d'Aix, pour le tirer honnestement de sa charge de maistre du sacré palais, de l'intérest duquel il s'agissoit aussy bien que de celuy des Barberins, ne fust arrivé à Paris, qui le conjura sy fort de se contenter de la parole du cardinal Mazarin, de laquelle, outre qu'elle seroit fort expresse, il se rendroit encore garant, que persuadé aussy par tous ses amis, qui, ne connoissant pas bien le cardinal, pensoient impossible qu'il manquast à ce qu'il luy promettroit, sy l'ayant desja faict cardinal, après que le mareschal d'Estrées n'en avoit peu venir à bout, il faisoit encore son frere (ce à quoy d'autres avoient eschoué); le marquis de Fontenay se résolust d'y aller, le cardinal Mazarin l'ayant assuré (quand après cela il le vist, et despuis mesme quand il partist) que puisqu'il vouloit bien se fier en luy, il seroit plus obligé de faire ce qu'il desiroit que par quelque escrit que ce fust. Il partist donc de Paris pour Rome le 24 de may 1647.

Tout le monde croyoit la promotion de l'archevesque d'Aix sy difficile à persuader au Pape, tant pour l'aversion qu'il y avoit tousjours montrée, que pour l'engagement où il estoit avec les Espagnols et autres qui ne la vouloient point, que le grand duc, qui est ordinairement bien averty de tout ce qui se fait à Rome, en tesmoigna quelque chose au marquis de Fontenay quand il passa à Florence, et le plaignit d'avoir eu ceste commission. Mais il en prist néanmoins bon augure dès la premiere audience que, selon la coutume, il eust le jour de son arrivée à Rome, ne se pouvant rien ajouter à la bonne reception que le Pape luy fist tant de visage que de paroles; luy disant entre autres choses qu'il avoit esté ravy quand il avoit sceu que c'estoit luy qui venoit, et qu'il se promettoit, à cause de l'ancienne connoissance et amitié, qu'il contribueroit autant de sa part, comme il l'assuroit qu'il feroit de la sienne, pour establir une bonne correspondance entre la Reine et luy : ce qu'il ne creust pas devoir prendre pour un simple compliment ou pour une flatterie (bien qu'il fust le plus flatteur homme du monde), puisqu'il sçavoit bien que le Pape le connoissoit assés pour ne prétendre pas le payer de ceste monnoye. Il n'en voulust pourtant rien dire ny l'escrire en France, qu'il n'y vist plus clair.

Trois jours après il eust une seconde audience, dans laquelle il commença à parler de la promotion, et à representer bien amplement au Pape toutes les raisons qui pouvoient l'obliger de la faire, le cardinal Mazarin estant en France ce qu'il y estoit, et la France en l'estat qu'il sçavoit. Surquoy le Pape luy respondit qu'il avoit desja beaucoup fait pour la France sans qu'on y eust correspondu, exagérant fort la grace faite à la maison Barberine, dans laquelle il avoit, ce disoit-il, abandonné sa propre réputation pour conserver celle du Roy, engagée, ce disoit-on, à leur protection. Ce que le marquis de Fontenay luy avoua estre fort considérable; que la Reine l'estimoit aussy beaucoup, et luy avoit bien expressement commandé de l'en remercier, et de luy en tesmoigner son ressentiment : mais que s'il vouloit regarder à ce que dans le mesme temps elle avoit voulu faire pour les siens, il ne le trouveroit pas moins digne d'estre compté tant pour les choses que pour la maniere, qui estoit tout-à-fait obligeante et extraordinaire; car outre le don de l'abbaye de Corbie, l'une des premieres de France, qu'elle avoit fait à son neveu, elle avoit voulu laisser au prince Ludovise le revenu de la principauté de

Piombino, et le traiter comme faisoient les Espagnols, sans l'obliger à les quitter. Et sur ce qu'il avoit refusé de le recevoir de la main du Roy, de peur de les offenser, Sa Sainteté savoit bien qu'au lieu de s'en scandaliser, comme d'autres eussent peu faire, on luy avoit proposé de le prendre pour luy, et d'en disposer après comme il luy plairoit. Que s'il l'avoit aussy refusé, et que son neveu s'estant marié eust quitté l'abbaye, la Reine n'en devoit pas avoir acquis moins de mérite envers luy, puisque ce n'estoit pas sa faute; mais que ce ne seroit pas les seules choses qu'elle feroit pour les siens, pourveu qu'il voulust aussy faire celles qu'on luy demanderoit, et principalement une aussy aisée comme la promotion de l'archevesque d'Aix.

A quoy il respondit que les jalousies d'entre les François et les Espagnols estoient telles, qu'on ne pouvoit pas faire une grace à l'un que l'autre à l'heure mesme n'en demandast autant; joint qu'il avoit tousjours semblé à ses prédécesseurs de dangereuse conséquence de faire des cardinaux pour les princes hors de leur rang, en quelque rencontre que ce peust estre, Paul v l'ayant refusé en faveur des mariages de France et d'Espagne; et, despuis peu encore, Urbain pour celuy de l'Empereur avec l'Infante d'Espagne, bien qu'on l'en pressast fort. Surquoy le marquis de Fontenay luy dist qu'il le fist donc à la nomination de Poulongne, parceque cela leveroit toutes les difficultés; car il faut sçavoir que le cardinal Mazarin, désespérant de pouvoir gagner le Pape, et ne se voulant point servir de la nomination de France, pour se montrer bon mesnager des graces de la Reine et soigneux de l'interest des François, auxquels cest honneur appartenoit, il avoit cherché l'expédient de faire nommer son frere par le roy de Poulongne, comme un moyen assuré pour l'estre, et (ce qui luy en plaisoit le plus) malgré le Pape, et sans luy en avoir d'obligation. Et on tient mesme que ce qu'il fist donner par le Roy à la princesse Marie quand elle espousa le roy de Poulongne, ce fust pour avoir ceste nomination.

Mais le Pape maintenoit que le roy de Poulongne n'avoit point ce droit là, le concile n'ayant entendu qu'on en donnast aux roys que pour ceux de leur nation, et que les papes n'avoient point aussy voulu souffrir qu'ils en nommassent d'autres : tesmoin monseigneur Visconti que le roy de Poulongne avoit nommé, et qui fust refusé ; joint que le prince Casimir, son frere, venoit de l'estre. A quoy le marquis de Fontenay respondit que tout le monde sçavoit bien que monseigneur Visconti n'avoit point esté exclu par le manquement de droit du roy de Poulongne, mais parceque le cardinal Barberin ne l'aimoit pas, et qu'il sembloit que les Espagnols, en faveur de qui ce roy l'avoit nommé, eussent cherché ceste voye pour le faire cardinal malgré luy ; mais que Grégoire XV avoit fait le cardinal Torres [1], romain, à sa nomination. Et quant au prince Casimir, qu'il ne le devoit point mettre en ligne de compte, puisque ce roy là seroit bien malheureux s'il ne pouvoit obtenir pour son frere la mesme grace qui se faisoit tous les jours aux plus petits princes d'Italie.

Après quoy le Pape se voulust encore deffendre par une autre raison, disant qu'il n'estoit point en estat de

---

[1] *Le cardinal Torres* : Côme de Torres, fait cardinal en 1622, mourut en 1642.

faire une promotion, n'y ayant que six places vacantes; et qu'estant obligé d'y comprendre les princes, parceque c'estoit leur rang, quand il n'en donneroit qu'à la France, à l'Espagne et à Venise, comme il ne s'en pourroit pas dispenser, il n'en resteroit que deux pour luy; et qu'il n'en feroit point qu'il n'en peust avoir davantage. Mais le marquis de Fontenay luy respondit que sy rien que cela ne l'en empeschoit, il la feroit dès lors, en pouvant avoir quatre et non pas deux, parceque la république n'en nommant jamais, les Vénitiens passent tousjours pour créatures de ceux qui les font, et que l'archevesque d'Aix seroit autant à luy que tout autre qu'il pourroit faire; le suppliant d'y bien penser, et de ne le contraindre pas de venir souvent à ses pieds pour une chose sy raisonnable, et dans laquelle il s'obligeroit autant luy-mesme que la Reine et le cardinal Mazarin, pour les grandes reconnoissances qu'ils en prendroient; exagerant fort l'estat auquel le cardinal estoit auprès de la Reine et de M. d'Orléans, pour le détromper de tout ce que les Espagnols et leurs partisans luy disoient au contraire, luy offrant de convenir dès ceste heure là des choses qu'on luy donneroit quand la promotion seroit faicte, et y ajoutant combien luy-mesme avoit condamné le pape Urbain, lorsqu'il luy voyoit refuser de faire le cardinal Mazarin et le cardinal Montalte, et toutes les autres choses de peu de consequence que le Roy et le roy d'Espagne luy demandoient, l'assurant qu'on le traitoit presentement de mesme, et qu'il n'y avoit nul prince d'Italie qui ne le blasmast d'avoir attendu jusques à ceste heure, devant l'avoir fait dès que M. de Gremonville l'en supplia.

Toutes ces contestations se firent néanmoins de telle sorte, qu'il sembloit plustost que ce fust une simple conversation qu'une dispute; et quand le marquis de Fontenay s'en alla, il luy tesmoigna de nouveau tant d'amitié, qu'il eust plus d'espérance que jamais que ses affaires iroient bien.

Quelques jours après ceste audience, l'archevesque d'Aix arriva, auquel le Pape fist fort bonne chere, et luy dist entre autres choses qu'il avoit esté fort aise qu'on luy eust envoyé un ambassadeur avec lequel il estoit assuré de se bien accommoder. Ce qui obligea le marquis de Fontenay, pour se prévaloir de ceste bonne disposition, et ne laisser point le Pape en repos qu'il ne l'eust contenté, de demander à le voir : ce qui ne luy fust pas seulement accordé, mais avancé de deux jours plus tost qu'il ne l'esperoit, le Pape ayant voulu que ce fust devant la procession du Saint-Sacrement, de peur, ce dist-il, d'estre sy las quand il auroit fait ceste fonction, qui est longue et pénible, qu'il ne peust le faire de longtemps après.

Le marquis de Fontenay estant arrivé, commença par des remerciements de la bonne reception qu'il avoit faite à l'archevesque d'Aix, l'assurant du ressentiment que la Reine en auroit, et ajoutant que cela luy faisoit croire qu'il avoit bien pensé à tout ce qu'il lui avoit représenté dans sa derniere audience, et qu'il ne feroit plus de difficulté de luy accorder ce qu'il luy demandoit. Et comme il l'en pressoit fort, il respondit qu'il estoit vray qu'il y avoit bien pensé, et y pensoit continuellement; mais que plus il le faisoit, moins s'y pouvoit-il résoudre, pour les raisons qu'il luy avoit desja dites, et considérant que la Reine et le cardinal

Mazarin n'estoient pas les seuls qu'il deust contenter.

Or ces difficultés ne venoient pas seulement de l'humeur du Pape, et de ce qu'il aimoit naturellement à temporiser, comme font quasy tous les Italiens, et les Romains principalement, ny mesme pour faire valoir davantage la grace qu'on luy demandoit; mais encore des Espagnols, lesquels aidés du cardinal Pancirole son principal confident, et du prince Ludovic, qui avoit espousé une de ses nieces, luy donnoient tant d'apprehension qu'en perdant l'Espagne il ne gagneroit pas la France, le cardinal Mazarin estant un ennemy irréconciliable, qu'ayant l'esprit partagé entre ce qu'ils luy disoient et toutes les assurances que luy donnoit le marquis de Fontenay et les grandes promesses qu'il luy faisoit, il ne pouvoit se resoudre à dire ny ouy ny non, cherchant tous les jours quelques moyens de différer.

C'est ce qui dura environ un mois, pendant lequel, bien que le marquis de Fontenay n'eust pas encore eu son audience publique à cause que ses carosses n'estoient pas faits, et qu'il n'y pouvoit aller que les après-disnées et inconnu, le Pape néanmoins ne refusoit pas de le voir toutes les semaines, de le souffrir auprès de luy autant qu'il vouloit, et de luy donner tousjours quelque marque de sa bonne volonté; comme une fois entre autres qu'il y avoit esté fort longtemps, et qu'il luy en faisoit des excuses, disant qu'il craignoit de l'avoir ennuyé, il luy respondit promptement : « Et com-
« ment se pourroit-on ennuyer avec un amy ? »

De sorte que les difficultés qu'il luy faisoit, ny les bruits semés par les Espagnols qu'ils avoient parole qu'il ne feroit rien, ny tout ce que quelques François mesme, qui, jaloux de ce que sa conduite, qu'ils n'avoient pas tenue, pourroit réussir, eussent bien voulu luy en faire prendre une autre, afin qu'il luy en arrivast comme à eux, luy disoient qu'on ne cherchoit qu'à l'amuser, ne l'estonnoient point; et il n'y avoit que les lettres du cardinal Mazarin et les inquietudes de son frere qui luy donnassent de la peine et de l'embarras.

Car celuy-cy, trouvant les jours aussy longs que des années, ne se contentoit de nulles apparences, et ne pouvoit estre satisfait que par le bonnet; et l'autre vouloit tousjours qu'on se prévalust de la nomination de Poulongne, qui estoit son ouvrage, et qu'on menaçast, s'imaginant que le Pape se réduiroit plustost par ceste voye que de toute autre façon, encore que, par l'exemple du cardinal Grimaldy et de l'abbé de Saint-Nicolas, il en deust estre detrompé.

Mais le marquis de Fontenay s'estant bien armé contre tout cela, ne changea point de conduite, et se résolust seulement, un jour qu'il trouva le Pape de bonne humeur, pour essayer d'en tirer le plus d'assurances qu'il pourroit, de luy faire de grandes plaintes de son malheur, de ne luy pouvoir persuader une chose qu'il faudroit à la fin qu'il fist, mais qui ne luy seroit avantageuse qu'en la faisant promptement et de bonne grace; et qu'il falloit nécessairement que ce fust sa faute, ne luy ayant pas sceu assés bien représenter le grand interest qu'il y avoit. Surquoy le Pape, pour se deffendre encore un peu, luy respondant que tout le monde n'estoit pas d'accord qu'il luy en deust arriver autant de bien qu'il disoit, il luy répliqua que ce ne pouvoit estre que les ennemis de la France qui n'estoient pas croyables en ce qui la regardoit. Et s'estant fort estendu sur cela, il l'assura tant de fois du sentiment et de la reconnoissance qu'en auroient la Reine et le cardinal Mazarin, et le pressa sy fort, que comme s'il eust esté vaincu et persuadé de ces raisons, il luy dist qu'il se fioit tellement en luy et avoit sy envye de le contenter, que puisqu'il n'y en avoit point d'autre moyen, il feroit donc la promotion, et l'archevesque d'Aix cardinal; et qu'il en pouvoit assurer la Reine et le cardinal Mazarin; mais qu'il avoit encore besoin d'un peu de temps, et qu'ils eussent patience.

Par lesquelles paroles, bien qu'il ne se fust pas obligé de faire la promotion aussytost qu'on desiroit, il s'y estoit au moins engagé : ce qu'il n'avoit point encore fait. C'est pourquoy le marquis de Fontenay creust s'en devoir contenter et le bien remercier, ne doubtant point, puisqu'il ne seroit plus question que du temps, qu'il ne se peust abréger, et qu'il ne gagnast tous les jours quelque chose pour cela dans les audiences qu'il auroit.

Mais afin toutesfois de se mieux assurer qu'il ne luy manqueroit pas, et éviter toute contestation sur le plus ou le moins, il luy dist qu'estant obligé de rendre compte à la Reine de tout ce qui s'estoit passé dans ceste audience, et ne voulant rien mander qui luy peust desplaire ny qu'il peust désavouer, il le supplioit de voir s'il se seroit bien souvenu de ses paroles, et les répéta mot à mot. Dont estant demeuré d'accord, il y ajousta encore que croyant que la Reine aimeroit bien autant que ce fust à sa recommandation qu'autrement, il essayeroit de luy donner satisfaction de ceste sorte là.

Or, bien que cela fust contre les ordres du cardinal Mazarin, qui vouloit se prévaloir de la nomination de Poulongne, parceque ayant, comme j'ay desja dit, fait beaucoup donner à la reine de Poulongne en ceste veue là, il ne vouloit pas perdre son argent, ny avoir encore à en donner au Pape, et luy estre obligé; et qu'on jugeoit bien aussy qu'il en feroit autant pour le roy d'Espagne, la coutume estant de longue main establie à Rome de traiter les deux rois egalement, ainsy qu'il s'estoit veu en la promotion du duc de Lerme et du cardinal de Retz, et despuis en celle du cardinal de Valançay et du cardinal Lugo : le marquis de Fontenay néanmoins creust y devoir acquiescer, et qu'il seroit blasmé à jamais sy le Pape luy ayant promis de sy bonne grace une chose pour laquelle il y avoit sy longtemps qu'on travailloit, il en laissoit passer l'occasion, et la perdoit pour la vouloir à sa mode : c'est pourquoy il l'en remercia, et l'assura que la Reine et le cardinal Mazarin le feroient aussy, et en prendroient, comme il luy avoit tousjours dit, toute la reconnoissance possible.

Surquoy le Pape, qui vouloit que cela s'entendist principalement des revenus de Piombino, luy dist qu'il seroit fort obligé à la Reine des biens qu'elle feroit à la princesse Ludovise, qu'il aimoit tendrement, ayant presque esté eslevé entre ses bras; et le priant de regarder aux moyens par lesquels cela se pourroit faire, sans préjudicier à l'engagement auquel se trouvoit lors le prince son mary avec les Espagnols, d'autant que, ne pouvant pas en sortir avec honneur, il ne le feroit pas aussy, pour quelque interest que ce peust estre. Despuis cela il fist servir l'archevesque d'Aix d'evesque assistant dans tous les chapitres qu'il y eust.

Le marquis de Fontenay voyant la promotion assurée, et qu'il n'auroit plus qu'à la presser, jugea bien que les Espagnols, qui prenoient ceste affaire au point d'honneur, voyant qu'ils ne la pourroient empescher, remueroient ciel et terre pour du moins la retarder; c'est pourquoy, dans l'audience qu'il eust quelques jours après, il creust devoir prevenir le Pape, et luy representant leur mauvaise volonté contre la France, empescher qu'il ne se laissast surprendre. Mais il luy tesmoigna qu'il estoit trop bien instruit de ce qu'ils sçavoient faire pour en estre abusé; que la seule chose qui le mettoit en peine estoit de ce qu'ayant tousjours protesté qu'il ne feroit point la promotion s'il ne la croyoit utile au public, on luy reprochoit desja, voyant qu'il inclinoit à contenter la Reine, qu'il ne s'en souvenoit plus, ou bien qu'il pensoit que les interests de tout le monde estoient enfermés dans ceux du cardinal Mazarin; que toutesfois il esperoit faire taire les Espagnols, en leur donnant aussy un cardinal.

A quoy le marquis de Fontenay respondit que la peur qu'on montroit avoir d'eux estoit ce qui les gastoit, et qu'autrefois on n'en usoit pas ainsy, dont on ne se trouvoit pas plus mal. « Il est vray, dit le Pape; « mais ce sont les derniers exemples qui obligent le « plus à s'y conformer. » Ce que le marquis de Fontenay ne contesta pas davantage, d'autant mesme qu'il ne sçavoit pas, quand il eust esté en son pouvoir d'empescher qu'ils n'en eussent un, sy on s'en fust deu servir, les Espagnols se pouvant bien plus souvent trouver en estat de profiter de cet exemple que le Roy, à cause de ce qu'ils ont en Italie. C'est pourquoy il ne luy dist plus autre chose, sinon que puisqu'il le vouloit ainsy, il regardast donc à ne leur en point donner qui ne fust autant à luy que l'archevesque d'Aix, afin que la chose fust toute égale; et de n'escouter pas tout ce qu'ils luy pourroient dire pour retarder la promotion, estant bien averty qu'ils y emploieroient tout leur pouvoir. Ce qu'il luy promist et l'en assura plusieurs fois.

Huit jours après, le marquis de Fontenay, qui tant que cette negociation dura vist, comme j'ay desja dit, le Pape toutes les semaines, eust une autre audience, dans laquelle il luy confirma tout ce qu'il luy avoit dit dans la précédente, tesmoignant une très grande joye de l'avoir contenté, et luy demandant plusieurs fois s'il n'estoit pas satisfait de luy. De quoy le marquis de Fontenay voulant profiter, il luy fist encore promettre que les Espagnols ne pourroient, de quelque façon que ce fust, et quoy qu'ils peussent dire, retarder l'effet de ses paroles; et ayant demandé la semaine suivante à y retourner, il luy accorda pour le lendemain, sans le remettre à deux ou trois jours de là comme il avoit accoutumé. Ce qui luy fist craindre quelque nouveauté, ainsy qu'en effet il en trouva.

Car le Pape, commençant à luy parler, luy dit qu'il avoit tousjours pensé, despuis qu'il ne l'avoit veu, à la promotion, et aux moyens de la haster autant qu'il pourroit; mais que comme il s'estoit résolu de contenter la Reine, qu'aussy ne vouloit-il pas négliger le roy d'Espagne, et luy donner subject de se plaindre. C'est pourquoy il avoit fait toutes les diligences possibles pour descouvrir son intention, et sçavoir quel subject luy pourroit estre agréable pour le faire cardinal avec l'archevesque d'Aix; ne s'estant pas contenté d'en parler aux ministres qu'il avoit à Rome, mais qu'il l'avoit encore fait demander par son nonce au viceroy de Naples, et qu'ils avoient tous respondu n'en sçavoir rien, et déclaré qu'ils ne croyoient pas qu'aucun Espagnol ny Italien despendant du roy d'Espagne l'osast accepter sans sa permission. Surquoy il leur avoit dit qu'il passeroit donc outre, et feroit la promotion sans eux; mais qu'ils l'avoient tant prié de les traiter comme en pareil cas les François l'avoient esté, car Paul v voulant faire M. de Marquemont cardinal, lorsqu'à la priere du roy d'Espagne il fist le duc de Lerme, et luy s'en estant excusé, il eust le temps d'en avertir le Roy, et de sçavoir sa volonté. Et d'autant, ce dit-il, que leur courrier ne trouveroit peut-estre pas la mer propre, ou le diroit, il avoit pensé, pour leur oster tout pretexte de retardement, que ce seroit un des siens qui iroit, et qu'il le prioit de luy donner un passeport afin qu'il allast tousjours par terre, et peust revenir à point nommé; l'assurant que, de peur qu'on ne l'arrestast en Espagne plus que de raison, il ne donneroit qu'un mois de temps pour aller et pour revenir, et protestant que s'il ne luy rapportoit contentement, il feroit ce qu'il devoit.

Surquoy le marquis de Fontenay se trouva d'abord bien empesché; craignant que ceste permission de passer par la France ne fust plutost demandée par les Espagnols que par le Pape, et pour avoir des ordres sur ce qui se passoit à Naples, que pour la promotion; joint que puisque le Pape, après tant de promesses et d'assurances de ne déférer point à tout ce qu'on inventeroit pour la retarder, ne laissoit pas de le faire, il pourroit bien aussy manquer à tout le reste de ce qu'il luy avoit promis, et qu'il verroit enfin que les avis qu'on luy avoit donnés estoient bons, et toutes les paroles du Pape des illusions et des fables.

Mais ayant aussy considéré que les desordres de Naples avoient peu estre mandés en Espagne il y avoit desja plus de quinze jours, et que sy le Pape, au lieu de luy dire franchement son dessein, luy eust seulement promis de faire la promotion dans deux mois, envoyant cependant en Espagne pour faire de ce costé-là toutes les diligences qu'il voudroit, il s'en seroit contenté et tenu fort heureux; il pensa que le plus expedient estoit d'y consentir et de promettre le passeport, à condition toutefois que le courrier passeroit par la cour, et le suppliant de considerer qu'il avoit plus de peur des Espagnols qu'il ne disoit, et qu'il estoit fort à craindre que, voyant comme il les menageoit, ils ne prissent de la hardiesse de faire naistre des difficultés, qu'il ne pourroit escouter sans que la Reine, à qui il avoit mandé toutes les paroles qu'il luy avoit données, ne s'en tinst griefvement offensée. A quoy il luy respondit qu'il n'avoit pris ceste résolution que pour garder la balance, et oster tout subject de plainte aux uns comme aux autres, ainsy que ses prédécesseurs avoient fait. Que sy le roy d'Espagne, reconnoissant mal la grace qu'il luy faisoit, en vouloit abuser; qu'ayant fait de sa part son devoir, il en seroit deschargé devant Dieu et les hommes, et s'en lavant les mains, feroit ce qui estoit raisonnable; luy repetant cela plusieurs fois, et qu'il en pouvoit assurer la Reine et le cardinal Mazarin.

Ensuite de cela, le Pape luy parla des graces qu'il pourroit recevoir de la France, et luy dist que plusieurs personnes luy avoient voulu persuader qu'avant toutes choses il s'en devoit assurer; mais qu'il les laisseroit à la disposition de la Reine, aimant mieux avoir peu de sa bonne volonté, que beaucoup davantage de toute autre sorte. Dont le marquis de Fontenay le loua et le remercia fort, l'assurant que moins il y mettroit de conditions, plus la Reine seroit obligée de le satisfaire, et de montrer qu'elle ne se laisseroit jamais vaincre à personne par les bienfaits.

Il ne faut pas oublier de dire que le Pape n'envoyoit pas en Espagne pour contenter seulement les Espagnols, ainsy qu'il le disoit, mais encore pour obliger le roy d'Espagne, par ceste déférence, à consentir que ce fust le comte d'Ognate, son ambassadeur à Rome, qui fust fait cardinal, employant tous ses offices pour cela, parceque ce comte, qui le vouloit estre aussy à quelque prix que ce fust, avoit assuré la segnora Olimpia (1) qu'il avoit cent mille escus pour mettre en lieux de monts ou en offices vacables quand on est fait cardinal, aussytost que sa promotion seroit assurée.

De sorte qu'elle, qui sçavoit bien qu'on ne tireroit pas un escu de tout autre Espagnol que ce fust, dévorant desja ceste grande somme en imagination, sollicitoit continuellement le Pape que ce peust estre luy; mais tous les ministres espagnols s'y opposoient, soit par jalousie, ou bien, comme ils disoient, parceque cela l'avoit empesché d'agir aussy fortement qu'il pouvoit contre la promotion de l'archevesque d'Aix, se

---

(1) *La segnora Olimpia :* Olimpia Maldachina, belle-sœur d'Innocent x, avoit sur le Pape un crédit sans bornes, dont elle faisoit le trafic le plus indécent.

persuadant qu'elle ne seroit jamais faite s'il eust bien fait son devoir.

Lorsque le Pape se résolust d'envoyer en Espagne, le marquis de Fontenay n'avoit point encore eu de response du cardinal Mazarin sur tout ce qu'il avoit négocié, et ne sçavoit comme il l'auroit pris; de sorte qu'il en estoit fort en peine. Mais il en eust bientost après des nouvelles par lesquelles il desapprouvoit tout ce qui s'estoit fait, ne voulant point, quelques raisons qu'on luy eust alléguées, qu'on prist le change pour la promotion, de peur, ce disoit-il, d'offenser le roy de Poulongne, des intérests duquel, à ce regard, il falloit avoir autant de soin que de ceux du Roy, ny compter pour une grande grace qu'on fist son frere cardinal, puisqu'il n'estoit pas le premier, et que celuy du cardinal de Richelieu l'avoit bien esté, et sans tant de façons; joint, ce disoit-il, que les Espagnols auroient un Espagnol, et les François un Italien : ce qui seroit tout-à-fait disproportionné, et honteux pour la France.

Ce qui eust peu assurement révolter le Pape et rompre pour jamais tout ce qui s'estoit fait, s'il en eust descouvert la moindre chose; car en effet c'estoit bien de quoy vérifier ce qu'on luy avoit tousjours dit, que le cardinal Mazarin se persuadant que tout luy estoit deu, ne s'obligeoit de rien ; et qu'il n'en seroit pas mieux avec luy ny avec la France.

Mais le marquis de Fontenay croyant qu'il seroit tousjours assés à temps de le dire, sy le cardinal persistoit à le vouloir, après qu'il auroit sceu qu'il n'y avoit personne à Rome qui creust possible d'obtenir la promotion à la nomination de Poulongne, tant pour l'intérest present du Pape que pour la conséquence, estant certain qu'il ne voudroit jamais perdre le gré qu'il en espéroit, ny laisser establir un droit pour forcer à l'avenir les papes à ce qu'ils ne voudroient pas; l'exemple du cardinal Torres ne faisant rien contre luy, n'ayant esté fait cardinal que par le choix mesme du Pape, qui prist ceste couverture pour se deslivrer de l'engagement qu'il avoit avec d'autres qu'il vouloit moins que luy. Que quand les affaires se disposeroient de telle sorte qu'on pourroit l'obliger à y consentir, il faudroit après cela combattre pour le temps, dans lequel, s'il n'avoit pas plus de complaisance pour la Reine qu'elle en auroit eu pour luy, il luy seroit assez aisé de le faire aussy longtemps attendre que le pape Urbain avoit fait pour la sienne; pendant quoy tant de choses impréveues et capables d'en empescher l'exécution pourroient arriver, qu'il ne croyoit pas qu'on luy peust conseiller d'en prendre le hasard.

Et quant au cardinal de Lion (1), qu'il l'avoit véritablement esté, mais avec des circonstances sy différentes de celles qui se trouvoient alors, qu'il n'y pouvoit avoir de comparaison; comme entre autres que c'avoit esté à la nomination du Roy, pour récompense de la prise de La Rochelle, qui estoit infiniment agréable à Rome, et par un pape qui aimoit la France.

Ou celle de l'archevesque d'Aix se feroit par un pape accusé de ne la pas aimer, en vertu des avantages qu'on emportoit tous les jours sur les Espagnols, dont il estoit fort fasché, et sans la nomination du Roy, pour laquelle il demeuroit tousjours un droit d'en demander un autre, à la premiere promotion qui se feroit.

(1) *Cardinal de Lion* · le frère du cardinal de Richelieu.

Que le scrupule qu'il avoit, que sy on faisoit un Espagnol il seroit honteux à la France, parcequ'elle n'auroit qu'un Italien, ne se devoit point considérer, estant bien certain que cela se regardoit tout autrement à Rome, et par les Espagnols mesme, qui avoient une telle jalousie que ce fust son frere, et l'apprehendoient sy fort, qu'ils consentiroient volontiers que ce fust un François au lieu de luy, et croiroient y avoir beaucoup gagné, tant parceque de faire deux freres nonobstant la bulle qui le défendoit, sans autre raison que l'instance que la Reine et luy en faisoient, montroit plus de crédit qu'ils ne vouloient qu'ils en eussent à Rome, que parcequ'ils craignoient que le Pape, ayant commencé à les obliger, ne voulust continuer.

Cependant comme plusieurs personnes continuoient à dire que les Espagnols ne voulant point la promotion, ils y apporteroient tant de difficultés que le Pape ne pourroit ou n'oseroit la faire, le marquis de Fontenay se résolust de s'en esclaircir tout-à-fait dans la premiere audience qu'il eust, sondant le Pape sur toutes les choses qu'on luy pourroit alléguer. Mais parceque le bon estat des affaires du Roy estoit la meilleure raison qu'il eust pour l'affermir dans sa résolution et oster crédit aux Espagnols, il creust à propos de commencer par luy en faire une peinture, luy representant comme les Espagnols estoient foibles partout, et mesmement en Flandre, où après avoir fait tous leurs derniers efforts, leur armée s'estoit ruinée à la prise de deux petites places, pendant que celle du Roy, ayant pris La Bassée et Dixmude, qui estoient bien meilleures et plus avancées dans leur pays, s'estoit sy bien conservée, qu'on estoit demeuré le maistre de la campagne, et en pouvoir de faire telle autre entreprise qu'on voudroit.

Il luy représenta encore la grande union qui estoit dans tout le royaume, M. d'Orléans et M. le prince, la noblesse et le peuple; et qu'ils ne conspiroient pas moins au bien de l'Estat que la Reine et le cardinal Mazarin. Qu'il ne doutoit pas que les Espagnols n'essayassent de donner une autre face à tout cela; mais que s'il s'en faisoit informer par des personnes non suspectes, il trouveroit qu'il disoit la vérité, et que les Espagnols ne cherchoient qu'à la desguiser.

Et pour revenir enfin à son subject, que s'ils descrioient les François et tout ce qu'ils faisoient, qu'il devoit s'assurer qu'ils ne le traitoient pas mieux quand ils parloient de luy, disant qu'ils estoient bien certains que quelque promesse qu'il eust faicte, il ne la tiendroit point, tant parceque le courier qu'il envoyoit ne reviendroit de trois mois, et ne rapporteroit point le consentement du roy d'Espagne, que parceque, quand cela ne suffiroit pas, ils avoient encore l'Empereur, qu'ils y feroient intervenir, et qu'il ne voudroit ou n'oseroit pas mécontenter, et se mettre tout à la fois deux telles puissances sur les bras.

Ce qu'il avoit creu estre obligé de luy dire, parcequ'ayant par son commandement mandé à la Reine toutes les paroles qu'il luy avoit données, il ne pourroit y manquer sans l'offenser au dernier point, faisant voir qu'il la considereroit moins que le roy d'Espagne, et sans le ruiner de réputation, luy qui estoit tant son serviteur, pour avoir esté sy mal habile que de s'estre laissé abuser.

A quoy le Pape lui respondit qu'ayant esté une autre

fois à Rome, il devoit estre assés informé de ce que sçavoient dire les Espagnols en semblables rencontres, pour ne s'en pas estonner; qu'il estoit vray qu'ils avoient fait tout leur pouvoir pour empescher la promotion, et que le voyant impossible, ils luy avoient demandé une place pour l'Empereur; qu'il avoit envoyé en Espagne pour satisfaire à ce qu'il avoit jugé raisonnable; que sy le roy Catholique en vouloit profiter, il en seroit bien aise; mais que s'il ne le faisoit pas, il sçavoit bien comment il en devoit user. Et enfin qu'il luy avoit fait plaisir d'escrire tout ce qu'il luy avoit dit, et qu'il l'obligeroit de continuer et de s'en rendre garant, parcequ'il feroit infailliblement la promotion aussytost que le courier seroit de retour, ou qu'il le devroit estre; et qu'il s'assurast de plus que sy ce n'avoit esté son intention, il ne l'auroit pas engagé à le mander, connoissant bien de quelle importance cela luy pourroit estre, et l'aimant trop pour luy faire mal, quelque avantage qui luy en peust arriver. Après quoy le marquis de Fontenay ne creust pas devoir douter de rien, ny pouvoir prendre de meilleures précautions.

Cependant il ne luy venoit point de lettres de la cour qui ne fussent du style des premieres, le cardinal Mazarin s'opiniastrant à la promotion des princes pour les mesmes raisons qu'il avoit desja mandées, et de peur que M. le prince, qui vouloit que son frere (1) fust cardinal, n'eust subject de se plaindre, l'en voyant fort eslongné s'il falloit attendre une autre promotion.

Qu'au reste il trouvoit bien estrange de ce qu'il sembloit qu'on oubliast toutes les autres affaires pour celles de son frere, ne se parlant point de celles des

(1) *Son frere :* le prince de Conti.

Barberins, ny du nonce qu'on estoit prest d'envoyer, et sur le choix duquel il se trouvoit beaucoup de difficulté, comme sy ces choses estoient moins importantes; joint que le Roy ayant fait son frere viceroy de Catalongne, et M. le prince en voulant revenir, il falloit necessairement qu'il y allast.

De quoy le marquis de Fontenay ne s'estonnant pas, il jugea devoir tousjours aller son train, jusques à ce qu'on eust respondu aux raisons qu'il avoit mandées; et quant à l'archevesque d'Aix, il ne voulust point partir, quoy qu'on luy escrivist, que son affaire ne fust achevée.

Mais pour faire voir l'esprit du cardinal Mazarin, et le désavantage qu'il y a de servir sous des gens de son humeur, au mesme temps qu'il escrivoit tout cela au marquis de Fontenay, il mandoit tout le contraire au signor Paul Macarani, qui estoit fort de ses amis et assés bien avec le Pape; l'assurant que sy on faisoit l'archevesque d'Aix cardinal à la recommandation de la Reine, il en seroit bien plus obligé que de toute autre façon que ce fust, le priant de le dire au Pape et de luy donner la lettre qu'il luy escrivoit, qui portoit la mesme chose. Ce qu'il ne pouvoit avoir fait, sinon afin que quand le marquis de Fontenay iroit à l'audience, et feroit toutes les difficultés qu'on luy mandoit, le Pape, qui auroit veu l'intention du cardinal Mazarin par ses propres lettres, s'en mocquast, et trouvant le marquis de Fontenay mal informé, ne laissast pas de passer outre; par où il paroistroit que ce seroit le cardinal seul qui auroit négocié et faict réussir son affaire, et qu'il n'en auroit obligation à personne.

Mais, outre la résolution que le marquis de Fontenay avoit desja prise de ne se pas haster à faire ce que le cardinal luy mandoit, et de disputer longtemps avant que de se rendre, il arriva encore que le signor Paul, auquel le cardinal Mazarin n'avoit pas osé descouvrir son intention et ses meschantes finesses, luy estant venu aussytost montrer sa lettre pour s'en réjouir avec luy, il ne douta plus de rien.

Sur ce mesme temps les Espagnols ayant appris que les carosses que le marquis de Fontenay faisoit faire pour sa premiere audience publique ne pouvoient pas estre sy tost achevés, s'aviserent de dire au Pape que ce n'estoit pas cela qui le tenoit, mais un ordre exprès qu'il avoit de n'y point aller que la promotion ne fust faite : qui estoit le prendre par son sensible, et donna plus de peine au marquis de Fontenay que tout le reste de sa negociation; car il soupçonnoit le cardinal de vouloir plustost emporter les choses de force que de gré à gré, et ne le pouvoit souffrir. De sorte qu'il en fist de grandes plaintes à tous ceux qui le pouvoient dire au marquis de Fontenay, et ne s'en pouvoit destromper, quelques protestations qu'il luy fist au contraire dans une audience qu'il eust expressement pour cela; et que ce n'estoit que par la faute des faiseurs de carosses, lesquels, quoyqu'il les en fist tous les jours solliciter, ne les avoient point encore achevés, le suppliant d'y envoyer quelqu'un des siens pour voir s'il ne luy disoit pas la vérité.

Mais cela ne servant de rien, il fust enfin forcé de consentir que la promotion ne se fist point qu'il n'eust esté à ceste audience, comme il fist le ....., où, après les compliments accoutumés au nom du Roy et de la Reine, il le supplia que puisqu'il luy avoit fait voir que tout ce qu'on luy avoit dit estoit faux, et que le mois qu'il avoit demandé pour le voyage du courier estoit plus que passé, qu'il lui pleust faire la promotion, et de croire qu'il iroit grandement de sa réputation s'il différoit davantage, et qu'on vist que ses graces seroient à l'arbitrage des Espagnols, les pouvant retarder ou avancer ainsy qu'il leur plairoit; le suppliant de se souvenir de tout ce qu'il luy avoit fait escrire en France, et que l'archevesque d'Aix estoit obligé de s'en aller, M. le prince ne voulant pas davantage demeurer en Catalongne.

Ce qui n'empescha pas néanmoins que le Pape, faute de résolution plustost que de bonne volonté, ne le priast d'avoir encore un peu de patience, considerant que le détour de Paris avoit de beaucoup allongé le chemin du courier, et qu'il ne falloit pas mesme le prendre sy juste qu'on ne luy donnast quelques jours de plus que ceux qui luy estoient nécessaires.

Surquoy le marquis de Fontenay ayant longtemps disputé, et voyant qu'il n'y gagnoit rien, s'en voulust aller; mais le Pape le prenant par la main l'arresta, et luy dist fort serieusement qu'il s'assurast qu'il avoit autant d'envye que luy que la promotion fust faite; mais que pour oster tout subject de plainte aux Espagnols, il leur vouloit encore donner quelques jours, après lesquels nulle raison ny considération ne pourroit empescher qu'il ne la fist, luy redisant toutes les choses qu'il luy avoit desja dites, et qu'il en pouvoit vivre en repos : ce qu'il luy manda le soir mesme par le signor Paul Macarani et la segnora Olimpia, belle-sœur du Pape, par le marquis del Bufolo; de sorte qu'il en avoit toutes les certitudes qu'il se pouvoit.

Mais avec tout cela il n'estoit point sans inquiétude; car l'archevesque d'Aix, estant le plus impatient homme du monde, ne prenoit nulle raison en payement, et le cardinal Mazarin luy escrivoit tousjours d'une mesme façon : de sorte qu'il voyoit bien que sy la chose manquoit, on en rejetteroit en France toute la faute sur luy.

Pendant cela il receust des lettres de la cour qui l'eussent mis dans un furieux embarras, sy le remede n'eust suivy de près; car le cardinal Mazarin, après avoir receu toutes les despesches qui luy avoient esté envoyées, et veu les raisons pour lesquelles on avoit creu devoir déferer aux volontés du Pape, et que l'archevesque d'Aix estant fait cardinal à sa nomination, la promotion des princes fust retardée, les avoit fait lire dans le conseil en presence de la Reine, de Monsieur et de M. le prince, et fait ordonner à M. de Brienne, secretaire d'Estat, nonobstant tout ce qu'il avoit mandé au Pape par Paul Macarani, d'escrire au marquis de Fontenay que le Roy, bien loin de se louer de tout ce qu'il avoit fait, s'en plaignoit extremement, tant à cause que c'estoit laisser en arriere les intérests de la France et de M. le prince, qui vouloit que son frere fust cardinal, et ceux du roy de Poulongnie, auquel on estoit sy obligé qu'il ne falloit pas les abandonner, comme il faisoit, que parcequ'encore il seroit d'un trop grand avantage aux Espagnols d'avoir un Espagnol lorsque les François n'auroient qu'un Italien, et que cela ne se pouvoit souffrir; de sorte qu'il falloit qu'en quelque sorte que ce fust il rompist tout ce qu'il avoit fait, et s'arrestast à la promotion des couronnes. La Reine et le cardinal Mazarin escrivoient aussy au Pape en ce mesme sens.

Mais de bonne fortune ces lettres, qui estoient du sixieme septembre, et qui avoient esté données à un gentilhomme italien, auquel on avoit fait payer le voyage afin qu'il prist la poste et fist diligence, n'arriverent, parcequ'il n'alla qu'à ses journées, que le vingt-septieme, et un jour plustost que celles du 12 que l'ordinaire apporta, et qui estoient toutes contraires; la Reine et le cardinal approuvant tout ce qui s'estoit fait, et escrivant au Pape pour l'en remercier; le cardinal, dans la lettre du marquis de Fontenay, prenant pour prétexte d'un sy subit changement que madame la princesse luy avoit tesmoigné qu'elle ne vouloit point que les interests de son fils peussent nuire à ceux de son frere ny empescher son eslevation, et que le prince de Conty attendroit bien une autre promotion.

Ceste derniere despesche estant arrivée presque au mesme temps que le courrier d'Espagne, le marquis de Fontenay fust chez le Pape pour luy porter ces lettres, et le supplier, puisque par le retour de son courier toutes les difficultés devoient estre levées, de tenir sa parole, et de faire la promotion. A quoy il respondit que c'estoit aussy son dessein, et que devant que de promettre il y pensoit bien, mais qu'après cela il n'y manquoit jamais. Puis, parlant de la response qu'il avoit eue d'Espagne, il avoüa qu'elle n'estoit pas telle qu'il l'attendoit, le roi Catholique n'ayant nullement correspondu à toutes les déférences qu'il avoit eues pour luy, et demeurant ferme, sans pourtant nommer personne, à dire qu'il vouloit la promotion des princes. De sorte que s'il n'y avoit quelque chose de caché là dessous, et que les Espagnols ne parlassent bientost d'autre façon, il feroit la promotion, et sans mesme leur reserver de place : ce qu'il luy disoit, afin que sy par quelque rencontre il estoit après obligé de leur en redonner une, on ne pensast pas en France s'en pouvoir plaindre.

Or, bien que le marquis de Fontenay ne sceust pas sy la responce du roy d'Espagne avoit esté tout-à-faict telle que le Pape disoit, et que ce pouvoit bien estre pour rendre la grace qu'il vouloit faire plus considerable, et afin que la Reine et le cardinal Mazarin luy en fussent plus obligés, il ne laissa pas de faire comme s'il l'eust creu, le remerciant, et le suppliant de considérer la différence qu'il y avoit entre la Reine et le roy d'Espagne, et comme elle se despartoit facilement de toutes sortes d'interests et de prétentions pour luy complaire, pendant que luy, quelque soin qu'il prist de l'obliger, ne faisoit que luy contredire.

Et afin de prendre toutes les précautions qu'il pourroit, il le supplia de bien regarder sy les Espagnols ne faisoient point toutes ces difficultés pour luy pouvoir après cela vendre leur consentement plus cher, et tirer quelque autre cardinal que celuy qu'il leur vouloit donner, lequel, s'il n'estoit national, fust sy despendant d'eux, qu'il valust bien un qui le seroit. Mais le Pape l'assura plusieurs fois qu'il n'y croyoit point de finesse, et que quand il y en auroit elle leur seroit inutile, estant bien résolu de ne regarder qu'au service de Dieu et au bien de l'Eglise ; se promettant que Dieu luy feroit la grace de l'assister pour cela.

Après quoy le marquis de Fontenay ne creust pas luy devoir rien dire sur ceste place, qu'il voudroit une autre fois donner aux Espagnols, en cas qu'ils ne la prissent pas alors, s'imaginant qu'on ne pouvoit que gagner en ce retardement, soit parceque telles raisons qui ne sont pas bonnes en un temps le peuvent estre en un autre, que parceque sy le Pape venoit à mourir avant que de l'avoir donnée, son successeur n'y seroit pas obligé, et qu'ainsy ils la pourroient perdre; mais il essaya seulement de savoir quand se feroit la promotion : à quoy le Pape respondit que le mardy suivant il tiendroit la signature de grace, le vendredy la capelle de sa coronation, et qu'après il luy donneroit contentement; qui estoit à dire que ce seroit pour le lundy, car le consistoire se tient tousjours le lundy d'après la signature de grace.

Mais ne se fiant pas tout-à-fait à cela, il jugea nécessaire de retourner chez le Pape avant que le lundy fust venu, pour le faire souvenir de ce qu'il avoit promis, et empescher que les Espagnols, qui le voyoient le plus souvent qu'ils pouvoient, ne le fissent changer. Il demanda donc audience dès le commencement de la semaine, laquelle le signor Paul Macarani luy vint dire qu'il auroit le jour de la coronation; mais que l'arrivée de la galere de Genes, qui venoit prendre l'archevesque d'Aix pour le mener en Catalongne, donnoit de la peine au Pape, parcequ'il ne seroit pas bien aise qu'il partist, que toutes les cérémonies qui se font après la promotion ne fussent achevées.

Surquoy le marquis de Fontenay luy fist voir les lettres du cardinal Mazarin, qui estoient sy expresses et sy pressantes qu'on n'y pouvoit pas manquer. « Mais « cela est pourtant nécessaire, luy respondit-il; car « le Pape croit qu'il y va de son honneur, et autre- « ment on ne peut s'assurer de rien. » Priant le marquis de Fontenay de se laisser conduire par luy en ceste occasion, et qu'il en rendroit bon compte au cardinal Mazarin. Ce que le Pape luy ayant confirmé, et tesmoigné qu'il en vouloit une promesse expresse de l'archevesque d'Aix et de luy, ils se resolurent de la donner, et d'envoyer un courier en Catalongne, afin que M. le prince ne fust pas en peine de ce retardement, qui ne seroit au plus que de quinze jours; et un autre à la cour, pour faire voir qu'on ne s'en estoit peu deffendre.

Or il est certain que la response du roy d'Espagne estoit telle que le Pape disoit, n'ayant nullement consideré les recommandations qu'il luy faisoit pour le comte d'Ognate, ny les déférences qu'il luy rendoit; et ne mandant autre chose à ses ministres, après l'exclusion entiere du comte d'Ognate, sinon que *se tenga atras el padre Masarino,* et que *se haga la promotion por los principes;* comme s'il eust deu estre aussy bien obéy à Rome qu'à Madrid.

De sorte qu'il n'y avoit nulle diligence que les Espagnols n'eussent faite, ny nulle machine qu'ils n'eussent remuée, pour en venir à bout; tenant le Pape tellement assiégé, qu'outre ce que faisoient continuellement le cardinal Pancirole et le prince Ludovise, il ne se passa aucun jour, despuis le retour du courier, que quelqu'un des cardinaux despendants du roy d'Espagne, ou son ambassadeur, ne le vissent : et le matin mesme de la promotion, le cardinal Albornos luy parla encore longtemps pour l'en dissuader. En quoy la grande familiarité qu'ils avoient eue avec luy, et ce qui s'estoit fait dans le conclave, leur donnoient beaucoup d'avantage sur les François.

Mais, nonobstant tout cela, la chose se fist au jour

qu'on avoit esperé. Il y avoit sept places vacantes, dont il n'y en eust que six de remplies : assavoir l'archevesque d'Aix; Savelli, archevesque de Salerne; Vidman, auditeur de la chambre; Raggi, tresorier; Cherubini, auditeur du Pape; et Maldachino, neveu de la segnora Olimpia; la septieme ayant esté reservée pour le roy d'Espagne (¹).

Ceste promotion surprist autant la cour de Rome que tous les estrangers, personne ne s'estant imaginé qu'un pape que le roy d'Espagne avoit tant obligé peust faire une chose sy fort contre son gré, et tant à celuy de la France et du cardinal Mazarin, qui luy avoient donné l'exclusion; et les Espagnols ne la creurent jamais qu'ils ne la vissent faite, après quoy ils en firent de grands reproches au Pape : mais il leur respondit qu'estant devenu personne publique, il ne devoit regarder qu'au bien public, sans se souvenir des choses passées. Joint, ce leur disoit-il, qu'il n'y alloit pas moins de l'interest du roy d'Espagne que du sien, parceque s'il avoit rendu le roy Très Chrestien mal satisfait, comme ils vouloient, en une chose de sy peu de conséquence, il seroit devenu incapable de le servir dans d'autres plus grandes, et où il avoit plus d'interest. Et enfin qu'il luy avoit gardé une place, quoyque sa response ne l'y eust pas obligé, laquelle il luy donneroit quand il auroit pris un meilleur conseil; mais qu'il le prioit pourtant de se haster, pour n'abuser pas de ceste seconde grace comme il avoit fait de la premiere, mille rencontres le pouvant obliger à changer de résolution.

(¹) *Pour le roy d'Espagne* : Cette nomination, réservée *in petto*, fut donnée à Antoine d'Arragon de Cordoue, qui mourut en 1650.

Aussytost après la promotion faite, le Pape et le marquis de Fontenay despescherent en France pour en porter la nouvelle, qui y estoit sy peu attendue, nonobstant tout ce qu'on avoit mandé, que le comte de Brienne escrivit ingenuement au marquis de Fontenay que, quelques assurances qu'il en eust données, le cardinal Mazarin ny luy ne l'avoient point creu qu'ils n'eussent veu les couriers arrivés.

Le cardinal Mazarin en receust la nouvelle avec autant de froideur et d'indifference que sy elle ne luy eust point touché, ne voulant pas seulement en recevoir des compliments, ny qu'on s'en réjouist avec luy; et afin de faire voir à Rome comme à Paris le peu de compte qu'il en faisoit, il fust plus de six sepmaines sans renvoyer les couriers, ny en faire aucun remerciement au Pape. De sorte que le marquis de Fontenay ayant esté trois fois à l'audience despuis qu'ils devoient estre revenus, le Pape luy en fist de grands reproches, le faisant souvenir de tout ce dont il l'avoit tant de fois assuré.

Mais ce fust bien pis après leur retour; car n'ayant rapporté que de bien simples remerciements, sans parler d'aucunes reconnoissances, tant à l'égard de Piombino que de toutes les autres espérances que le cardinal avoit luy-mesme données, le Pape ne voulust plus recevoir d'excuses.

Et quand le marquis de Fontenay escrivit au cardinal Mazarin les plaintes qu'il en faisoit, il eust pour response, croyant qu'il en seroit quitte à l'égard de la segnora Olimpia pour quelque present qu'il luy feroit, qu'il s'informast lequel elle aimeroit le mieux d'une tapisserie de haute-lisse, ou d'un service de vaisselle d'argent; et manda au Pape qu'il avoit fait résoudre dans le conseil du Roy qu'il seroit médiateur de la paix qui se traitoit à Munster : ce qui fust receu de tous les deux comme il méritoit, tant parceque le present n'estoit pas conforme à ce qu'on leur avoit fait esperer, que parceque le nonce avoit esté longtemps auparavant receu en ceste qualité de médiateur, et que ce n'estoit rien de nouveau.

Et l'on en demeura là jusques à ce que le cardinal d'Aix, qui prist despuis le nom de son titre de Sainte-Cécile, estant party de Catalongne pour revenir à Rome, passa par Paris, et pressa tellement le cardinal Mazarin de luy donner quelque chose pour la segnora Olimpia, qu'enfin il en tira un présent, composé, pour ne mettre point la main à la bourse, de toutes les vieilles nippes qu'il trouva dans les coffres de la Reine, et qui n'estant plus à la mode, luy estoient inutiles; le tout ensemble ne valant pas quatre mille escus. Ce qui fust aussy fort mal receu, et verifia la prophetie que les Espagnols en avoient faite dès le commencement, que le cardinal Mazarin n'en seroit nullement reconnoissant.

Il n'en usa pas mieux envers le marquis de Fontenay, quoyque, dans la lettre où il le remercia de la promotion, il luy en eust tesmoigné un fort grand ressentiment, et desirer autant que luy qu'il eust ce qu'il luy avoit promis, ne luy en ayant onques puis parlé; et enfin luy manquant tout-à-fait pour en gratifier le mareschal Du Plessis-Praslin, qui en une autre rencontre eust bien peu le meriter, mais non pas en celle-là; car ayant esté envoyé dans l'Estat de Milan, il n'y avoit nullement réussy, ayant assiegé Crémone sans la pouvoir prendre, et consommé inutilement durant toute une campagne une des plus belles armées que le Roy eust jamais eu en Italie, où le marquis de Fontenay avoit bien plus fait qu'on ne prétendoit, ajoutant à la promotion la révolte de Naples, en quoy il avoit eu une très grande part. Surquoy on ne peust dire autre chose, sinon que c'estoit la coutume du cardinal Mazarin de donner tousjours plustost à ceux qui faisoient mal qu'aux autres, comme luy en devant estre plus obligés.

Je ne veux pas finir ce discours sans dire une chose qui arriva ensuite de la promotion, ne s'en estant point encore veu de semblable à Rome; qui fust qu'aussytost que les nouveaux cardinaux eurent rendu leurs visites aux anciens, le marquis de Fontenay leur fist demander audience le premier, non que cela fust absolument nécessaire, mais pour oster tout prétexte à ceux qui en voudroient chercher pour favoriser les Espagnols, et manquer à l'obligation qu'ils avoient, et par le droit et par la coutume, de le voir le premier : à quoy tous satisfirent, excepté le cardinal Savelli, lequel estant d'une maison fort attachée à l'Espagne, archevesque de Salerne et neveu du duc Savelli, ambassadeur de l'Empereur, voulust, pour s'acquerir un grand merite envers le roy d'Espagne, faire quelque chose d'extraordinaire, visitant son ambassadeur premier que celuy de France. Et afin d'en avoir quelque subject, il fist que l'ambassadeur d'Espagne luy envoya demander audience pour le lendemain; à quoy le cardinal ayant respondu qu'il ne pouvoit pas, estant desja engagé avec l'ambassadeur de France, l'estafier dist qu'il iroit de sy bonne heure qu'il auroit fait avant qu'il y peust estre; mais qu'en tout cas il partiroit quand il arriveroit, et luy quitteroit la place : comme il fist en effet, le marquis de Fontenay l'ayant trouvé, quand il arriva, sur la porte de la cour, et allant monter en carosse.

Ceste procedure toute nouvelle (les ambassadeurs d'Espagne n'ayant point jusques là accoutumé de commencer leurs visites que celuy de France n'eust achevé les siennes) donna soupçon au marquis de Fontenay de quelque supercherie. C'est pourquoy il fist soigneusement prendre garde à tout ce que feroit le cardinal; et ayant appris que le mesme jour qu'il devoit venir chez luy il devoit aussy aller chez l'ambassadeur d'Espagne, et ensuite que c'estoit par là qu'il avoit commencé, il se résolust de ne le point recevoir : mais afin qu'il n'en peust pas estre averty, il n'en tesmoigna rien à personne, envoyant au devant de luy, quand il fust près d'arriver, tous ceux qui estoient dans ses salles et ses antichambres, et faisant sonner la cloche ainsy qu'il est accoutumé. Mais quand tout le monde fust party, et qu'il vist le carosse du cardinal entré dans sa cour, il ordonna au sieur de Lusarche, son maistre de chambre, d'aller comme s'il l'eust voulu recevoir, et que quand il seroit descendu il luy dist qu'il ne pouvoit pas le voir. Ce qu'ayant fait, le cardinal en demeura fort surpris; et ayant demandé pourquoy : « Parce, luy respondit-il, que, contre ce qu'il devoit « au Roy et le réglement des papes, il avoit esté chez « l'ambassadeur d'Espagne devant que de venir chez « luy. » Dont le cardinal entra en grande colere, disant que c'estoit un affront qu'on luy faisoit, dont il se souviendroit toute sa vie, et s'en vengeroit; puis voyant qu'on ne faisoit pas grand compte de ses menaces, il s'adoucist, et pria qu'on le laissast monter, et qu'il satisferoit l'ambassadeur, protestant qu'il n'avoit point creu le devoir, ny qu'on prist garde à cela.

A quoy le sieur de Lusarche ayant respondu que c'estoit une chose tellement sceue à Rome qu'il ne la pouvoit pas ignorer, personne n'y ayant jamais manqué, non pas mesme les nationaux, comme il s'estoit veu en la promotion du cardinal Montalte, qui estoit vivant, et le dernier nommé par le roy d'Espagne, qui visita le mesme marquis de Fontenay lors de sa premiere ambassade de Rome, devant que d'aller chez l'ambassadeur d'Espagne; par où, ayant jugé qu'il n'en pouvoit pas tirer autre chose, il s'en alla.

Cela s'estant passé à la veue d'une infinité de gens qui estoient tant chez le marquis de Fontenay qu'à la suite du cardinal, fust aussytost sceu par toute la ville; et comme semblable chose n'y estoit point encore arrivée, on en fust fort surpris, et on le tint pour un sy grand affront qu'on creust pour certain que le cardinal essayeroit de s'en venger, et qu'il le pourroit faire, estant d'une des premieres maisons de Rome, et le duc Savelli son oncle y ayant lors une compagnie de cavalerie entretenue.

C'est pourquoy le marquis de Fontenay, pour soutenir hautement ce qu'il avoit fait, et n'estre pas forcé de s'arrester devant luy quand il le trouveroit par la ville, envoya aussytost, et sans attendre les secours du Roy, qui eussent esté longs à venir, à Piombino, pour avoir des meilleurs soldats qu'il y eust. Et luy en estant venu douze, il les fist habiller, s'en faisant suivre partout, avec chacun un mousqueton sous le manteau;

excepté chez le Pape, où ils n'entroient point, et demeuroient à la porte.

Cela ayant osté toute espérance au cardinal Savelli de pouvoir prendre sa revanche, et craignant mesme un second affront s'il le rencontroit par la ville, et qu'il ne s'arrestast pas devant luy, comme assurement il n'eust pas fait, il n'y alloit jamais sans envoyer des estafiers fort loin devant, pour descouvrir s'il venoit, et avoir le temps de prendre un autre chemin que le sien.

A quoy le Pape voyant ne pouvoir pas remédier par un accommodement, parceque le marquis de Fontenay demandoit que le cardinal luy donnast par escrit, comme il estoit bien raisonnable, qu'il reconnoissoit sa faute, et confessoit que la preference estoit deue au Roy, et que le Saint Pere n'osoit pas l'y contraindre, de peur de desplaire aux Espagnols, il luy donna, pour le tirer honnestement de Rome et empescher qu'il n'arrivast quelque plus grand inconvénient, qu'il appréhendoit extremement, la légation de ..........

( *Le manuscrit n'est pas terminé.* )

# MÉMOIRE

DONNÉ

A M. DE CHAVIGNY, SECRÉTAIRE D'ÉTAT, LE 25 MARS 1634, SUR L'ÉTAT PRÉSENT DE LA COUR D'ANGLETERRE.

---

[1634] Il y a trois factions en Angleterre, des protestants, des puritains et des catholiques. Les premiers sont d'esprit modéré, de l'opinion du prince, et ont tout le crédit dans la cour et dans les conseils. Les puritains sont ennemis de l'autorité royale, facieux et mutins, puissants dans le parlement, où ils s'opposent tousjours aux demandes et aux propositions de leur roy.

De la contention de ces deux, qui sont presque d'égale puissance et ne songent qu'à se destruire, naist le soulagement et la tolerance des catholiques, qui, comme les plus foibles, sont peu considérés dans l'Estat.

Les principaux protestants, et qui sont dans le ministere, sont le grand tresorier, l'archevesque de Cantorbery, le comte d'Arondel, le comte de Carlisle, le viceroy d'Irlande, Cottinthon, et le secretaire d'Estat Windibancke.

Tous ceux là sont apparemment d'accord entre eux, et despendants du trésorier, comme de leur chef; mais chacun a néanmoins ses passions particulieres, lesquelles il fait valoir quand elles ne choquent point leur commun dessein.

Le tresorier veut la paix, et pour sa foiblesse et

pour sa conservation, ne subsistant principalement auprès de son maistre que par son bon mesnage, et qu'il l'oste de nécessité d'assembler un parlement, lequel il sçait par experience vouloir retrancher son autorité. C'est pourquoy il demeurera tousjours neutre entre la France et l'Espagne, sans se déclarer ny contre les uns ny contre les autres, quelque avantage qu'il y puisse trouver en Allemagne et ailleurs. Il est vray néanmoins qu'à la sollicitation de ceux du party d'Espagne, qui sont en grand nombre et qui l'approchent familierement, il favorise quelquefois les Espagnols au préjudice des François; mais on ne doit pas laisser de le conserver, ne pouvant avoir de successeur qui ne soit pire que luy; joint qu'il respecte et révere extremement M. le cardinal, et dit luy estre particulierement obligé des derniers tesmoignages qu'il a receus de son affection. Il luy reste tousjours un secret desplaisir de ce que M. de Châteauneuf luy a fait demander permission de recevoir le présent de France après la conclusion de la paix, sans qu'on luy ait envoyé; mais on y pourroit remédier en le luy donnant.

L'archevesque de Cantorbery doit estre fort mesnagé, d'autant que de luy despendent principalement les graces ou les persécutions qu'on fait aux catholiques, lesquels jusques icy il a tousjours bien traités.

Quant aux comtes d'Arondel, Carlisle, le viceroy d'Irlande, Cottinthon et Windibancke, l'interest les fait espagnols, tirant plusieurs notables avantages du commerce et des passeports que le comte d'Olivarès accorde facilement aux marchands qui négocient pour eux.

Il seroit difficile de changer le comte de Carlisle, sy

ce n'est par sa femme, laquelle peut estre gagnée par presents. Par son moyen l'on pourroit aussy avoir le viceroy d'Irlande, lequel est désigné par la voix publique comme successeur du tresorier.

Mais pour le comte d'Arondel, Cottinthon et Windibancke, ils despendent tellement du trésorier, qu'ils ne peuvent estre maniés que par luy; et ce seroit temps perdu que d'y chercher d'autre voye.

Outre ceux là, le marquis d'Hamilton mérite d'estre considéré, et pour sa qualité et pour son esprit, qui le met en grande estime auprès de son maistre, et pour l'affection qu'il a de servir la France. Son interest est le payement d'une pension de douze mille livres accordée à ses predecesseurs pour le remboursement du duché de Châtellerault.

Les puritains, qui se voient exclus de l'administration des affaires par le trésorier, ont fait cabale auprès de la Reine pour le ruiner, par le moyen du comte de Holland.

Les principaux de ce party sont les comtes d'Essex, de Warwick, frere du comte de Holland, et de Bedford; mais dans la cour, les comtes de Pembrock et de Holland, Gorin, Germain, et plusieurs autres que Montegu y a joints.

Il est certain que la Reine, bien conseillée et bien conduite, auroit grand pouvoir sur l'esprit du Roy son mary; car, outre qu'il est passionnement amoureux d'elle, il a encore en admiration son esprit, et luy défere en la pluspart des choses où il est prévenu par elle : ce qui peut augmenter chaque jour à cause des maladies du trésorier, qui le tiennent eslongné de son maistre.

Le comte de Holland, dont les affaires ne sont pas en trop bon estat, pourroit peut-estre se regagner par une pension; mais si on le juge à propos, il faut, auparavant que de la luy offrir, luy donner confiance, et luy tesmoigner qu'on a de l'amitié pour luy.

Celle qu'il porte au chevalier de Jars (1), et l'espérance qu'il a en M. de Chasteauneuf, qu'il croit persecuté injustement, l'y pourront rendre difficile; mais il despendra de l'adresse de l'ambassadeur du Roy de prendre bien son temps, et d'avancer ou reculer selon qu'il sera à propos, de peur de jetter cest esprit plus avant dans la défiance.

Généralement la nation angloise a la nostre en haine, et luy porte envye, et au contraire respecte l'espagnole et la craint, joint qu'elle en tire beaucoup plus d'utilité que de nous : ceux qui gouvernent l'Estat, à cause des pensions et des présents qu'il ne leur est point honteux d'accepter, leur roy leur permettant; les marchands et la pluspart des grands qui prennent part au commerce, parceque celuy d'Espagne vaut mieux que celuy de France; et les pirates et gens de marine, parcequ'il leur est plus aisé de nous faire la guerre et de s'enrichir à nos despens qu'à ceux des Espagnols, qui ne trafiquent qu'aux Indes.

Le peu de crédit que nous avons en Angleterre vient encore de ce que les protestants qui gouvernent appréhendent plus nos prosperités que celles des Espagnols,

---

(1) *Au chevalier de Jars* : François de Rochechouart, chevalier de Jars, persecuté par le cardinal de Richelieu parce qu'il étoit de la cabale de la Reine, avoit passé en Angleterre le temps de sa disgrâce. Il jouit ensuite d'une grande faveur sous la régence d'Anne d'Autriche. (*Voyez* les Mémoires de madame de Motteville.)

à cause du voisinage, et que nous les regardons depuis Calais jusques à Bayonne, et les autres par le seul Dunkerque.

Les puritains nous veulent mal de ce que nous avons fait la guerre à leurs confreres, et croient que nous les aurions destruits entierement, sy nous en avions eu le loisir.

Et les catholiques, parceque nous assistons les Suédois et les Hollandois, et que nous ne leur faisons point de bien, ayant souffert que les séminaires establis à Dieppe et à Reims fussent transportés en Flandre, et ne recevant assistance que d'Espagne; joint que tous les ecclesiastiques aymant mieux les Espagnols que les François, ils leur persuadent que la religion n'est qu'en Espagne.

Le remede qu'on pourroit apporter à toutes ces contrariétés seroit de gagner le roy d'Angleterre par flatteries, et tesmoignages d'estime et d'amitié; car il en seroit assurement fort susceptible. Ceux du conseil et autres testes principales, par présents, en favorisant les marchands qui seront recommandés de leur part, d'autant qu'ils ont tous intérest au négoce; et ne souffrant pas que les gens de justice, qui réduisent tout en chicane, soient arbitres de tous les differends qui regardent le commerce, mais les faisant venir au conseil du Roy. Et les catholiques, en les protegeant dans l'Angleterre, et donnant assistance, à ceux qui se retirent en France, par des seminaires ou autres voyes. Le plus habile d'entre eux est Tobie Matheu, homme d'esprit et actif, qui parle facilement toutes sortes de langues, s'introduit dans les cabinets, s'ingere de toutes sortes d'affaires, et connoist l'esprit de ceux qui gouvernent, mais principalement du trésorier, lequel il presse de telle façon, qu'il vient souvent à bout de tout ce qu'il entreprend.

Le moyen de le gagner, estant sans interest, seroit de faire du bien aux catholiques, en establissant des séminaires en France, et particulierement de jésuites, parcequ'on croit qu'il est de ceux qu'ils reçoivent dans leur compagnie, pour demeurer néanmoins dans le monde. Ils ne demanderoient pour cela que deux ou trois mille livres de pension sur un bénéfice. Il n'y a que trois sortes d'ecclésiastiques qui fassent corps en Angleterre, les seculiers, les jésuites et les bénédictins. Sy l'on donnoit tous les ans quelque chose à ceux d'entre eux qu'on sçauroit n'estre point engagés avec l'Espagne, cela pourroit beaucoup servir; car ils ont entrée en force lieux qu'on ne sçait pas, et dans les occasions pourroient frapper de grands coups.

La puissance d'Angleterre ne doit pas presentement estre tant considerée par celle du Roy que par celle des particuliers. Son revenu ordinaire, qui ne passe pas six millions de livres, a esté engagé de moitié par le duc de Bouquinguan; tellement qu'il ne peust faire la guerre sans l'assistance du parlement, lequel n'a jamais accordé plus de cinq subsides, qui se montent à quinze cent mille escus payables en trois ans; et il n'y a guere d'apparence qu'ils voulussent maintenant en donner davantage.

Il y a diverses compagnies de particuliers qui entretiennent un grand nombre de vaisseaux, avec lesquels ils peuvent commodement endommager nos costes et piller nos marchandises, que le prince mesme souffre souvent de se mettre au service et aux gages des Espagnols, qui ne peuvent tirer d'ailleurs des vaisseaux qui leur soient propres, ne pouvant se servir de ceux d'Espagne sans doubler la despense. C'est ce que Nicolaldy, agent d'Espagne, tasche maintenant de pratiquer, et ce qui se peust faire par connivence, et sans rompre les traités.

Par la mesme tolérance, il seroit à craindre que plusieurs Anglois ne se jettassent aussy au service des Espagnols, mesme à leurs despens, tant ils ont esté soigneux de mesnager les hommes et de cultiver tous les esprits.

Le crédit des Espagnols paroist assez aux differends que les Anglois ont contre les Hollandois pour la pesche des harengs, et toute autre sorte de negoce tant en Europe qu'aux Indes, qu'ils ont principalement fomentés; et il faut nécessairement travailler à les accommoder, et empescher qu'ils n'en viennent à une rupture, pour la grande diversion que cela donneroit aux Hollandois.

Le principal avantage que l'on pourroit tirer des Anglois contre les Espagnols seroit qu'ils s'unissent avec les Hollandois de la ligne pour la conqueste des Indes et la poursuite de la flotte; car il ne faut point esperer que le roy qui regne aujourd'huy rompe jamais avec eux en Europe.

# LETTRE

## A M. LE CARDINAL MAZARIN.

Monseigneur,

Ayant ouy dire que le Roy a retranché quelques-uns des priviléges qui ont esté jusqu'icy attribuez aux princes qui ne sont point de son sang, j'ai pensé que je devois essayer de luy faire voir certaines remarques que j'ay faites autrefois sur leur subject, afin qu'il en peust sçavoir l'origine, et l'interest qu'il a d'achever ce qu'il a si bien commencé. Je vous les ai voulu adresser, tant parceque je me tiens assuré que, veu les grandes obligations que vous luy avez, vous ne luy cacherez pas les choses qui luy doivent estre dites, comme d'autres ont fait, que parceque je suis certain que vous n'estes pas de ceux qui ne voudrez pas le faire par faute de grandeur de courage ou par manque d'esprit, sçachant que vous excellez en l'un et en l'autre. Mais comme je sçay aussy, par la voix de tout le monde, quelles sont les grandes lumieres dont Dieu a sy liberalement pourveu Sa Majesté, j'advoue que je me suis laissé flatter d'un extresme plaisir quand j'ay pensé que s'il jettoit un moment les yeux sur cet ouvrage, qui n'a autre but que sa grandeur, il pourroit ne luy estre pas désagréable, et que les belles connoissances qu'il a acquises devant l'âge, et les expériences, et qui luy sont venues comme par une science infuse, luy feront voir combien il luy est important de corriger tant d'abus qui se sont glissez sous le regne de princes qui estoient bien loin d'estre esclairez comme luy, et de luy ressembler. Je n'ignore pas que comme il y a longtemps que cela est estably, plusieurs croyent qu'il n'est pas à propos d'y rien changer, et qu'il se faut contenter de vivre comme nos peres ont vescu : mais les choses mauvaises ne deviennent pas meilleures pour estre anciennes, et il n'est jamais trop tard de faire ce qui est bon. J'ay fait ces remarques les plus breves que j'ay peu, afin que la peur de lasser le Roy par leur longueur ne vous empeschast pas de les monstrer, ny luy de les lire, ne doubtant point que vous n'y puissiez faire de bons commentaires, et y adjouster tout ce qui sera besoin; que sy je vois, par le succès, qu'elles ayent eu le bonheur de plaire à Sa Majesté, je luy pourray faire encore quelques autres ouvertures qui ne luy seront pas moins importantes, que je vous envoyeray comme celle cy, et seray ravy de luy faire voir par vostre moyen qu'il y a un de ses sujets qui, sans avoir l'honneur d'estre conneu de luy, ne laisse pas de veiller pour sa gloire, et qui tiendra ses peines bien récompensées sy Sa Majesté les peust approuver, et en tirer quelque advantage. Ce m'en sera tousjours un fort grand, quoyque vous ne puissiez jamais sçavoir qui je suis, de vous avoir peu tesmoigner combien je vous honore, et jusques à quel point le bruit de vostre vertu me fait estre

Vostre, etc. (1)

(1) Il est singulier que le marquis de Fontenay, en envoyant cette lettre au cardinal Mazarin, ait cru devoir garder l'anonyme.

# MÉMOIRE

## SUR

## LE RANG DES PRINCES.(1)

Le titre et le rang de prince, accordé depuis peu à des maisons qui n'avoient pas accoutumé de l'avoir, ayant fait parler beaucoup de gens, les uns pour l'approuver et les autres pour le condamner, je diray icy quelques petites remarques que cela a donné subject de faire.

Que ceux des maisons de Longueville, de Nevers, de Luxembourg, et autres principales du royaume, ne se faisoient point appeler princes quand le roy François I vint à la couronne, ny mesme les princes du sang, qu'on ne nommoit ordinairement en ce temps là que *les seigneurs du sang*.

Que la coutume en vient d'Allemagne, où il est fort en usage, estant pris tant par tous les ducs, marquis et autres, qu'on appelle communément princes de l'Empire, que par tous leurs descendants, qui prennent les mesmes titres que leurs peres, s'appellent comme eux, et en tiennent le rang.

Que celle de France est tout au contraire, n'y devant

---

(1) Fontenay a déjà traité cette matière dans la première partie de ses Mémoires. Il entre ici dans quelques nouveaux développemens, qui ont fait penser qu'il ne seroit pas inutile de donner cette pièce dans la forme de Mémoire.

avoir que celuy qui a effectivement le titre qui en prenne le nom et le rang; tous ceux qui n'en ont point, quoyque descendus de ceux qui en ont, n'estant connus que pour gentilshommes, et ne tenant point d'autre rang.

Que le droit commun, et qui s'observe partout, est que ceux qui entrent dans un pays pour s'y habituer se soumettent aux lois et aux coutumes qu'ils y trouvent establies, sans les pouvoir changer, ny y apporter celles du lieu d'où ils viennent.

Que cela se peust prouver par plusieurs exemples, mais particulierement par celuy de don Pedre de Médicis, frere du grand duc Ferdinand et du duc d'Aumale, lesquels, quoyque de maisons souveraines, n'eurent point d'autre rang à Madrid et à Bruxelles que de grands d'Espagne; de ceux qui sont présentement dans le royaume de Naples, issus des ducs de Mantoue, qui, n'estant point ducs, n'y ont point de rang particulier; et des princes de la maison d'Austriche, qui sont traités en Allemagne comme archiducs, et non comme princes du sang d'Espagne.

Que, suivant ceste maxime, Claude de Lorraine, comte de Guise, qui fust le premier de ceste maison qui vinst demeurer en France, céda du commencement, parcequ'il n'estoit que comte, à M. de Longueville qui estoit duc, et prist la charge de premier chambellan, luy estant grand chambellan.

Que, se trouvant despuis avec plus de crédit auprès du Roy, il obtint d'estre fait duc et pair, qui estoit lors le premier honneur du royaume; après quoy il pretendist devoir précéder M. de Longueville, qui n'estoit pas pair.

Qu'il voulust ensuite se faire reconnoistre et appeler prince, à la mode d'Allemagne, afin qu'en vertu de ceste qualité, qu'il mettoit au dessus de celle de pair, et qui, selon l'usage de ce pays là, passe à tous les descendants, luy et les siens peussent marcher devant tout le monde sans difficulté.

Qu'il ne luy réussist pas tant que le roy François vescust, parcequ'il n'aimoit point les nouveautés, et en voyoit les conséquences; et aussy que tous les grands du royaume ne s'y accordoient pas, une tradition assés commune apprenant que toutes les fois qu'on l'appeloit prince devant le comte de Sainct-Paul, duquel pourtant il avoit espousé la sœur Antoinette de Bourbon, il s'en moquoit, et disoit : « Vous parlez alle- « mand en françois, » prétendant faire entendre que s'il vouloit de la principauté, il devoit la chercher en Allemagne et non en France, où il n'y en pouvoit avoir que pour les princes du sang.

Que le roy Henry II, qui estoit plus facile et fort gouverné, ayant succédé à François premier, François duc de Guise, et Charles cardinal de Lorraine, enfants de Claude, et les plus grands personnages de leur siecle, eurent tant de crédit auprès de luy, qu'il leur permist, et à tous leurs freres, de prendre le titre de princes, avec tous les mesmes attributs qu'ils ont aujourd'huy : ce qu'ils ne peurent pourtant pas faire sans que ceux de Longueville, de Savoie, de Nevers et de Luxembourg ne fissent le mesme.

Que le consentement du Roy et mesme une volonté bien expresse y fussent absolument nécessaires, on n'en peust pas douter, une nouveauté sy préjudiciable à tous les grands du royaume, qu'ils mettoient par ce moyen au dessous d'eux et de toute leur postérité, ne pouvant pas avoir esté souffert sy le Roy n'y fust intervenu, et ne l'eust autorisée.

Mais qu'il s'en voit presentement une preuve certaine en la personne du prince palatin, lequel, bien que fils et petit-fils de roy, et fils et frere d'eslecteur, dont la dignité est bien plus grande en Allemagne que de duc de Savoie et de Lorraine, n'est pas néanmoins reconnu pour prince, parceque le Roy ne le veut pas.

Que puisque c'est une chose qui despend purement de luy, la pouvant donner ou empescher comme il luy plaist, il ne semble pas que ceux des maisons de Savoye, de Lorraine et autres ayent aucun subject de se plaindre s'il fait ceste grace à ceux qui ne l'ont point, quand bien ils ne seroient pas descendus de souverains; n'estant pas obligé, lorsqu'il donne à diverses personnes des dignités pareilles, de regarder s'ils sont de mesme qualité.

Que ce qu'ils disent que c'est parceque cela ne se peust faire que pour ceux des maisons souveraines est une chose sans fondement, et qu'ils ne sçauroient prouver par quoy que ce soit; les roys, qui ont seuls toute puissance dans leur royaume, n'y ayant point dérogé à cest égard.

Qu'ils devroient d'autant moins prétendre de les y assujettir, que c'est contre ce qui se pratique en Allemagne, d'où ils tirent toutes leurs forces; le comte de Virtemberg ayant esté fait duc il n'y a pas longtemps, et par conséquent prince (ce que comme comte il n'estoit pas), et l'Empereur faisant tous les jours de nouveaux princes de l'Empire, sans considérer leurs qualités précédentes.

Que ceste nécessité qu'ils veulent imposer n'est que pour prouver que toute la grandeur qu'ils ont ne vient que d'eux, et à cause de leur naissance; et non pas des roys, ausquels ils ne la doivent pas, et ne leur en ont point d'obligation.

Qu'on ne sçait pas comme les roys qui ont succédé à Henry II l'ont peu souffrir, ny quels avantages ils ont pensé en tirer. Mais il est bien certain qu'il n'y a lieu hors du royaume où on ne s'en estonne et où on ne croye qu'ils se font grand tort; et qu'il leur est mesme honteux d'aller prendre en Savoye, en Lorraine et en autres lieux des gens pour tenir les premières places de leur Estat, comme s'ils ne pouvoient pas les donner à leurs subjects, ou n'en avoient point qui en fussent dignes; estant en cela moins puissants ou moins clairvoyants que tous les autres princes; qui n'en usent pas ainsy, et se gardent bien de rabaisser ce qu'ils font pour eslever ce qu'ils ne font pas. Ce qui cause un tel mespris des ducs de France dans toutes les autres nations, dont le coup retombe en quelque sorte sur les roys, qu'ils ne les croyent pas comparables aux grands d'Espagne, puisqu'ils ne sont pas les premiers de leur pays, comme eux le sont du leur.

Que sy on veut prendre pour excuse que c'est pour estre servis par des gens de plus grande qualité que ne sont leurs subjects, on peust respondre, sans s'arrester à ce qu'il y en a qui ne leur céderoient ny en ancienneté de maison ny en grandeur d'alliance, que quand on ne leur donneroit pas tous ces avantages, ils ne laisseroient pas d'y venir, puisque, comme j'ay dit cy dessus, ils ont bien esté dans ces derniers temps en Espagne sans les avoir, et que la mesme chose s'est faite plus anciennement, comme il se voit par l'amiral de Castille et le comte Northumberland, descendus des roys d'Arragon et des ducs de Brabant, qui n'ont jamais tenu d'autre rang en Castille ny en Angleterre que celuy de leurs titres, ny leurs cadets eu aucuns priviléges qui les ayent distingués de tous les autres.

Qu'on peust encore ajouter à cela un autre interest fort important pour les roys, qui est que ceste hauteur qu'ils leur ont laissé prendre, et la maniere de traiter tous les autres hommes qu'ils leur ont soufferte, leur a tellement enflé le cœur et abusé le monde, que comme s'ils estoient d'un genre différent des autres, et que toutes choses leur fussent permises, il n'y a rien qu'ils n'ayent osé entreprendre, et à quoy force gens ne leur ayent aidé, croyant qu'il leur estoit deu; d'où est venu la Ligue, qui a failly destrôner les roys.

A quoy je pense bien qu'outre la faute des roys, il y en a encore de celle des particuliers, qui ont une sy grande foiblesse et vénération pour les estrangers, qu'ils les estiment plus qu'eux, et les mettroient volontiers sur leurs testes.

Que c'est ce que les Espagnols ne font pas, qui les sçavent bien humilier et tenir dans l'ordre : tesmoing le duc de Modene, lequel estant allé en Espagne, fust obligé de donner la main (¹) chez luy à tous les grands, qui sont trop fiers pour souffrir qu'on en usast autrement. Et estant peu de temps après venu en France, il ne laissa, bien qu'il ne la donnast à personne, d'estre visité de tout le monde.

Qu'il est certain que tous ces défauts ne se sçauroient bien réparer qu'en remettant les choses dans

---

(¹) *La main* : la droite.

l'ancien ordre, où on ne sçavoit ce que c'estoit de princes, les ducs revenant, comme ils estoient autrefois, les premiers de l'Estat, et n'ayant autre avantage les uns sur les autres que par l'ancienneté de leurs duchés; réduisant ceux qui n'en auroient point, de quelque maison qu'ils fussent, à marcher après eux; dont les roys et l'Estat tireroient, outre tous les avantages que j'ay dit, une grande descharge, puisque tous les enfans des princes l'estant, cela peust aller à l'infiny, et que des ducs il n'y en a qu'un qui le puisse estre.

Que sy toutefois le Roy vouloit sy absolument avoir des princes, qu'il ne considérast ny ses intérests ny ceux de tous les François qui y sont fort blessés, il ne doit pas seulement conserver ceux qu'il a desja faits, mais en faire encore d'autres, tant pour montrer que toutes les grandeurs de son royaume ne viennent que de luy, et qu'il en est la vraye et unique source, la Savoye, la Lorraine et autres lieux, qui n'ont rien de commun avec la France, n'y ayant nulle part, que parcequ'aussy le grand nombre en faisant diminuer l'estime et l'autorité, ils ne pourront pas penser à s'en prévaloir contre les roys, ny à usurper la couronne comme ils ont fait autrefois.

Surquoy je pense qu'il ne faut pas oublier de dire, pour montrer de quel esprit sont portés les estrangers au prix des véritables François, et le danger qu'il y a de les trop eslever, que dans toutes les révoltes qu'ont faites les princes du sang (dont je ne prétends pas pourtant les excuser, mais seulement en faire la remarque), au moins n'y en a-t-il jamais eu aucun qui ait eu de ces desseins-là.

C'est ce qui se peut espérer de ce grand Roy, lequel on voit dès sa plus grande jeunesse estre sy esclairé, et avoir tant d'esprit et de jugement, qu'il semble que Dieu nous l'aye donné pour réparer tous les désordres, et remettre par sa sage conduite son empire en sa premiere splendeur...

Et il ne faut pas s'imaginer beaucoup de difficulté en ce changement, puisqu'ayant desja fait les deux premiers pas, à sçavoir de les faire aller chez les princes du sang sans qu'ils leur donnassent la main, comme ils le prétendoient, et les empescher de se couvrir dans les audiences, ainsi qu'ils avoient accoutumé, il n'en reste plus qu'un à faire, qui est d'oster le tabouret aux filles et le pas devant les duchesses; et aux cadets le rang devant les ducs, et l'entrée dedans le Louvre : ceste différence qu'ils auroient encore avec tous les grands du royaume estant certainement très injuste, et ne devant estre que pour les seuls qui sont véritablement princes, c'est-à-dire qui ont l'honneur de sortir du sang royal, ausquels il estoit insupportable à tous les bons François de voir qu'ils se vouloient tousjours égaler...

FIN DES MÉMOIRES DE FONTENAY-MAREUIL.

# TABLE DES MATIÈRES

CONTENUES

DANS LE CINQUANTE-UNIÈME VOLUME.

MÉMOIRES DE FONTENAY-MAREUIL.

| | |
|---|---:|
| SECONDE PARTIE. | Page 1 |
| Négociation du mariage de Monsieur avec mademoiselle de Montpensier; et tout ce qui fut fait pour y parvenir. | 1 |
| Relation ou Journal du siége de La Rochelle; secours de Casal par le Roy en personne; et retour en Languedoc, jusqu'à la reddition de Montauban. | 25 |
| Relation de la rupture du cardinal de Richelieu avec la Reine mere; et de la sortie du royaume de cette princesse. | 168 |
| Relation de la campagne de Lorraine, en 1635. | 197 |
| Relation de ce qui se passa depuis la déclaration de la guerre contre les Espagnols, jusqu'à la prise de Corbie et de La Capelle par les troupes de Sa Majesté. | 240 |
| Relation de ce qui s'est passé à Rome entre les ambassadeurs d'Espagne et de Portugal, le 20 aoust 1642. | 281 |
| Relation du desmeslé qui arriva entre le cardinal Barberin et le duc de Parme, ainsi que de ce qui se passa entre le pape Urbain VIII et le duc de Parme après la prise de Castre. | 297 |
| Relation de ce qui se passa pour faire réussir l'élection d'Innocent X, et pour obtenir un chapeau pour l'archevesque d'Aix, frere du cardinal Mazarin. | 310 |
| Mémoire donné à M. de Chavigny, secrétaire d'Etat, le | |

25 mars 1634, sur l'état présent de la cour d'Angle-
terre. Page 358
Lettre à M. le cardinal Mazarin. 365
Mémoire sur le rang des princes. 367

FIN DU CINQUANTE-UNIÈME VOLUME.

www.ingramcontent.com/pod-product-compliance
Lightning Source LLC
Chambersburg PA
CBHW070455170426
43201CB00010B/1356